PSICOTERAPIA

CIP-BRASIL. CATALOGAÇÃO NA PUBLICAÇÃO
SINDICATO NACIONAL DOS EDITORES DE LIVROS, RJ

R369p
2. ed.
    Ribeiro, Jorge Ponciano
       Psicoterapia: teorias e técnicas psicoterápicas / Jorge Ponciano Ribeiro. – 3. ed. – São Paulo: Summus, 2017.
    il.

    Inclui bibliografia
    ISBN 978-85-323-0896-2

    1. Psicologia. 2. Psicoterapia. I. Título.
13-02987   CDD: 155
                                          CDU: 159.92

www.summus.com.br

Compre em lugar de fotocopiar.
Cada real que você dá por um livro recompensa seus autores
e os convida a produzir mais sobre o tema;
incentiva seus editores a encomendar, traduzir e publicar
outras obras sobre o assunto;
e paga aos livreiros por estocar e levar até você livros
para a sua informação e o seu entretenimento.
Cada real que você dá pela fotocópia não autorizada de um livro
financia um crime
e ajuda a matar a produção intelectual em todo o mundo.

PSICOTERAPIA
TEORIAS E TÉCNICAS PSICOTERÁPICAS

Segunda edição
revista e atualizada

JORGE PONCIANO RIBEIRO

summus
editorial

PSICOTERAPIA
Teorias e técnicas psicodramáticas
Copyright © 1986, 2013 by Jorge Ponciano Ribeiro
Direitos desta edição reservados por Summus Editorial

Editora executiva: **Soraia Bini Cury**
Editora assistente: **Salete Del Guerra**
Capa: **Alberto Mateus**
Projeto gráfico: **Acqua Estúdio Gráfico**
Diagramação: **Triall**

2ª reimpressão, 2023

Summus Editorial
Departamento editorial
Rua Itapicuru, 613 – 7º andar
05006-000 – São Paulo – SP
Fone: (11) 3872-3322
http://www.summus.com.br
e-mail: summus@summus.com.br

Atendimento ao consumidor
Summus Editorial
Fone: (11) 3865-9890

Vendas por atacado
Fone: (11) 3873-8638
e-mail: vendas@summus.com.br

Impresso no Brasil

Eu nasci num vilarejo chamado Granjas Reunidas, no município de Bocaiúva, Minas Gerais. A linha do trem de ferro passava lá, e havia até uma estação com o nome "Granjas Reunidas".

A água de Granjas era salobra. Nunca soube por quê. Por isso, o trem que vinha de Montes Claros, cidade vizinha, trazia água boa para distribuir para o povo de Granjas.

A meninada fazia a festa quando o trem chegava. Cada criança levava uma lata para pegar água e carregar para casa sem derramar. Era a nossa mais importante distração: esperar o trem chegar, ver o trem passar e pegar água.

Bastava um gritar "Lá vem o trem" que cada uma pegava a sua lata e corria pra estação.

E o maquinista gritava:

— Em fila, nada de briga, senão vou embora...

Esse vilarejo não existe mais e até destruíram a pequenina estação.

Eu nasci aí, no dia 10 de fevereiro de 1933.

Faz 80 anos.

Oh! que saudades que tenho
Da aurora de minha vida,
Da minha infância querida
Que os anos não trazem mais!

Que amor, que sonhos, que flores,
Naquelas tardes fagueiras
À sombra das bananeiras,
Debaixo dos laranjais!

Como são belos os dias,
Do despontar da existência!

[...]

Casimiro de Abreu

A Maria Clarete Pereira de Sá,
pela sua carinhosa e dedicada convivência.

Ao meu aluno,
companheiro de idas e vindas,
de dúvidas e certezas
com quem tenho dividido
o afã da contínua procura.

A Ziulma, minha mulher e mãe dos meus filhos,
Alexandre Augusto,
João Paulo e Ana Cecília, os quais
formam meu gostoso mundo
de alegria e amor.

E a Carina Isabel Pereira de Sá Ponciano,
minha filha do coração.

Aos meus pais, José e Alzira (in memoriam), com quem aprendi, muito cedo, a respeitar a natureza e as pessoas.

A meus irmãos, Maria Aparecida, Manoel, Paulo, João Batista, Alvimar e Cecília, com quem dividi minha infância em momentos maravilhosos.

A Rita de Cássia Tesch Hosken Alvarenga, minha mulher, com quem condivido o amor, a riqueza e a arte de viver.

A meus netinhos, Giovanna, Guilherme, Gabriela, Bento José e Francisco, que têm trazido à minha velhice o gostoso perfume de sua infância.

E a todos aqueles que, ao longo dos anos, me ensinaram a difícil e humaníssima arte de ser psicoterapeuta.

Se buscas realmente a verdade, deves, ao menos uma vez em tua vida, duvidar, tanto quanto possível, de todas as coisas.

RENÉ DESCARTES, *Discurso do método*

O verdadeiro amante do conhecimento luta naturalmente pela verdade... E se eleva com luminosa e incansável paixão até apreender a natureza essencial das coisas.

PLATÃO, *A República*

SUMÁRIO

Prefácio à primeira edição 15

Prefácio à segunda edição 17

1. **Considerações preliminares** 21
   A situação psicoterapêutica 24
   Motivações cliente-psicoterapeuta 25

2. **A psicoterapia** 35
   Delimitação do conceito 36
   Resumo histórico 38
   Conceituação de psicoterapia 46
   Definição de psicoterapia 50
   Tipos de psicoterapia 59
   Quanto ao método 64
   Fenomenologia da psicoterapia 82

3. **Tópicos especiais em psicoterapia** 89
   Visão analítica dos mecanismos de defesa do eu 90
   Visão fenomenológica dos mecanismos de autorregulação organísmica 99
   Transferência e contratransferência 103
   A interpretação 110
   A comunicação 117
   Os sonhos 121

4. **A indicação em psicoterapia** 135
   Tipo de pessoa/cliente 138
   Tipo de psicoterapeuta 142

Tipo de técnica 144

Tipos de psicoterapia 149

5. Processos de mudança em psicoterapia **155**

Conceito de processo 157

Conceito de mudança...158

Relação entre linguagem e palavra..161

Psicoterapia e mudança...167

6. A entrevista psicológica **175**

Natureza da entrevista...176

Componentes da entrevista...181

Tipos de entrevista 184

Entrevista e motivação 187

Técnica da entrevista 190

7. Psicodiagnóstico clínico processual.. **203**

Filosofia do psicodiagnóstico 205

Estruturação do psicodiagnóstico..214

Estruturação do ponto de vista teórico.................................216

Estruturação do ponto de vista prático.................................219

Algumas palavras finais 222

8. O psicoterapeuta **225**

Psicoterapia e valores...229

O psicoterapeuta na perspectiva analítica.............................233

Formação do psicoterapeuta..238

Qualidades do psicoterapeuta no modelo de psicoterapia individual 239

O psicoterapeuta de grupo..246

Posfácio – A gênese da relação psicólogo e psicoterapeuta: estrutura e forma como determinantes da realidade **253**

Referências bibliográficas e sugestões de leitura............................. **261**

PREFÁCIO À PRIMEIRA EDIÇÃO

Este livro é fruto de um longo trabalho de anos de estudo, de observação assídua do comportamento humano, da prática clínica e do magistério. Escrevê-lo foi responder a um meu apelo interno de colocar no papel toda uma reflexão pessoal a respeito da psicoterapia como ciência, técnica e arte para estudo e reflexão de quantos venham a se interessar por esse tema.

Seu título corresponde ao nome de uma das disciplinas do currículo mínimo do curso de Psicologia; porém, mais que um manual, este texto é um convite à reflexão, a uma aprendizagem mais solta e livre, a uma visão mais humanística que técnica de nossa profissão.

Procurei fazê-lo de forma concisa, clara, simples, evitando tanto o psicologismo acadêmico quanto uma linguagem rebuscada e pretensamente científica. Procurei ainda colocar-me inteiro nessa reflexão, para que meu trabalho fosse também fruto de uma relação existencial entre mim e meu escrito, de modo que eu pudesse passar ao meu leitor não apenas conhecimentos, mas minha experiência pessoal de psicoterapeuta e pessoa.

Milhares de livros que falam "sobre" foram escritos, dos quais muitos não conduzem ao âmago do problema. Minha intenção foi dar um passo avante: falar tecnicamente de minha experiência de pessoa, de clínico, de professor, de homem no meio dos homens. De resto, penso que a única coisa original que se pode transmitir a alguém, correta e sinceramente, é a reflexão sobre a própria experiência, porque muito já se encontra nos livros que enchem as bibliotecas e falam com propriedade da pesquisa e da tradição humanas.

Tenho a convicção de que este livro é diferente qualitativamente de muitos do gênero até agora publicados. Ele representa quase nove anos de contínuo amadurecimento em que lecionei anualmente essa matéria e foi escrito numa linha que reflete uma minha postura muito pessoal: existencial, fenomenológica.

Estou aberto para receber sua crítica, seu comentário, porque acredito que, juntos, podemos dar passos mais eficazes na compreensão de nós mesmos.

O autor

PREFÁCIO À SEGUNDA EDIÇÃO

A primeira edição de *Teorias e técnicas psicoterápicas* foi lançada pela editora Vozes em 1986. À época, fui avisado pelo editor de que o livro só seria publicado devido à alta qualidade do texto e pela novidade que representava, mas que provavelmente ele não passaria da primeira edição, porque eram poucas as escolas de psicologia naqueles tempos.

Sua profecia se realizou. *Teorias e técnicas psicoterápicas* não viu sua segunda edição e, após alguns anos, recebi da Vozes uma carta que me devolvia os direitos autorais.

Passaram-se 27 anos desde a primeira edição e, com frequência, leitores que tiveram acesso ao meu livro me perguntavam quando eu lançaria a segunda.

Eu mudei, você mudou, nós mudamos, mudamos o mundo e, na mudança, mudamos também o jeito de olhar a psicoterapia.

Em 1986, éramos poucos psicólogos, hoje somos 250 mil, dado que precisa ser estudado com cuidado, pois revela mais que um aumento matemático de psicólogos: aponta uma mudança de mentalidade no que se refere ao exercício da profissão não só por parte das pessoas que optam pela psicologia, mas também daqueles que são seus usuários.

A minha primeira especialização como psicólogo foi em psicanálise. Nos finais dos anos 1970, entretanto, descobri a Gestalt-terapia. A primeira edição deste livro sofreu os efeitos da minha mudança, pois, embora em 1986 eu já me considerasse gestaltista, o texto ainda era fortemente influenciado pela teoria psicanalítica.

Hoje, sou o gestaltista que mais escreveu sobre o tema no Brasil e, com certeza, um dos que mais escreveram sobre a abordagem gestáltica na comunidade gestáltica internacional, agora fortemente influenciada pelo enfoque fenomenológico existencial,

Para relançar esta obra, estive diante de um difícil dilema: não poderia reeditar um texto de forte influência psicanalítica sendo eu gestaltista; por outro lado, não poderia transformar o livro num texto de orientação fenomenológico-existencial, sendo sua primeira edição de um forte enfoque psicanalítico.

Decidi o impasse da seguinte maneira: o texto passa a ter um enfoque fenomenológico-existencial como estrutura teórica e, ao mesmo tempo, em determinadas seções – como quando estudo os sonhos e as resistências –, resolvi fazer um estudo comparativo entre a psicanálise e a fenomenologia existencial, explicitando o modo como estudam e lidam com esses temas.

A obra manteve sua singularidade e acredito que o leitor só tem a ganhar ao estudar, comparativa e respectivamente, duas posições sobre os mesmos temas. Essa situação se repete em alguns outros temas ao longo do livro.

Este texto conserva a mesma estrutura temática e a mesma forma, alteradas a natureza e o modo como o olhar do observador clínico vê a realidade psicoterapêutica.

Hoje me encontro em um lócus mental, psicológico, espiritual e até de ecologia humana e profunda muito diferente da de 27 anos atrás. Assim, sem abandonar a realidade interna da natureza do tema proposto, este livro traduz um meu jeito pessoal de ver a realidade, humana e mundana, pois acredito, na linha do pensamento de Fritz Perls, que o psicoterapeuta é o seu próprio e, de fato, único instrumento de trabalho. As melhores técnicas nas mãos de profissionais desavisados, formais, ritualistas, aplicadores de teorias de nada servem – e talvez até sejam eticamente perigosas.

Comecei a trabalhar como psicólogo no final da década de 1960, ainda em Roma, quando fazia mestrado e doutorado na Pontifícia Universidade Salesiana, onde, paradoxalmente, aprendi a trabalhar na linha psicanalítica. Paradoxalmente porque se tratava de uma universidade católica e a psicanálise era execrada pela doutrina religiosa da época.

Na verdade, nunca me senti confortável como psicanalista, muito mais pelo "como" da psicanálise do que pelo "que" ela doutrinava.

No final dos anos 1970, fui descobrindo lentamente a Gestalt-terapia, ainda iniciante, tímida e sem estrutura teórica. Vislumbrei ali, entretanto, sobretudo pelo aporte fenomenológico-existencial, um provável lugar de conforto mental, psíquico e funcional. Embarquei com muitas dúvidas, mas com a esperança de haver subido no barco certo. Não aportei mais... me encontrei e fiquei.

Nenhuma escolha na vida é para sempre. Devemos dar um ar de eternidade a tudo que tocamos, e isso faz diferença – sabendo, entretanto, que tudo é eterno só e enquanto a ternura testemunha nossa caminhada.

Tenho mantido, ao longo dos anos, um complexo diálogo dentro de mim, uma longa pergunta sobre qual é a verdadeira natureza da psicoterapia. Fui psicanalista, hoje sou gestaltista.

O que mudou, quem mudou. Deixo de lado a questão de definir se a psicanálise é uma forma de psicoterapia ou se é apenas uma forma, uma ciência de acesso ao inconsciente. Na prática, abandonando filigranas teóricas, digo que ambas, psicanálise e Gestalt-terapia, são sólidas formas, em ação, de psicoterapia.

Não me encontrei na psicanálise, apesar de todo seu recurso teórico de abordar a pessoa humana. Encontrei-me na Gestalt-terapia – que, como a psicanálise, apresenta um campo teórico de rara riqueza e possibilidades.

De outro lado, está claro para mim que nem toda técnica, teoria, método de trabalho se aplica a todo e qualquer tipo de cliente, a todo e qualquer momento da vida de uma pessoa. A eficácia da psicoterapia, o resultado lá no cliente passa necessariamente pela natureza intrínseca da abordagem. Clientes com o mesmo sintoma necessitam, muitas vezes, de medicamentos diferentes, porque o medicamento, ao afetar o sintoma, afeta o cliente como um todo. Daqui nasce a questão maior: a psicoterapia visa o sintoma ou a pessoa como um todo? De um lado, sabemos que não há como agir no sintoma sem que o todo-pessoa seja afetado; de outro, sabemos que quando lidamos clínica e holisticamente com a pessoa como um todo o sintoma também sofre o reflexo desta "intrarrelação".

Sabemos também pela experiência que nem todo cliente se adapta a todo e qualquer tipo de psicoterapeuta, não só do ponto de vista interno de se sentir melhor, mas também do ponto de vista de se adaptar ao ritual psicoterapêutico de cada abordagem.

Na prática acadêmica, o aluno estuda o que é psicoterapia, como ela ocorre, conhece algumas escolas de psicoterapia, faz um estágio em clínica no qual atende uns pouquíssimos clientes e sai psicoterapeuta. Ele mesmo não é "passado a limpo".

Fritz Perls dizia que o psicoterapeuta é seu próprio instrumento de trabalho, sugerindo que, por mais adequada, oportuna e ampla que seja uma teoria psicoterápica, ela esbarra, não produz efeito, se o psicoterapeuta "não está lá", se é incompetente como pessoa humana e como técnico.

Estou absolutamente de acordo com ele. Tenho dito que não existe uma forma de psicoterapia melhor que a outra – existem, sim, psicoterapeutas mais maduros, inteiros, mais bem formados, melhores que outros.

Isso significa algumas coisas:

1. A necessidade de a universidade se adaptar à atualidade, no sentido de programas de psicologia que preparem o estudante para as necessidades futuras de um tempo que já começou.

2. Que a universidade precisa contemplar um currículo que permita ao aluno, bem cedo na sua grade horária, fazer escolhas "preventivas" que se confirmem ao longo do curso.

3. Uma preparação mais acurada, cuidadosa, atenta ao aluno como um todo, para que ele possa agir mais ética do que tecnicamente com seu cliente.

4. A necessidade de trabalhar, ao longo do curso, a percepção, a sensibilidade do aluno perante a complexidade do ser humano, de tal modo que, não importando a escola de psicoterapia a que pertence ou segue, ele aprenda a estar diante de seu cliente muito mais como pessoa do que como técnico, seguidor e aplicador de alguma teoria de psicoterapia.

5. Que o psicoterapeuta deve se preocupar muito mais em estar com o cliente assim como ele próprio está diante dele, e a não esperar que o cliente responda às necessidades dele a partir de hipóteses teóricas que transformam o cliente num objeto de observação.

6. Que o psicoterapeuta estará tanto mais preparado para atuar na pessoa do cliente (corpo-espírito-alma) quanto mais estiver atento ao seu próprio desenvolvimento e crescimento como pessoa.

Estou convencido de que o sucesso de um processo psicoterapêutico depende muito mais da qualidade da relação cliente/psicoterapeuta do que da abordagem que este último segue.

Caro leitor: procurei rever este texto, mais do que com a mente, com o coração. Espero que, na ausência de uma definição final da natureza da psicoterapia, ele o ajude a estar primeiro diante de você mesmo, como pessoa, na certeza de que, quando o cliente percebe emocionalmente o psicoterapeuta menos como técnico e mais como uma pessoa que cuida dele, ele encontra com mais facilidade o caminho de volta à casa, à própria cura.

Jorge Ponciano Ribeiro
Brasília, 10 de fevereiro de 2013

1 CONSIDERAÇÕES PRELIMINARES

> Conheça todas as teorias, domine todas as técnicas, mas, ao tocar uma alma humana, seja apenas outra alma humana.
>
> Carl G. Jung

Não fora a real necessidade de uma reflexão atualizada, moderna, coerente com os tempos que vivemos sobre o sentido do ato psicoterapêutico, baseada numa maneira concisa, prática, orientadora para aqueles que querem iniciar-se no trabalho clínico, dificilmente teria revisto este texto para sua segunda edição.

O homem pós-moderno se tem desiludido com as promessas de um mundo social, econômico e politicamente mais rico em termos de comunidade. As promessas socializantes ou capitalizantes falharam e, mais uma vez, o homem se encontra só, perguntando-se o "que, o como e o para quê" das coisas.

Sem fugir a uma proposta comunitária de felicidade, milhares de indivíduos, em todas as partes do mundo, estão procurando, pessoalmente, estar bem consigo mesmos. Por isso, a psicoterapia está deixando de ser algo destinado às pessoas ditas doentes e se tornando uma opção de todos aqueles que, atentos à orientação do mundo moderno, procuram estar bem consigo mesmos, criando um ambiente à sua volta no qual eles possam realizar-se como pessoas.

Dentro dessa visão, vai surgindo uma multidão de pessoas psicoterapeutizadas que, talvez, possam dar ao mundo uma resposta diferente daquela que nem o comunismo nem o capitalismo puderam dar, porque falharam na proposta de um mundo aberto política, social e moralmente. Esse grupo talvez facilite o surgimento de condições de vida mais humanas, nas quais a pessoa possa atualizar-se nas suas potencialidades, sendo ela mesma.

Tal visão pode parecer uma ideia pouco real do poder e da técnica psicoterapêuticas. Entretanto, o surgimento, na época atual, de centenas de técnicas ditas psicoterapêuticas parece confirmar minha hipótese de que estamos vivendo uma nova era, *a era psicológica,* a era do espírito, na qual a psicologia, através da extensão de suas possibilidades, vai se tornando, de fato, a ciência da pessoa humana e, consequentemente, da vida.

Apresentarei uma visão globalizante do trabalho psicoterapêutico, seja do ponto de vista teórico que prático, no que se refere ao cliente e ao psicoterapeuta.

Ao longo deste texto, desenvolverei o conceito de psicoterapia como um processo, essencialmente, de mudança interior, embora possa resultar na cura da pessoa. Trata-se de um processo centrado na relação cliente-psicoterapeuta, tendo no conceito de *contato* seu instrumento básico, como facilitador dos processos de se dar conta, desenvolvimento e crescimento humanos, quer se aplique a um "paciente clássico" ou a uma pessoa dita normal.

A psicoterapia é um movimento que nasce e termina na pessoa do cliente, sendo o psicoterapeuta um companheiro na estrada da vida que o cliente está percorrendo à procura de voltar ou de reencontrar o caminho de casa, perdido ao longo dos anos. A relação cliente-psicoterapeuta é o foco central da abordagem fenomenológico-existencial que impregna este texto, pois uma psicoterapia centrada na técnica ou no psicoterapeuta corre, no mínimo, o risco de começar mal.

O trabalho psicoterapêutico deve estar constantemente sob crítica científica, porque, como eu disse anteriormente, o objeto e o sujeito desse trabalho é o ser humano. Teorias e técnicas, vistas sob o prisma da unidade e seriedade científicas, ajudam o psicoterapeuta a trabalhar a situação psicoterapêutica de modo consciente e seguro, a manter a situação psicoterapêutica de modo equilibrado e permanente, evitando conflitos que impedem seu normal funcionamento, sobretudo aquele derivado da não resolução de seus próprios problemas ou da falta de um conhecimento que, de fato, o habilite a estar, de verdade, a serviço do outro. Teorias e técnicas, embasadas na crítica científica, unidas a um conhecimento normal de si mesmo, predispõem e movem o psicoterapeuta para um relacionamento humano mais eficaz, fator fundamental na relação terapêutica.

O curso de Psicologia, o estudo e o desenvolvimento de seus métodos, técnicas e teorias específicas deverão se compor didática e metodologicamente, desenvolver-se de forma crítica a fim de instrumentalizar o psicólogo clínico na compreensão da complexidade de toda atividade que vise agir na e com a pessoa humana.

O psicoterapeuta e o cliente, vistos a partir de uma metodologia adequada, fruto de um campo teórico pertinente, formam o terceiro elemento desse triângulo que é o processo psicoterapêutico. Nessa relação tríplice, desenvolvem-se os movimentos característicos de uma postura e de uma experiência de vida a dois, tendentes a atualizar uma visão do mundo interior, exterior e de pessoa, consequência e fruto de uma relação, sem a priori, cliente-psicoterapeuta-mundo.

O espírito científico, o interesse pela pesquisa, a leitura constante de uma variada e séria literatura poderão sensibilizar os estudiosos para os complexos problemas que qualquer psicoterapia apresenta. Além desse trabalho contínuo e assíduo da procura do conhecimento de teorias e técnicas psicoterápicas mais modernas, um treinamento pessoal e específico os ajudará a desenvolver em si maior segurança e capacidade de lidar com problemas humanos, sem muitos conflitos nem ansiedades.

O psicoterapeuta deverá possuir um conhecimento amplo e, quanto possível, profundo, sobretudo das ciências humanas, biológicas e sociais no que diz respeito à relação mente-corpo, dado que seu agir envolve uma visão do mundo e especialmente da pessoa, a fim de que ele possa se situar sem limites rígidos no trabalho a que se propõe.

Quando alguém se coloca na condição de psicoterapeuta, oferecendo um trabalho que visa entrar em contato com a pessoa humana e em um processo de mudança no contexto atual do cliente, certamente sua postura básica há de ser a da compreensão e da aceitação do outro, assim como ele se revela.

Embora a psicoterapia vise diretamente à pessoa do cliente, é imprescindível uma nossa reflexão, o mais pertinente possível, sobre a pessoa do psicoterapeuta, pois ele é mais importante como pessoa que o método ou sistema que utiliza. É mais significativo o que faz, transmite e vive do que as técnicas ou a visão filosófica em que se fundamenta. O resultado e a eficiência da psicoterapia dependerão muito da grandeza e da amplidão de suas qualidades pessoais.

Ganha sempre mais terreno, no contexto psicoterapêutico atual, a concepção de que os dotes pessoais do psicoterapeuta concorrem definitivamente para o estabelecimento de um processo psicoterapêutico mais eficiente e eficaz. Isso não dispensa, em definitivo, uma crítica epistemológica da própria fundamentação psicoterapêutica, de seus usos e recursos.

Naturalmente, as motivações internas que emanam do seu sentir, do seu pensar, do seu fazer e do seu falar, bem como seu desejo honesto de cuidar, de entender, de curar – enfim, de provocar mudanças saudáveis –, também concorrem para o bom andamento do processo que o cliente está experienciando e vivendo.

É necessário um grande equilíbrio e uma notável força psíquica quando se procura ajudar o outro, porque ninguém pode ultrapassar os próprios limites, as próprias percepções, nem pode trabalhar sob a ação de postulados mágicos, esperando que baste utilizar técnicas corretamente para que um resultado satisfatório aconteça.

A ação psicoterapêutica envolve um verdadeiro encontro, no qual dois mundos diferentes se encontram. O cliente procura no psicoterapeuta sua reorganização, um ajustamento criativo e a força para lidar com seus problemas. O psicoterapeuta se envolve com amor e empatia, num sentido plenamente democrático, sem preestabelecer nada, sem dar asas a seu complexo de onipotência de que poderá curar, mudar as pessoas, mas vendo e tratando o cliente como um valor existencial, de cujo sentido ele se torna um amoroso guardião.

A situação psicoterapêutica

A relação psicoterapêutica é sempre uma forma de contato inter, intra e transpessoal, em dado campo. A qualidade da relação, se inter, intra ou trans dependerá das variáveis psicológicas e não psicológicas que estiverem em movimento naquele dado campo. Qualquer que seja o modelo da psicoterapia, o encontro cliente-psicoterapeuta será sempre um encontro de pessoas que se situam no mundo.

Sempre que o psicoterapeuta prioriza a função de perito, de técnico, de observador frio das posições do cliente, ele perde contato com a própria realidade mais íntima, embora possa localizar o centro, o ponto de urgência ou convergência neurótica do cliente. Não basta que ele deixe sua atenção flutuar à caça do que mais aflige o cliente para ajudá-lo; é preciso que sinta, afetiva e emocionalmente, o cliente, que o perceba como um todo integrado.

Uma relação que se proponha ser um encontro, de fato e real, deverá ser sempre um encontro de três distintas subtotalidades: o cliente, o psicoterapeuta e o mundo.

Não se trata de dissecar sintomas, de fazer diagnóstico, mas de sentir a dor, a aflição, a angústia do cliente. De, sem confluir neuroticamente com ele, incluir-se, de fato, na sua experiência, colocando sua percepção a seu serviço, de tal modo que o cliente sinta que está sendo cuidado.

Uma atividade, um estilo, prioritariamente racional, técnico, revela e esconde muitas vezes a ansiedade do psicoterapeuta, sua defesa, sua insegurança.

Como muito bem diz Rogers (1970, p. 43), a ação psicoterapêutica supõe "relações nas quais pelo menos uma das partes procura promover na outra o crescimento, o desenvolvimento, a maturidade, um melhor funcionamento e uma maior capacidade de enfrentar a vida".

Para tanto, não basta uma simples atenção ou interesse do observador, é necessário uma pessoa totalmente integrada no processo de desenvolvimento do cliente. As psicoterapias não têm a finalidade de curar o cliente – curar no sentido de resolver todos os seus problemas –, de reestruturar sua personalidade; antes, visam dar a ele meios de tratar sua neurose, de treiná-lo para agir fora da situação psicoterapêutica, de ajudá-lo a ver claro, de dar-lhe forças para fazer opções próprias, caminhar com os próprios pés e aprender a viver melhor.

Psicoterapia é um processo de tomada de posse de si próprio, no que concerne, sobretudo, às próprias potencialidades. O cliente constrói sua caminhada, percorrendo o seu caminho, atento aos atalhos. Nessa perspectiva, o psicoterapeuta não é aquele que cura, mas aquele que cuida. Sentir-se cuidado, entretanto, é um poderoso processo de mudança que permite ao cliente repensar com mais segurança os próprios caminhos, as próprias possibilidades de cura.

Motivações cliente-psicoterapeuta

Todo e qualquer processo psicoterapêutico supõe e envolve condições básicas para um eficaz desenvolvimento e crescimento humanos, desde que cliente e psicoterapeuta coloquem as condições requeridas para tanto. Nenhum efeito é fruto do acaso, pois a pessoa humana é, essencialmente, um ser de relação no mundo.

O homem, ao contrário das coisas e dos animais, é um ser pensante, capaz de opções e escolhas que implicam modificações no seu estilo de vida. Não basta, pois, que uma técnica se aplique cientificamente para que produza o efeito desejado.

Imersos em sistemas diversos de comunicação, nossos problemas existenciais deixam de ser só nossos, pois nossas escolhas e opções supõem e acarretam modificações nos demais membros e sistemas que conosco condividem a existência. Parafraseando Heráclito, em sua ontológica síntese, "tudo muda, tudo está ligado a tudo e tudo é um". Assim, a existência é um processo de contínua mudança.

Antes que alguém tenha qualquer coisa de material ou viva um relacionamento, ele é, ele existe, é um ente, um dasein, uma presença, um ser aí concreto, na linha de que ser precede ter.

Nessa perspectiva de constituição de nossa estrutura humana, de nossa identidade talvez, se coloca o problema complexo de ser e de ter, que envolvem opções existenciais, longe ou perto de nossas verdadeiras necessidades, com reflexos diretos nas nossas escolhas em psicoterapia.

A condição essencial para o início de uma psicoterapia é a consciência própria e singular de que algo em nós não funciona bem, dificultando o processo de ter uma vida normal, o desejo de um bem-estar biopsicossocial-espiritual e a vontade amorosa e decidida de se ajudar.

Às vezes, esta vontade consciente pode faltar, sobretudo naqueles casos em que o real e o imaginário se confundem, em que sensações, sentimentos, emoções, percepções, fantasias se misturam, talvez até por um cansaço existencial numa busca atropelada da própria realidade perdida. Nesses casos, a vontade e a visão do psicoterapeuta poderiam, momentaneamente, subsidiar o processo do cliente que, agora, sente dificuldade de saber o que quer e de decidir.

O psicoterapeuta observa, estuda as motivações de seu cliente. Verifica o tipo de problema que vive, o que espera da psicoterapia, sua disponibilidade interna de submeter-se a determinado tipo de tratamento. Observa atentamente sua rede de comunicação interior e externa e a possibilidade de fazer contato com ela. Analisa a gênese e a complexidade de seus sintomas – se se trata de problemas existenciais, de uma neurose ou psicose – e, com base nesses dados, procede à indicação ou não de uma psicoterapia que mais se coadune à solução do conflito vivido por seu provável cliente.

Por sua vez, também o psicoterapeuta deve se ver como um todo, tem de analisar suas possibilidades diante da situação vivida pelo cliente. Não basta que ele queira atender o cliente, se interesse pelo seu caso, é necessário que ele tenha realmente possibilidade de estar inteiro com o cliente, ajudando-o a ampliar seu suporte interno e seu sistema de contato com ele próprio e com o mundo à sua volta.

Iniciar um processo psicoterapêutico movido apenas pelo desejo de ajudar poderá ocultar situações não resolvidas por parte do psicoterapeuta e significar a interrupção precoce do tratamento, com graves danos para o cliente.

Costumo dizer que "ninguém cura ninguém". O psicoterapeuta, entretanto, ao mesmo tempo que vive um papel privilegiado, tem uma posição eticamente responsável, pois sua atitude motivará e guiará o cliente na busca da descoberta de si mesmo e do verdadeiro sentido de sua existência.

Mais que ninguém, o psicoterapeuta deverá saber lidar consigo mesmo, com o óbvio que, muitas vezes, lhe passa despercebido. Deverá, portanto, ter resolvido satisfatoriamente seu narcisismo, seu complexo de onipotência, ter consciência de suas limitações, pois é através da consciência clara de si mesmo que entrará em contato com o mundo desconhecido do outro.

Rogers (1970, p. 53-59), com a lucidez que o caracterizava, faz algumas perguntas que, acredito, possam resumir aquelas atitudes fundamentais que caracterizam o psicoterapeuta, fenomenológica e existencialmente orientado – ou, como ele diria, centrado na pessoa – e são um questionamento à responsabilidade profissional de cada um.

Passo a comentá-las livremente.

1. *"Poderei ser de uma maneira que possa ser apreendido pelo outro como merecedor de confiança, como seguro e consistente no sentido mais profundo do termo?"*

Trata-se de uma percepção subjetiva e real do cliente. Seguro e consistente são conceitos fundamentais nesse contexto. Esses pressupostos são exigências existenciais, éticas, no sentido de que governam seu próprio agir, influenciando diretamente o ato psicoterápico.

O psicoterapeuta pode se sentir inseguro, incapaz emocionalmente de conduzir o caso. Às vezes, isso depende de sua preparação profissional; em outras, da complexidade do caso; em outras ainda, da ressonância que o tema produz no seu mundo psicoemocional.

Se o cliente duvida da capacidade profissional, e, sobretudo, da coerência interna do psicoterapeuta, dificilmente terá abertura para se colocar de uma maneira integrada. Estará numa posição de defesa, de espera, de uma escuta interior em que processa, cuidadosamente, todos os movimentos do psicoterapeuta, pois o medo do risco, em psicoterapia, é algo tão sutil que ultrapassa nossa capacidade de percepção. O cliente precisa ver claro para poder caminhar e, nessa busca, muitas vezes transforma o psicoterapeuta em modelo e espera ter nele respostas que não encontra em si mesmo.

O psicoterapeuta não é um depósito ou aglomerado de técnicas e teorias. No seu próprio centro, ele se reconhece em suas fronteiras. Não precisa ser perfeito, mas precisa ter segurança e consistência no seu modo de operar. Precisa saber onde está, porque, do contrário, não saberá para onde ir ou correrá o risco de dar grandes passos, mas fora da estrada.

2. *"Conseguirei ser suficientemente expressivo para que a pessoa que sou possa comunicar-se sem ambiguidade?"*

O psicoterapeuta precisa ser genuíno, puro, sem segundas intenções. Sem perder suas características de pessoa, deve viver e expressar seus sentimentos com retidão. O psicoterapeuta não é um deus onipotente, é um homem consciente de sua fragilidade. Não trabalhará com o cliente para resultados ou benefícios pessoais. Seus sentimentos e emoções de amor e raiva, de tristeza, alegria, medo devem ser aceitos e vividos como tais e, às vezes, manifestados, quando disso o cliente pode tirar benefícios reais.

Comunicar sua experiência interna com relação ao cliente, dividir com ele sua insegurança, poderia (e só uma visão clara das circunstâncias será capaz de dizê-lo) ajudar o cliente a ver o mundo com mais realismo e coragem, porém sem transformar o encontro, nesse caso de autorrevelação, num momento de fragilidade ou de um " toque" social.

O profissional se encontra sob o olhar vigilante e crítico do cliente, que, com a psicoterapia, vai conquistando, cada vez mais, a capacidade de lidar diferencialmente com seu próprio processo e até com o do psicoterapeuta.

O cliente, em princípio, aceita e acolhe, atenta e respeitosamente, o psicoterapeuta, seja pela motivação que vive, seja pela necessidade de se sentir melhor. Isso levará o profissional a ter um olhar fenomenológico para a situação vivida pelo cliente, permitindo-lhe ao mesmo tempo estar atento às mudanças no horizonte cliente-profissional, sempre que mais perto ambos se aproximarem do lugar do encontro marcado pela situação vivida pelo cliente.

3. "Serei capaz de ter uma atitude positiva para com o outro, atitude de calor, de afeição, interesse e respeito?"

Calor, afeição, interesse, respeito e empatia encerram, basicamente, toda a postura que se espera de um psicoterapeuta humanista.

Essas atitudes podem ser expressas com clareza, porque facilitam e provocam no cliente uma atitude positiva com relação aos próprios desejos e às próprias necessidades. O psicoterapeuta, ao mesmo tempo que é mestre, é também discípulo e, paradoxalmente, exemplo. Assim, quando expressa atitudes claramente positivas a respeito do cliente, este aprende a expressá-las mais claramente no contexto de sua vida.

Muitas vezes, uma atitude séria, austera e técnica esconde o medo de abrir-se aos próprios sentimentos e temor de se ver envolvido emocionalmente. Não se pode esquecer que o cliente não é objeto de uma técnica e espera que o psicoterapeuta não seja sujeito dela. Psicoterapia é essencialmente uma transação em relacionamento humano, por isso a aceitação positiva do outro é algo intrínseco à própria natureza do processo psicoterápico, que não suporta uma atitude de faz de conta – aliás, facilmente identificável pelo cliente.

A psicoterapia não é apenas para o cliente, mas, sobretudo, com o cliente.

4. "Poderei ser suficientemente forte, como pessoa, para ser independente do outro? Poderei ficar deprimido com a sua depressão, angustiado com sua angústia ou absorvido pela sua dependência?"

O psicoterapeuta pode vivenciar, e muitas vezes vivencia, no seu ser de pessoa no mundo, a angústia e a dor do cliente, embora deva manter uma postura silenciosa e equilibrada diante desses sentimentos.

Não se trata aqui de "sofrer com os que sofrem e sorrir com os que sorriem", no sentido evangélico do relacionamento, mas de um sofrimento por impotência, por incapacidade de controle, de desconhecimento dos próprios sentimentos. Trata-se de uma complexa e talvez perigosa identificação com o processo psicoterapêutico do cliente, porque poderia levar o psicoterapeuta a conduzir a situação, como ele mesmo faria para reduzir a própria ansiedade. Estaria, quem sabe, vivendo uma experiência emocional corretiva através da dor e do sofrimento do cliente.

É natural que o psicoterapeuta se envolva com seu cliente, pois ambos se encontram no mesmo campo, sincronizam pensamento e ação, olham o passado e descobrem nele o futuro, porque o próprio processo da relação supõe e prevê esse envolvimento. É necessária, entretanto, uma postura crítica e consciente do que é seu e do que é do cliente e sentir até que ponto uma identidade afetivo-emocional entre eles pode prejudicar o andamento do processo.

Existe uma angústia normal do psicoterapeuta em relação ao caso que conduz, fruto de seu interesse e preocupação; há, porém, outro tipo de angústia, fruto de sua insegurança e de seu despreparo. Se ele não se dá conta dessa contratransferência, que é um processo profundamente humano, esta interferirá negativamente no andamento do processo da relação cliente-psicoterapeuta.

5. "Estarei suficientemente seguro de mim mesmo, no meu interior, para permitir ao outro ser independente? Para permitir que ele seja ele mesmo, sincero ou hipócrita, infantil ou adulto, presunçoso, desesperado? Darei liberdade a ele para ser ele mesmo ou acho que deve seguir os meus conselhos?"

O psicoterapeuta está totalmente imerso em um movimento de relação pessoa-pessoa. Ele está ali como ele é, com seus valores, suas crenças, esperanças, que são dele e só dele. O cliente é outro mundo, outra realidade, e só será ele mesmo na razão em que se aproprie de si mesmo, se constituindo a partir de sua própria estrutura processual.

Atitudes imaturas, lentidão da aprendizagem existencial, dificuldades com o processo de mudança do cliente suscitam, às vezes, no profissional o desejo de conduzir, dar normas, indicar caminhos e – por que não? – dar conselhos. Essas atitudes, ditadas pelo desejo de solucionar situações, de ver o cliente caminhar mais rapidamente, costumam ser fruto da ansiedade do profissional, do seu desejo de se sentir eficiente, não tendo nada a ver com o processo em si mesmo.

Esquecemos que o caminho para o equilíbrio, para o autopoder, para a segurança, para ajustamentos criativos saudáveis é lento e doloroso.

Estar seguro de si mesmo, como pessoa e psicoterapeuta, exige mais do que lidar com as próprias coisas de maneira coerente. Exige estar pronto para dar suporte, apoiar iniciativas de mudança do cliente sem misturar a própria realidade com a dele. Exige que o psicoterapeuta tenha conquistado uma liberdade interna pela qual se expressa no mundo de maneira espontânea e criativa, permitindo que também os outros o façam com o mesmo grau de liberdade e segurança.

6. *"Poderei entrar completamente no mundo de seus sentimentos e concepções pessoais e vê-lo como a outra pessoa o vê? Poderei entrar no seu universo interior tão plenamente que deixe de lado o desejo de apreciá-lo e julgá-lo?"*

É muito difícil, senão impossível, estar diante de alguém com o qual nos comprometemos estando ali sem desejo, sem memória, sem sentimentos. Parece próprio do ser humano desejar, sendo esse desejo, quase sempre, o reflexo de nosso próprio mundo, de nossas próprias expectativas, de nosso momento aqui-agora. Esses nossos desejos, essas nossas expectativas conduzem nossos movimentos internos à procura de nos igualarmos, de nos assemelharmos aos outros. Daqui nascem as amizades, as grandes afinidades e também as grandes diferenças, quando um encontrar-se, de verdade, vai ficando cada vez mais distante. Elaborar, entretanto, um trabalho psicoterapêutico a partir de nossas interioridades – conhecidas ou desconhecidas – é esquecer a lei fundamental da individualidade, base de nossa liberdade e fundamento do processo de um verdadeiro encontro, como deve ser a relação cliente-psicoterapeuta.

Entrar, humilde e plenamente, no universo interior do outro exige despojar-se de todo preconceito, revestir-se de uma atitude verdadeiramente humana, abrir-se à comunicação transformadora, deixar que o outro penetre livremente em nós. Qualquer atitude de julgamento, em psicoterapia, nos afasta da rota que conduz ao interior do outro, cega nossa percepção clara, mata, no nascedouro, toda e qualquer esperança de encontro.

Conviver com a desigualdade sem chocar-se, tentar colher nela e através dela as verdadeiras informações que a realidade revela, exige um alto grau de maturidade da parte de quem escuta o outro, sem transformá-lo em um simples objeto.

7. *"Poderei aceitar todas as facetas que a outra pessoa me apresentar? Poderei aceitá-la normalmente como é? Poderei comunicar-lhe essa atitude? Ou a aceitarei apenas cordialmente, ou seja, aceito um aspecto e rejeito outros?"*

Essa atitude é consequência da anterior. O psicoterapeuta não é um lugar vazio, existencial, operacional. Dificilmente poderá fazer de conta que não percebeu a realidade vivida pelo seu cliente e de possíveis direções a ser verificadas, como eliminar suas percepções, sensações, fantasias diante de alguém que o procura para por ele ser ajudado. Assim como o cliente, também ele deve estar presente à situação como um todo existencial. Procurará ser verdadeiramente genuíno, percebendo que é exatamente a complexidade do ser humano, seja no aqui-agora, seja na sua dinamicidade histórica, que deve produzir nele o desejo e o esforço sincero de aceitar o cliente assim como ele é.

Não é fácil lidar com um cliente com aquela liberdade interior, que é a característica fundamental de todo ato psicoterapêutico, quando ele me revela um lado escuro para o qual nem eu mesmo suporto olhar.

Por vezes, o psicoterapeuta se encontrará diante de pessoas que tocam profundamente coisas suas não resolvidas satisfatoriamente. A consciência emocionada, entretanto, desse seu inacabado poderá proporcionar-lhe caminhos, força e maior liberdade para aceitar e lidar com seu cliente.

O grande princípio é dar-se conta de si e do outro e o grande engodo é fazer de conta que esses conteúdos do cliente nada têm a ver com os seus, pois, nesse caso, sua deflexão perturbará mais o seu processo que o do cliente.

Se, por acaso, esses temas são de tal modo inquietantes que o psicoterapeuta não os suporta, não consegue lidar com eles, deverá, primeiramente, fazer uma séria autoanálise para compreender os laços inconscientes que o prendem ao seu cliente; caso não consiga se ajudar, deverá procurar a ajuda de um colega para uma supervisão didática. Se não conseguir mudar, deverá, com os devidos cuidados, encaminhar o cliente a outro colega.

Ao longo dos meus mais de 40 anos de psicoterapeuta, por razões de saúde, fui, por duas vezes, obrigado a interromper o tratamento dos meus clientes. Expliquei longa e claramente a eles o que estava acontecendo comigo, que não poderia mais continuar atendendo, e apresentava duas saídas: uma era a interrupção do tratamento, a outra seria encaminhá-los a um colega. A maioria aceitou a segunda hipótese. Chamei então um meu colega de UnB, expus para ele o caso dos meus clientes e convidei- o a, juntamente comigo, assistir a umas três sessões que eu conduzi, para que ele se familiarizasse com os clientes – e vice-versa. Esse processo foi combinado e discu-

tido com todos eles antes que eu chamasse meu colega. Em ambas as vezes, o processo de mudança foi tranquilo e, aparentemente, sem sofrimento.

8. "Serei capaz de agir com suficiente delicadeza de relação, para que meu comportamento não seja captado como uma ameaça?"

A postura do psicoterapeuta deve ser um modelo de ação para o cliente, no que diz respeito às diferenças e à liberdade de ação. Uma postura fria, distante, técnica pode levar o cliente a ver o psicoterapeuta como algo intocável, não imitável, difícil de transpor para o cotidiano.

Sabemos que a fantasia do cliente é fértil no que diz respeito ao psicoterapeuta e ao processo psicoterapêutico em si mesmo. O fato de procurar o especialista é como delegar-lhe poderes, é esperar que ele o cure, solucione seus problemas, o livre da ansiedade que o persegue. É um estar nas mãos do outro sem uma aparente garantia.

A essa atitude de humildade e de esperança do cliente ele pode associar sentimentos de se sentir perseguido, atacado, acuado pelas palavras, pelas perguntas e pela atitude do psicoterapeuta, vivido, às vezes, como onipotente.

É bom lembrar que o psicoterapeuta é vivido pelo cliente, simbólica e realmente, de modo muito intenso, o que o torna mais frágil ainda, embora se sinta protegido.

Fazer psicoterapia é, por si só, algo ameaçador, embora os clientes a procurem e a desejem intensamente. O processo pode envolver riscos – às vezes graves – que vêm do próprio psicoterapeuta, da evolução do processo enquanto tal, do tipo de relação que se estabelece entre cliente e psicoterapeuta, bem como da própria técnica usada. Estamos em um campo em que um processo de mudança está em curso e segue um movimento nem sempre claro, embora aparentemente sob controle.

Falar do mais íntimo, do que mais nos assusta com alguém que nunca vimos é certamente ameaçador, por isso o psicoterapeuta precisa assumir uma postura de espera compreensiva, de aceitação incondicionada, de silenciosa cumplicidade se não quiser transformar a si mesmo em um primeiro objeto de tortura.

9. "Poderei libertá-lo do receio de ser julgado pelos outros? Normalmente dependemos do prêmio e do castigo que são o juízo dos outros. 'Isto é bom'. 'Isto é mau'."

O homem tem sido definido como um animal social, pois, como diz Thomas Merton, "homem algum é uma ilha". É muito complexo ilhar-se dentro de si mesmo, viver dentro de uma pequena concha, como se ninguém mais existisse. Nós, entretanto, julgamos e somos julgados a todo o instante.

Nenhuma psicoterapia tem a pretensão de "pro-criar" o "novo homem", o que significaria a criação de um super-homem existencial, talvez uma máquina – numa palavra, um egotista, quem sabe um psicopata.

A psicoterapia, entretanto, deve levar a pessoa à liberdade de pensar os próprios pensamentos, de fazer opções coerentes, de escolher seu próprio caminho, ainda que este possa estar cheio de dúvidas e de dor. Deve levá-lo a não precisar da aclamação popular, pela qual paga, frequentemente, um alto preço e, ao mesmo tempo, deve ajudá-lo a fugir do terra a terra alienante em que milhões de homens se encontram sem o perceber.

A função da psicoterapia é desenvolver na pessoa suas potencialidades, de modo que possa ampliar, cada vez mais, seus próprios limites, suas próprias fronteiras, encarar seus próprios riscos sem medo de se encontrar consigo mesmo e se assustar.

10. "Serei capaz de ver esse outro homem como pessoa em transformação ou estarei prisioneiro do meu e do seu passado?"

O homem é um ser feito para a grandeza, para a amplidão, para voar grandes espaços. Não pode ser considerado ou visto como um nada, arrastando-se sobre a terra pisada e batida por outros, vítima da fatalidade de sua própria impotência existencial.

Ele é movimento, uma águia de olhos penetrantes e ágeis asas, capaz de cortar espaços, voar altas atitudes e pousar dominador no cimo das montanhas. Ele é um ser em movimento à procura do seu ponto de equilíbrio.

Supô-lo imaturo, ignorante, doente, limita o que ele poderia ser na sua relação com o mundo e com o outro. O psicoterapeuta acredita na pessoa, a experiencia; crê nas suas possibilidades, que são forças que se ocultam no mistério do seu ser – embora, paradoxalmente, essa mesma grandeza e complexidade de forças possa transformá-lo num neurótico, num psicótico, quando abandonado a si mesmo e sem perspectivas de um futuro que lhe devolva a possibilidade de mudanças reais.

A natureza humana é naturalmente ordenada para a unidade, para a harmonia, para a transcendência. Pode, porém, se desviar desse rumo, mas jamais tais forças se insurgirão contra a ordem estabelecida, provocando a destruição dessa harmonia.

Essa crença, essa confiança na natureza, na ordem, deve dirigir sempre a vontade, o espírito de todos aqueles que se propõem ser instrumentos e agentes de relacionamento humano.

O psicoterapeuta, qualquer que seja seu método de trabalho, é um agente de relações humanas, alguém que se propõe, partindo de um conceito de normalidade – seja ele psicológico ou cultural –, devolver ao outro a percepção concreta, real de sua identidade, de sua alegria de viver.

Para tanto é preciso que, além de treino especial, ele tenha uma visão verdadeiramente positiva da natureza humana e seja movido por real sentimento de humanidade.

A pessoa jamais pode ser objeto de experiências por parte do psicoterapeuta, transformando-se num campo de experimentação, por mais bem intencionado que o profissional seja, porque o cliente é, sobretudo, alguém carregado de fortes sentimentos, aguçados pela sensibilidade própria de quem procura uma orientação segura.

Se nos sentimos incapazes de uma ação coerente e eficaz, a ética, a humildade, o amor à pessoa humana nos aconselham a enviá-lo a alguém que, melhor do que nós, poderá vir ao seu encontro e ajudá-lo a encontrar aquilo que procura.

Pretendi, nestas considerações preliminares, constituir um campo de abertura psicoemocional para encararmos a realidade de nossos clientes como parte de nossa própria realidade. Estou convencido de que a ciência, o método, a arte existem para que o profissional as utilize de maneira criativa, fazendo-os crescer em qualidade e quantidade. Tudo isso se dá em função do cliente e não o contrário. Não estão em jogo uma ciência ou um método; o que está em jogo é a vida de pessoas que nos procuram, esperançosas de soluções novas e eficazes.

Costumo dizer aos meus alunos que a psicoterapia tem três regras pétreas: 1. "Psicoterapia é permissão para criar" (Zinker); 2. "Porém, não improvise. Se não sabe, não faça nada, não invente" (Perls); 3. "O limite é a ética. A não violência" (Clarkson).

A psicoterapia é, portanto, um processo de contato entre duas pessoas, cliente e psicoterapeuta, processo que não tem a finalidade formal de curar, mas de causar mudanças. Deve estar embasada nos mais sólidos pressupostos da ciência psicológica mas, ao mesmo tempo, acontece através de pessoas e se destina a pessoas. A psicoterapia deixa de ser algo estático, técnico, e passa a ser eminentemente humana, estética e dinâmica. É um processo conjugado de relação entre cliente-psicoterapeuta, baseado em uma busca psicoexistencial com a finalidade de ajudar a pessoa a descobrir os melhores caminhos para viver melhor.

O psicoterapeuta, portanto, não é aquele que cura, é aquele que cuida, e quando as pessoas se sentem cuidadas obtêm força para reencontrar o caminho perdido da própria casa.

2 A PSICOTERAPIA

> A experiência de qualquer coisa "lá fora" é validada de modo especial pela estrutura humana que torna possível "a coisa" que surge na descrição. Tal circularidade, tal encadeamento entre ação e experiência, tal inseparabilidade entre ser de uma maneira particular e como o mundo nos parece ser indica que *todo ato de conhecer produz um mundo*. Esta característica do conhecer será invariavelmente nosso problema, nosso ponto de partida e a linha mestra de tudo o que apresentaremos nas páginas seguintes. Tudo isso pode ser condensado no aforismo: *todo fazer é conhecer e todo conhecer é fazer*. (Maturana e Varela, 1995, p. 68)

A história da psicoterapia tem percorrido longo e complexo caminho à procura de uma definição que contemple sua natureza e essência, envolvendo, necessariamente, os básicos elementos de sua constituição: a relação terapeuta-cliente-mundo.

Etimologicamente, psicoterapia (do grego *therapeía, therapeuein*) significa "cura, iniciação, método, ato de curar, tomar conta", assim, entre outros significados, psicoterapia seria "cura da alma".

Curar a alma foi, inicialmente, o primeiro movimento da psicologia, sobretudo com a psicologia racional. Movimentos embrionários, já na Idade Média, tendiam a curar a alma através da palavra e de rituais, porque as manifestações que, segundo os pensadores da época, apresentassem algo de anormal eram logo atribuídas a questões da alma e, por isso, caíam irremediavelmente no âmbito do poder da Igreja.

Com o passar do tempo, porém, a psicologia foi-se transformando em ciência que estuda o comportamento humano, e a psicoterapia em método para acessar as profundezas da mente humana – e não apenas algo destinado aos considerados classicamente doentes. A psicoterapia vai deixando de ser um conhecimento iniciático, para o bem dos doentes, para se transformar numa resposta para todo aquele que desejasse um maior e mais profundo conhecimento de si mesmo.

Delimitação do conceito

A rigor, no entanto, não se pode dizer ser a fenomenologia – no singular – um movimento enfeixado em uma única ideia geral capital ou passível de ser sintetizado no espaço de um manifesto. Mais corretamente estaríamos diante da verdade dos fatos, se disséssemos que as fenomenologias – no plural – buscaram substituir os modelos inadequados de pensamento então vigentes por uma atitude básica fundamental: a atenção minuciosa à realidade tal e qual efetivamente vivenciada pela experiência humana. Assim, podemos dizer que as fenomenologias são um conjunto de perspectivas científicas humanas que se identificam por uma atitude geral, resumida nas palavras do filósofo fundador da fenomenologia filosófica, Edmund Husserl, como "um retorno às coisas mesmas". Investigar a realidade última da vivência humana é, de maneira geral, fazer fenomenologia. (Payá, 2011, p. 109)

O bem-estar físico e mental foi sempre uma das grandes preocupações do ser humano e, para consegui-lo, o homem tem procurado as mais diversas formas, como o trabalho cotidiano, o culto religioso, a magia, a dança, o esporte, a vida em família – atividades que têm lhe proporcionado aquele revigoramento de que necessita para poder se sentir inteiro consigo mesmo.

Essas atividades se assemelham a formas de psicoterapia no sentido lato do termo, porque implicam uma mescla de elementos que se juntam, produzindo efeitos desejados, embora, às vezes, acompanhados de riscos não previstos.

O modelo de teoria e técnicas psicoterápicas que estou apresentando tem uma natureza, um objeto, um campo de ação e métodos bem definidos, embora, ao mesmo tempo, estejam surgindo uma variedade de formas de "psicoterapias" de solidez duvidosa, disputando uma clientela nem sempre sabedora do que, de fato, precisa.

A psicoterapia é uma forma de tratamento do cliente por um psicoterapeuta. Tal afirmação, embora vaga, carrega um elemento importante. Aparentemente essa é uma definição óbvia, isto é, toda psicoterapia supõe um psicoterapeuta e alguém que precisa de cuidados.

Indo além dessa concisa e simples definição, tal afirmação supõe e prevê que o psicoterapeuta seja, de fato, uma pessoa adequada ao que ele se propõe, não só quanto à sua pessoa, mas quanto aos instrumentos que usa. Nas formas de psicoterapias diretivas, como nas não diretivas, existe um método, uma técnica, um sistema recíproco de valores em ação, que colocam psicoterapeuta e cliente num real encontro pessoa-pessoa. Quer através de uma postura, de um estilo, de uma atitude liberal e permissiva, quer através de uma atitude planejada, precisa, que segue passos predeterminados, o psicoterapeuta é sempre responsável pelo processo que conduz.

A suposição básica, portanto, é a de que o psicoterapeuta tem consciência do processo, sabe o que faz e se conduz com total responsabilidade. Do outro lado, o cliente, ciente do poder do psicoterapeuta, se entrega aos seus cuidados, esperando descobrir e vivenciar os melhores caminhos que o conduzem às melhores soluções de suas dificuldades existenciais e operacionais.

> O que interessa na psicoterapia não é simplesmente atenuar aflições psíquicas em caso de experiências dolorosas, é fazer frente aos problemas psíquicos através do contato psíquico... A psicoterapia se propõe alcançar um desenvolvimento psíquico através do contato interpessoal que permite ao paciente dominar, mais tarde, dificuldades semelhantes, sem a ajuda do médico terapeuta. (Knoepfel, 1969, p. 11-12)

Essa definição, embora mencione "sem a ajuda do médico terapeuta" (voltarei a essa questão mais tarde), pode ser considerada um tanto vaga, mas já encerra elementos que definem operacionalmente o processo psicoterapêutico.

É importante sobressaltar, nessa definição, o conceito de psicoterapia como contato, desenvolvimento, crescimento, treinamento para uma relação pessoa-mundo, educação através de um encontro positivo, que exclui qualquer tipo de dependência desnecessária.

A psicoterapia, portanto, é um processo de envolvimento, no qual duas pessoas se encontram numa relação profunda e significativa, e no qual o psicoterapeuta desempenha e vive a função de agente de mudança e o cliente experiencia situações passadas, presentes e futuras, procurando compreendê-las através da vivência no presente, convivendo com emoções, fantasias e sentimentos, tentando encontrar saídas novas para seu modo de estar no mundo, como um todo.

O desenvolvimento humano segue seu curso natural, por isso, o ser humano é, por si mesmo, orientado para sua finalização pessoal. O processo psicoterapêutico visa colocar em ação essa predisposição orientada para o crescimento, a independência e a maturidade do cliente.

A psicoterapia, além ou mais que cuidar de sintomas, leva a pessoa a uma séria reflexão sobre o prazer, sobre a curiosidade que o diferente desperta nele. Desperta nele o desejo de descobrir razões válidas para gostar de viver e de viver cada vez melhor

Nesse sentido, o processo psicoterapêutico é também uma ação social eminentemente política, pois uma psicoterapia que isole o homem, em si mesmo, do mundo ou da realidade que o cerca é um processo que carece de sentido, falho de perspectivas humanas e fadado ao fracasso, por desconsiderar a relação pessoa-mundo. O processo psicoterapêutico deve levar o homem a uma melhor compreensão, a uma visão real de si mesmo e a uma revisão objetiva do mundo em que vive.

Resumo histórico

A psicoterapia, nas mais variadas formas, tem sido sempre um processo que envolve duas pessoas, uma chamada cliente e outra chamada psicoterapeuta, ambos na tentativa de se fazer entender através do ontem, do hoje e do amanhã e no qual o cliente, com o acompanhamento do psicoterapeuta, tenta, através de um mergulho profundo e difícil no mais íntimo de seu ser, se reconhecer para se entender, responder às suas próprias angústias e dúvidas e, na medida do possível, encontrar as respostas que procura na solução de suas dificuldades.

O próprio homem, porém, em sua preocupação com a clareza e com o rigor científico, vai cada vez mais controlando, técnica e cientificamente, seu agir, "desconhecendo" aquelas variáveis naturais que interferiam ou interferem de modo direto na manutenção de sua ancestral sabedoria organísmica. Assim, com o passar do tempo, atinge formas mais sofisticadas de auto e heteroconhecimento que o ajudam a estar melhor consigo mesmo e com os outros mas, ao mesmo tempo, o aprisionam, impedindo aquela criatividade espontânea com que ele conviveu desde tempos imemoriais.

O homem, de modo mais ou menos consciente e sistemático, sempre procurou formas e fórmulas para resolver seus problemas mentais.

A psicoterapia, como forma mais sistemática de contato humano, pertence, no sentido científico, aos tempos modernos, datando praticamente do início do século passado.

Nesse sentido, me parece útil, em um brevíssimo resumo, relembrar aqui alguns nomes pioneiros de onde partiu, se não a totalidade, uma grandíssima parte das teorias e técnicas psicoterápicas de hoje.

Médicos sempre existiram, psicólogos, também; sempre houve terapeutas médicos e sempre existiram psicólogos terapeutas, basta lembrar Galeno e Filão de Alexandria – entre muitos dos tempos antiquíssimos. A preocupação com a saúde é um instinto humano de autopreservação, não sendo seu estudo propriedade de nenhuma profissão. Por isso, seria totalmente antiética e anticonstitucional uma lei que privilegiasse uma única profissão como responsável pelo cuidado da saúde da pessoa humana.

É preciso que seja colocado, nesse contexto, que a lei que cria a profissão de médico data da década de 1930. Embora essa lei diga que as instituições de psicoterapia devem ficar aos cuidados do médico, é importante lembrar que, na época, a psicoterapia não tinha o mesmo significado que tem hoje. Tratava-se de uma psicoterapia hospitalar, medicamentosa. Por outro lado, a psicoterapia não tinha um campo determinado e ainda não havia sido criada a profissão de psicólogo.

A psicoterapia não nasce da medicina, não foi dada aos psicólogos pela "generosidade" dos médicos ou da medicina. Na razão em que a psicologia foi se apropriando do seu campo específico de trabalho, se constituindo às suas próprias custas, a medicina e/ou os médicos se viram incompetentes para atuar no campo da psicologia e foram, de algum modo, obrigados a "dar a César o que era de César".

Os autores que menciono a seguir eram médicos, mas não foram nem são a medicina de seu tempo, pois estavam muito além de um corporativismo doentio que, no mínimo, retrata um modo pobre de perceber as necessidades de bem-estar da pessoa humana.

O resto da história (ato médico etc.) todos nós sabemos.

Sigmund Freud

Podemos dizer que foi com Sigmund Freud (1856-1939) que a psicoterapia ganhou foros de cidadania. Freud nasceu em Freiberg, Áustria, e viveu em Viena, tendo emigrado posteriormente para Londres, onde faleceu. Médico formado por uma escola biológico-naturalista, mostrou sempre um profundo interesse pela neurologia, campo que influenciou toda sua atividade posterior como psicanalista.

Freud se interessou inicialmente pela histeria, mas logo constatou que os processos neurológicos não eram suficientes para explicar a síndrome histérica. Percebeu que as manifestações histéricas escondiam complicadas forças dinâmicas que precisavam ser mais extensa e profundamente estudadas, embora, pela mesma época, Breuer conseguira libertar uma jovem dos seus sintomas histéricos por meio da hipnose, que também vinha sendo usada por Freud.

Mais tarde, Breuer se separou de Freud, sobretudo por não concordar com ele com relação à influência da sexualidade na psicogênese e na psicodinâmica das neuroses.

Freud observou que os sintomas histéricos não eram casuais nem determinados exclusivamente por fatores neurológicos, mas que eles eram significativos a partir da história do paciente, isto é, que não era sem razão que os sintomas histéricos se localizavam ora em uma, ora em outra parte do corpo, fora as características comportamentais que especificam tal doença.

Em seguida, Freud observou que muitas lembranças antigas tinham sido esquecidas, expulsas da consciência, reprimidas, e que só o fato de recordá-las trazia uma modificação do comportamento.

A essa altura, ele chegou à *noção de inconsciente*, a grande descoberta da psicanálise, que pode, em verdade, ser definida como uma ciência do inconsciente.

Continuando seus estudos, Freud descobriu que, quando o paciente era colocado em uma posição de relaxamento, procurando deixar de lado toda reflexão consciente e falando livremente tudo que lhe vinha à cabeça, experimentava um grande alívio e chegava a recordar fatos reprimidos do passado distante. *Era o processo da associação livre de ideias.*

Resolveu, então, abandonar a hipnose, pois a associação livre das ideias levava ao mesmo efeito, com a vantagem de reviver, emocional e conscientemente, a situação traumatizante.

Ao mesmo tempo, Freud percebeu a tendência do paciente de se colocar apenas intelectualmente no relato de sua história. Era como um projetar de imagens, uma repetição fria do passado, uma resistência a entrar em contato com os sentimentos e as emoções. Esse *processo de resistência*, como foi chamado, devia ser firmemente analisado, pois as recordações, separadas dos afetos e das emoções, produziam pouco efeito terapêutico.

> Se comunicarmos a um paciente uma ideia reprimida por ele em certa ocasião, mas que conseguimos descobrir, o fato de lhe dizermos isto não provoca, de início, qualquer mudança em sua condição mental. Acima de tudo, não remove nem anula seus efeitos, como talvez se pudesse esperar do fato de a ideia previamente inconsciente ter-se tornado agora consciente. Pelo contrário, tudo o que de início conseguiremos será uma nova rejeição da ideia reprimida. (Freud, A., 1967, p. 12)

Outro grande passo foi dado quando ele percebeu a tendência do paciente de reviver nele e através dele sentimentos e percepções ligados a figuras paternas ou a pessoas significativas do passado. Através do *processo de transferência*, o paciente revivia seu passado, introjetando o analista e projetando nele suas situações antes vividas. A análise dessa situação se revelou de grande utilidade para o desenvolvimento terapêutico.

Dando um passo avante, Freud descobriu a importância da sexualidade, sobretudo a infantil, na psicogênese de processos patológicos. A sexualidade infantil manifestada, sobretudo, através do complexo de Édipo.

Freud introduziu o termo "libido", que ele considerava uma força psíquica de natureza sexual presente em todas as pessoas, responsável, sobretudo, pelas manifestações do instinto de vida.

A *análise dos sonhos* completa as grandes etapas do método freudiano, criando um sistema complexo e extremamente rico na compreensão do ser humano.

A estrutura da personalidade foi dividida em *id*, *ego* e *superego*, que constituem três sistemas intimamente ligados mas distintos, responsáveis pelo funcionamento harmonioso da personalidade.

Na compreensão da dinâmica da personalidade, *o conceito de instinto* ocupa um lugar importante. "O instinto é uma representação psicológica inata de uma fonte somática de excitação. A representação psicológica chama-se desejo e a excitação corpórea que o causa chama-se necessidade" (Hall e Lindzey, 1966, p. 50).

O instinto, como diz Freud, é um *quantum* de energia psíquica, a medida daquilo que a mente necessita para funcionar. Todo instinto tem uma fonte, uma finalidade, um objeto e um impulso, havendo dois grandes grupos de instintos: *instinto de vida* e *instinto de morte*.

O desenvolvimento da personalidade se faz através dos estágios *oral*, *anal*, *fálico* e *genital*. Tais estágios são altamente significativos na estruturação da personalidade. Através deles a pessoa se percebe amadurecendo e diferenciando-se, podendo estacionar mais em uma fase que em outra, com consequências visíveis para o próprio processo de amadurecimento emocional.

Esse resumo da teoria da personalidade segundo Freud mostra a grandiosidade de seu pensamento e de sua obra, ao mesmo tempo que indicou e continua indicando caminhos novos a ser percorridos na análise e na compreensão do comportamento humano. A análise ou a psicoterapia de base analítica utilizarão dessa formulação conceitual na tentativa de compreender toda e qualquer situação humana.

Adolf Adler

Nascido em Viena em 1870, Alfred Adler morreu na Escócia em 1937. Médico oftalmologista, dedicou-se à psiquiatria depois de ter exercido a medicina geral por algum tempo. Foi um dos fundadores da Sociedade Psicanalítica de Viena e, posteriormente, seu presidente. Depois de 1911, seus pontos de vista se chocavam cada vez mais com os de Freud. Ele foi então coagido a renunciar à presidência da Associação Internacional de Psicanálise, tendo, posteriormente, se desligado definitivamente de Freud.

Sua teoria é conhecida com o nome de psicologia individual.

Adler afirma que o homem é motivado principalmente por instâncias sociais, contrastando profundamente com a posição freudiana, segundo a qual o comportamento humano é motivado por instintos inatos, e com Jung, para quem a conduta humana é governada por arquétipos inatos (Hall e Lindzey, 1966).

Foi o primeiro a insistir nos determinantes sociais do comportamento humano, estabelecendo relação entre estes e a doença mental, diferentemente da posição freudiana, que via na sexualidade a fonte e a origem dos problemas mentais, e de Jung, que colocava nos arquétipos um sentido de vida responsável pelos conflitos humanos.

Além de criar alguns conceitos originais, Adler foi importante por estabelecer pontos essenciais de sua teoria da personalidade:

1. O fato de ver a sociedade e os fatores sociais como determinantes do comportamento humano abriu uma perspectiva nova e diferente na visão da psicopatologia e, consequentemente, da psicoterapia.
2. O self, para Adler, é uma realidade dinâmica e criadora.

Segundo ele, o self "é um sistema altamente personalizado e subjetivo que interpreta e torna significativas as experiências do organismo" (Hall e Lindsey, 1966, p. 139), e não algo a serviço dos instintos, como é o ego para Freud. Ele ajuda a encontrar o estilo de vida e cria experiências, quando não as encontra de maneira habitual.

A dinâmica do comportamento é movida *pelo interesse social e não pelo sexo*. Nosso sentido habitual de inferioridade está estreitamente ligado ao modo como nos vemos socialmente no mundo e ao modo como nele nos engajamos. É o estilo que determina para Adler as necessidades sexuais, e não o contrário.

Ao dar à *consciência* um lugar privilegiado na sua teoria, ao lado do *interesse social*, Adler se coloca definitivamente numa posição antagônica à de Freud. O homem, para ele, é autoconsciente, capaz de querer, planejar, saber os motivos de suas escolhas. Assim, ele dá sentido ao seu querer e às suas ações de maneira consciente.

Exponho alguns dos mais importantes princípios concretos adlerianos:

1. *Ideias fictícias*: os homens frequentemente pautam sua vida por ideias fictícias, que pouco têm a ver com a realidade objetiva e real dos fatos, por exemplo: "Todos os homens nascem iguais". Nesse contexto, o homem estará mais ligado ao futuro que ao passado. Essas ideias, entretanto, têm reflexos imediatos no aqui-agora das pessoas, que convivem com uma série de outras ideias: "O fim justifica os meios", "Paga-se amanhã o que se faz hoje" etc., e em geral essas ideias são causa de conflitos internos. Embora Adler não seja fatalista nem lide com o conceito de predestinação, ele acredita que o fim último pode explicar o comportamento humano, sem ter uma visão extremamente teleológica do mundo.

2. *Aspiração à superioridade*: segundo Adler, existe em cada um de nós uma busca, um anseio pela transcendência que é inato e se identifica com a vida que nos é própria. Esse é um potente princípio dinâmico que nos permite viver sem medo dos riscos da cotidianidade.

   Nessa linha de reflexão, seu pensamento passa da "vontade de poder" para aquela do "protesto viril" e termina com o princípio da "aspiração à superioridade", que dá consistência e unidade ao comportamento humano, sendo uma luta por uma perfeita complementação (terminalização), a grande luta para o alto. Tal sentimento de busca constante do melhor e não apenas de uma atitude de posição de comando ou de proeminência na sociedade guia a maior parte de nossos desejos e atitudes.

3. *Sentimento de inferioridade e de compensação*: Adler, estudando por que motivo certas doenças se localizam em determinadas partes do corpo, afirma que a localização da enfermidade reside numa particular inferioridade dessa zona. Para ele, o homem é sempre impelido a vencer a sua própria inferioridade, sendo arrastado pelo desejo de ser superior. A perfeição e não o prazer, dizia Adler, constitui o escopo da vida.

4. *Interesse social*: "Consiste no concurso individual à sociedade para a consecução de uma perfeita sociedade. O interesse social é autêntico e inevitável compensação de todas as fraquezas naturais dos seres humanos individuais" (Hall e Lindzey, 1966, p. 139).

5. *Estilo de vida*: é a compensação de determinada inferioridade. Forma-se nos primeiros quatro ou cinco anos de vida e determina o posterior comportamento do indivíduo. O estilo de vida é composto pelos modos de que uma pessoa se serve para atingir a superioridade, sendo determinado pelas inferio-

ridades específicas, reais ou imaginárias, de cada indivíduo (Hall e Lindzey, 1966).

6. *O self criativo*: unitário e coerente, o self domina toda a estrutura da personalidade. O self criativo é o fermento que age sobre os fatos oferecidos, ativamente, pelo mundo externo e os transforma em uma personalidade subjetiva, dinâmica, unitária e singular, com um estilo inconfundível (Hall e Lindzey, 1966).

Adler criou uma teoria humanística do homem, visto como um ser individual, social, em constante luta contra sua fraqueza, sua inferioridade, buscando permanentemente o ser superior para corresponder às suas próprias possibilidades, sendo agente e não vítima do existir.

Carl Gustav Jung

Carl Gustav Jung nasceu na Suíça em 1875. Estudou medicina, tendo sido assistente de Eugen Bleuler. Estudou, por algum tempo, com Pierre Janet. Morreu em Zurique, em 1961.

Amigo pessoal de Freud, tornou-se o primeiro presidente da Associação Internacional de Psicanálise, fundada em 1910.

Por questões pessoais e intelectuais, Jung se separa definitivamente de Freud em 1914, sendo um dos principais motivos sua rejeição ao pansexualismo freudiano. *Sua teoria da personalidade leva o nome de psicologia analítica*, que afirma que a combinação causalidade e teleologia, sistema que considera o mundo uma sincronia de relações entre meios e fins, é o traço mais característico da pessoa humana, vista como um ser renascendo, constantemente, na busca de sua perfeição e universalidade.

Na formação da personalidade, dá grande importância às nossas origens sociais, afirmando que o ser humano é produto e síntese de sua história ancestral.

O homem moderno foi concebido e moldado em sua forma presente pelas experiências acumuladas através das gerações passadas, recuando até as origens obscuras e desconhecidas do homem como espécie distinta. Os fundamentos da personalidade são anseios primitivos, inatos, inconscientes e talvez universais... Estas predisposições dirigem sua conduta e determinam, em parte, aquilo de que ele tomará consciência e a que responderá, em seu próprio mundo de experiência. (Hall e Lindzey, 1966, p. 21)

A personalidade, como é vista por Jung, possui um conjunto de instâncias ou sistemas que, embora se distingam um do outro, agem em íntima interação.

O *ego* dá unidade e continuidade à personalidade, sendo o centro consciente do ser. É formado pelos pensamentos, pelas recordações, pelos sentimentos.

O *inconsciente individual* é formado pelas ideias reprimidas, esquecidas, bem como por aquelas lembranças, que, sem chegar a ser conscientes, são mais facilmente acessíveis à consciência.

O *inconsciente coletivo ou transpessoal* é formado pelas lembranças próprias da raça humana, bem como pela história dos ancestrais pré-humanos e animais, que se foram acumulando através dos tempos. O inconsciente coletivo é a base de toda a personalidade e dele recebem influência direta o ego e o inconsciente pessoal, bem como as experiências atuais do ser humano.

Os *arquétipos* fazem parte desse inconsciente coletivo e se constituem em formas universais de pensamento dotadas de força e de forte carga emocional e afetiva. Eles são produzidos por experiências humanas que se vão acrescentando uma à outra através de gerações. "Eles funcionam como centro de energia de alto nível e produzem, em cada geração, a repetição e a elaboração das mesmas experiências". São exemplos de arquétipos os conceitos mãe, morte, pátria, Deus etc.

A *persona* é a máscara que cada indivíduo traz dentro de si, como maneira de expressão da própria realidade. Através dela, cada indivíduo procura responder às exigências sociais e culturais do meio em que vive.

Sabemos que o ser humano é um animal bissexual. O aspecto feminino no homem é chamado de *anima*, e o aspecto masculino na mulher é chamado de *animus* (Hall e Lindzey, 1966).

A *sombra* é constituída pelos instintos animais adquiridos pelo homem na evolução das formas de vida inferior por que teve de passar. Ela simboliza o lado animal presente na natureza humana.

O *self* é o equivalente de personalidade vista como um todo. Esse arquétipo simboliza a permanente luta do homem pela unidade. A *mandala* é o símbolo mais apropriado para expressar essa realidade total e única do ser humano. Por essa razão, para Jung, esse arquétipo só se manifesta plenamente na idade madura, ou seja, pela metade da vida do homem.

Quanto às *funções*, a personalidade se expressa através de quatro funções básicas: o *pensamento*, o *sentimento*, a *sensação* e a *intuição*. Elas estão presentes em todo ser humano, que as usa de diferentes modos.

Uma delas, entretanto, o caracteriza de modo particular. É como se fosse um roteiro habitual e estruturado, um modo de ser. Cada pessoa vive e age prevalentemente de acordo com uma dessas funções. Um pensa mais, outro sente mais, outro percebe mais o corpo e outro tem sua percepção mais aguçada sem o esforço formal da inteligência.

> A contemplação psicanalítica do homem começou a partir de um enfoque biológico e explicava o comportamento humano por meio de instintos e energias, que Freud, no início, supõe serem de natureza puramente sexual. Adler agregou o instinto do poder, Jung, o espiritual e o divino, K. Horney acrescentou a importância da cultura e do meio ambiente na origem da neurose e desde então foi crescendo o interesse pelas conexões sociológicas. (Knoepfel, 1960, p. 51)

Tal procura permanente de compreender o ser humano levou, em todos os tempos, teóricos da personalidade a percorrer os mais diferentes caminhos na busca de explicações lógicas e convincentes. Essa mesma necessidade tem levado psicólogos a aprofundar o conhecimento e o estudo do comportamento humano e, consequentemente, a dar respostas diferentes e, na visão deles, coerentes e adequadas a essas inquisições por meio dos mais variados métodos e técnicas psicoterapêuticas.

A visão que esses três teóricos têm da personalidade supõe, como de fato acontece, o ser humano agindo e reagindo cada um a sua maneira, o que implica formas diversas de conduzir o processo psicoterapêutico, porque também pressupõem que as causas da psicopatologia humana tenham origens, causas e explicações diferentes.

Conceituação de psicoterapia

> Em segundo lugar, gostaríamos de anotar que, embora as fenomenologias procurem evitar uma concepção abrangente e abstrata do humano, não deixam de identificar certas estruturas fundamentais de ser que determinam a ideia de psicoterapia. A observação fundamental fenomenológica descreve a existência humana como situada em um arcabouço de temporalização e espacialização que é sua condição de possibilidade, os trilhos nos quais a vida humana discorre. Disso extraímos que existir é situar-se no tempo – que tudo muda – e no espaço que acomoda as simultaneidades... Uma psicoterapia será, portanto, sempre um processo de auxílio inter-humano na temporalização e na expansão das potencialidades de um ser humano por meio do contato com outro ser humano. (Payá, 2011, p. 109)

Um grande número de teorias e técnicas psicoterápicas deriva, na atualidade, da visão de mundo e de pessoa desses predecessores e tem servido de base para algumas abordagens na atualidade.

Teorias de personalidade são sempre teorias criadas pela mente cogitante e emocional de um homem, ainda que tenham absorvido elementos acumulados pela cultura, por conhecimentos e por ciências já solidificadas que as precederam, pois toda teoria – inclusive a teoria de personalidade – é fruto da experiência subjetiva de seus fundadores.

Uma teoria é necessariamente algo limitado e provisório, como limitado e provisório será tudo que dela decorra. Qualquer forma de psicoterapia, fruto imediato e provisório de uma teoria da pessoa, será sempre um instrumento frágil e poderá ser até perigosa, se o psicoterapeuta colocar de lado sua criatividade e seu poder pessoal e imputar à teoria que ele segue e o orienta a responsabilidade por seu pensar e agir.

Não é sem razão que de uma teoria vão surgindo, cada vez mais, novas técnicas inspiradas nos seus pressupostos. Isso comprova sua limitação natural de, sozinha, responder aos posicionamentos da cultura e da ciência. Não é ainda sem razão que se fala hoje em releitura de Freud, por exemplo – o que, de novo, vem demonstrar a contingência espacial e temporal de seus posicionamentos de antanho. Isso não desmerece seu trabalho, mas simplesmente dá à sua teoria aquela mobilidade que só uma leitura de como sua obra se coloca no tempo e no espaço lhe pode conferir.

A etimologia da palavra nos conduz à afirmação de que psicoterapia é uma intervenção na totalidade existencial de alguém no sentido de curá-lo. Psicoterapia significa "cura da alma", embora, nenhum de nós, a princípio, esteja pensando na "alma" de nosso cliente quando nos propomos caminhar com ele um pedaço de sua estrada existencial.

As doenças mentais, sobretudo as nossas, por seu aspecto de mistério, nos acarretam grandes sofrimentos, pois sentimos algo profundo dentro de nós, percebido como aterrador, cujas causas normalmente nos escapam, produzindo em nós um sentimento de incompetência e de impotência. É comum que as primeiras palavras de nossos clientes sejam: "Estou me sentindo mal, não suporto mais o meu sofrimento e não sei o que tenho, não consigo entender o que se passa comigo".

A tendência, naturalmente humana, de tocar, de experimentar, de sentir fisicamente os objetos, falha por completo quando sentimos os fenômenos de nossa mente e não conseguimos tocá-los, compreendê-los e resolvê-los. Donde a necessidade de lidar com o sofrimento psíquico através de uma atitude aberta, num relacionamento inter e intrapessoal, por meio daquilo que Bally chamou de "uma ajuda dialogística no sofrimento".

A angústia, a confusão mental, a perplexidade diante dos problemas não resolvidos levam o cliente a se perceber cada vez mais perdido e cada vez mais afastado da realidade. A mente dividida, os mecanismos de defesa empregados contra a angústia e o medo se tornam cada vez mais complexos e interagentes, até chegar ao ponto em que o cliente intui a sua realidade como perdida e se sente incapaz de começar sozinho o longo caminho de sua recuperação, o longo caminho da volta para a casa.

Talvez pudéssemos dizer que psicoterapia é um processo pelo qual o cliente vai descobrindo um modo mais adequado, isto é, sem medo, de lidar consigo, com o outro e com o mundo, no qual ele se percebe melhor, consegue revitalizar suas potencialidades desorganizadas e descobre recursos próprios de sua personalidade ainda não postos em ação.

O processo psicoterapêutico caminha, desde o início, numa dupla direção. Num primeiro momento, o psicoterapeuta, por meio da história do cliente, vai descobrindo os focos de maior conflito, as tentativas vividas de solucionar o problema, vai conhecendo melhor a psicogênese do processo, percebendo, na medida do possível, a psicodinâmica atualmente vivida e em ato. Sem essa percepção, ele não pode optar com segurança por um caminho a seguir. É, portanto, uma atitude voltada para o microcosmo do cliente, visto e analisado na sua matriz interior de comunicação.

O segundo momento está em estreita relação com o primeiro: o reconhecimento, por parte do cliente e do psicoterapeuta, daquilo que nele é normal, embora com momentos de conflito.

A normalidade mental implica uma vivência amorosa, prazerosa, curiosa, alegre da própria realidade e numa abertura para a autossatisfação pela percepção de uma homeostase interna, sempre e quase necessariamente sincronizada com o mundo, com os outros.

Normalidade, bem-estar mental, psíquico, emocional é relação com o mundo e com os outros, mais que uma volta narcísica sobre si mesmo. O não contato com nossa realidade exterior se torna a primeira fonte de nossos desequilíbrios quando, por várias razões, não conseguimos filtrar sua influência sobre nós e o nosso "eu" se perde na busca de opções fora dos próprios limites.

Toda forma de psicoterapia estará atenta ao modo como o cliente se inclui no seu mundo exterior, trabalhando com ele sua atividade interna consciente, pois não visa modificar a pessoa, mas torná-la apta a viver no mundo como ele é.

Poderíamos, ampliando um pouco nossos horizontes, colocar o problema da psicopatologia da cultura diante do sentimento de busca de autenticidade e identidade pessoal que cada cliente vive quando se coloca em um processo psicoterapêutico. Esse tema, porém, nos levaria para fora do campo de estudo que nos propusemos – ao menos por agora.

O reconhecimento ou a afirmação, cada vez mais comum, de que a sociedade está doente, de que a multiplicidade e a dinâmica de seus valores atropelam as pessoas, por si sós, não concorrem para que um processo psicoterápico termine de maneira bem-sucedida. Uma visão objetiva e real do homem, no contexto do mundo atual, nos conduz à quase certeza da fragilidade existencial da pessoa humana e coloca o psicoterapeuta diante da necessidade de uma competência cada vez maior, mais engajada e elaborada na condução do processo psicoterápico.

É condição fundamental para o sucesso da psicoterapia a vontade decisiva do cliente de querer mudar, de procurar incansavelmente a própria cura. É ela que dá ao processo psicoterapêutico a nota inicial de eficácia; por isso, lidar diretamente com o cliente como um ser no mundo, como um todo aí presente é o princípio máximo, quase profético, de um resultado positivo da psicoterapia.

Em psicoterapia é um engano pensar que existe um observador e um observado, que existe palco e plateia. Isso não é verdade. Ambos estão sob a mira um do outro, e o processo fica mais agudo e existencial à medida que a psicoterapia caminha, pois aqui vale o provérbio: "Bom mestre, melhor discípulo".

Se psicoterapia é uma forma de aprendizado, o cliente tem, de certo modo, não só seu bem-estar recuperado, mas inclusive recursos que lhe advêm de toda uma técnica que foi usada durante seu processo.

É preciso que o psicoterapeuta se conheça, conheça suas limitações, tenha vencido, de uma vez por todas, seu complexo de onipotência, para não projetar seus anseios, inseguranças e dúvidas no cliente. Só assim poderá ajudá-lo a reviver, no presente, afetiva e emocionalmente, seus conflitos passados.

Quando não souber o que fazer, a linguagem do silêncio poderá tornar-se, muitas vezes, a mais eficaz e até necessária, não obstante possíveis reações do cliente diante da aparente inatividade do psicoterapeuta.

Sempre penso, quando estou confuso, até perdido, sem saber o que fazer, que devo ficar calado; penso também que o cliente, de algum modo, sempre sabe onde ele se encontra, que nunca está totalmente perdido e, ao seu modo, me reconduzirá até ele.

Uma observação final me parece ainda necessária. Sabemos que, em geral, o cliente é alguém que não está se suportando, que não aguenta mais determinada situação, que se vê além de suas fronteiras e limites, que sente a emoção da insegurança em toda a sua extensão. Eis por que uma situação psicoterapêutica deverá ser, sobretudo, permissiva, democrática, para que ele possa reviver, sem os traumatismos de origem, suas ansiedades e reelaborá-las com mais objetividade.

> Nessa situação permissiva, o cliente admite possibilidades vitais que anteriormente havia desprezado, aprendendo a assumi-las de modo livre e responsável. Ele aprende mais sobre si mesmo, amplia a compreensão de si mesmo e favorece assim o que nele existe de especificamente humano, isto é, ter uma relação consigo mesmo, compreender-se. (Knoepfel, 1960, p. 51)

Somente nessa atmosfera poderemos também sentir as reais necessidades do cliente e de seu meio, sobretudo porque em geral ele é apenas o "bode expiatório" de que se serve sua rede de comunicação para aliviar suas tensões e seus conflitos.

Na ausência de uma forma de psicoterapia da cultura, às vezes será necessária a psicoterapia do ambiente familiar ou conjugal, para que se possa ver a relação de causa e efeito que se estabelece entre cliente e meio, entre sintoma e cliente, para que se possam situar as reais responsabilidades de cada membro do grupo na situação psicoterapêutica.

Concentrar-se exclusivamente no cliente como único responsável por sua dor e por seu destino é, muitas vezes, a causa mais habitual do fracasso de psicoterapias que ignoram, em graus diversos, o ambiente em que o cliente vive, pois nada no ser humano vem, pura e simplesmente, de uma única causa.

Definição de psicoterapia

Feitas essas considerações, acredito que podemos caminhar para uma definição de psicoterapia. Dentre as muitas que poderíamos dar, parece-me que a de Wolberg (1972, p. 3) abrange, na sua totalidade, uma visão bastante completa do processo psicoterapêutico e me permite, ao mesmo tempo, algumas considerações pró e contra, que ampliam sua visão.

> Psicoterapia é o tratamento, por meios psicológicos, de problemas de natureza emocional, no qual uma pessoa treinada estabelece deliberadamente um relacionamento profissional com um paciente, com o objetivo de remover, modificar ou retardar sintomas, de intervir em modelos perturbados do comportamento e de promover um crescimento e um desenvolvimento positivo da personalidade.

A seguir, tendo como base os principais elementos dessa definição, tento ampliar seus conceitos e seu campo de ação, lembrando que essa definição privilegia mais a postura do profissional do que a situação do cliente.

- *Psicoterapia é um tratamento...*

Esse é o objetivo de qualquer psicoterapia, embora implique modos, técnicas ou ideologias. Poderemos usar denominações diversas, como ajuda, apoio, reeducação, mas tais termos não especificam, de si, a natureza do processo.

Tratar de verdade é diferente de impor uma linha de conduta a alguém, pois tratar exige, necessariamente, contato que implica presença, cuidado, inclusão, encontro verdadeiro de ambas as partes. Embora tratar alguém suponha formas rituais, técnicas, que são meros instrumentos de trabalho, jamais poderão ser impostos ao cliente, porque são meios que visam facilitar o encontro do cliente com seu mundo interior.

Cada um desses momentos de "tratar" supõe e exige um nível de relação diferenciado entre cliente e psicoterapeuta, pois esses passos são intimamente ligados uns aos outros, modificando-se reciprocamente na medida em que agem de forma holística, isto é, nada no processo psicoterapêutico é solto, isolado, sendo cada coisa, cada ação intimamente dependente da outra.

Quando o cliente se percebe no centro e como centro ele relaxa, se solta, se entrega, dá permissão para chegar mais perto, se desenvolve e amadurece. Quando essas variáveis intervenientes não agem, o cliente reage, às vezes inconscientemente, "boicotando" a psicoterapia, porque ainda não percebeu que está seguro e pode confiar na relação psicoterapeuta-cliente.

- *... por meios psicológicos...*

O instrumento-meio, mais do que o uso de testes psicológicos, é a comunicação, que pode ser verbal ou não verbal. Nada no *setting* psicoterapêutico passa despercebido, nada ocorre de um lado só.

Psicoterapeuta e cliente estão em um mesmo e único campo, em um mesmo e único barco, de tal modo que tudo que acontecer a um respingará também no outro, acrescentando-se que o fato de ele guiar o barco o torna ainda mais responsável pelo que vier a acontecer.

No modelo do processo apenas verbal, podemos dizer que se está vivendo uma psicoterapia pela fala. A linguagem é a palavra como figura, como aquilo que emerge e aparece e por meio da qual motivações e necessidades do cliente vão aparecendo.

O silêncio pode se transformar numa poderosa forma de comunicação não verbal. Silêncios nutritivos, defensivos, de maturação, de espera, de oposição, de colaboração, ou simplesmente silêncio. Silêncio não é ausência de barulho. Existem silêncios de majestade, como o silêncio das montanhas, dos céus estrelados, dos "barulhos" dos oceanos, do olhar de uma criança à espera do tempo da fala. O silêncio existe por ele mesmo, sendo talvez por isso o mais difícil instrumento de trabalho.

As técnicas que usam expressão corporal, que trabalham o corpo ou com o corpo, como reveladoras de situações existenciais são, sem dúvida, válidos instrumentos de trabalho psicoterápico. Em certas situações, como quando se trata de sintomas psicossomáticos já instalados, podem até funcionar melhor do que as psicoterapias tradicionais.

A expressão "meios psicológicos" abre o leque para muitas possibilidades. Compete ao psicoterapeuta saber que meios usar, aqui-agora, responsavelmente. Tais meios podem abarcar da simples aplicação de testes até trabalhos corporais da maior complexidade, os quais exigem leituras competentes e abalizadas, um contexto pessoal, método apropriado, ética, nenhuma improvisação e, sobretudo, nenhum tipo de violência, física ou psicológica, que possa constranger o cliente.

- *... de problemas de natureza emocional...*

Se seguirmos a afirmação aristotélica de que nada vai ao intelecto sem antes passar pelos sentidos, os problemas da emotividade constituirão a matéria-prima da psicoterapia. Partindo da própria complexidade do ser humano, dizemos que os problemas de natureza afetivo-emocional abrangem as mais diversas áreas – biológica, psíquica, social, espiritual, de relacionamento, criando barreiras à conscientização, o que dificulta a entrada do cliente no processo psicoterapêutico propriamente dito; por isso, sem um trabalho eficiente do cuidado do processo emocional, dificilmente se chega à raiz de conflitos humanos.

Tais problemas de natureza emocional abrangem um universo tão grande e amplo quanto o próprio homem. O desequilíbrio se faz pela desarmonia do conjunto biopsicossocioespiritual que compõe a totalidade da relação humana, na qual cada um desses subsistemas cria um campo de ação, regido por variáveis psicológicas e não psicológicas oriundas da geografia humana e comportamental da pessoa em questão.

O retorno ao equilíbrio se faz quando se resgata a experiência imediata do sujeito através da sua experiência emocional corretiva que traz o passado para o aqui-agora psicoterapêutico não como sintoma a ser desconstruído, mas como uma energia que manteve o sintoma, ao longo dos anos, e agora, presentificado, permite ao cliente se reolhar, se reler de maneira diferente, criativa e criadora.

Na realidade, ao tratarmos problemas de natureza emocional, mais importante que solucioná-los (se isso é possível) é trazer o cliente para a experiência e a vivência de seu passado, aqui-agora, é trazê-lo para o que lhe está acontecendo nesse imenso tempo chamado agora, tempo experimental, experiencial, existencial, transcendental, pois, como no ensina Fritz Perls, "falar sobre" de quase nada adianta: um processo psicoterapêutico é mais transformador quando acompanhado da emoção que a produz.

- *...no qual uma pessoa treinada...*

Apesar de darmos uma grande importância às qualidades do psicoterapeuta, não bastam atitudes de carinho, vontade de ajudar, amor generalizado pela humanidade para que alguém se faça psicoterapeuta. Além de um sólido embasamento teórico, são necessários prática e treinamento, que podem ter formas, metodologias e técnicas diferentes. Deve-se evitar toda e qualquer forma de improvisação, de experimentação, de apenas querer ajudar. Tais atitudes, algumas vezes, podem produzir bons efeitos, porém o risco de consequências desastrosas é tão frequente que nos adverte da inconveniência de sua utilização.

O relacionamento é a alma da psicoterapia, pois é através dele que o cliente revive com menos trauma seus conflitos. É através de uma relação clara, direta, amorosa que se estabelece um clima permissivo, liberador, gerador de uma consciência reflexa, de um dar-se conta emocional e transformador.

Esse clima surge, em parte, da espontaneidade, das percepções e dos sentimentos recíprocos do psicoterapeuta e do cliente, e parece constituir a condição básica para se tratar a pessoa, processo esse que deve ser cuidadoso, deliberado, planejado e alimentado.

Não se trata, aqui, de um relacionamento social, mas de algo em nível técnico e profissional, revestido do interesse e carinho que devem sempre acompanhar a ação psicoterapêutica.

Eu estava em uma sessão em que um pai relatava sua dor, sua perplexidade, sua impotência diante da doença do filho de 8 anos. Ele tinha câncer e estava em estado terminal. As lágrimas corriam silenciosamente pela sua face. Eu o olhava mudo, incapaz de dizer uma única palavra. Sou pai, sou avô... Nossos olhares falavam, isso eu sentia. Eu estava incluído nele, na dor dele, no desespero silencioso dele. De repente, meus olhos se encheram de lágrimas que escorriam pelo meu rosto. Olhou-me surpreso e perguntou:

— *O senhor está chorando?*

— *Estou.*

— *Por quê?*

— *Não tem motivo, não?*

— *É!*

E um grande e afetuoso silêncio tomou conta de nós dois. Logo em seguida, a sessão terminou. Trocamos um silencioso e apertado abraço.

Semana seguinte. Fico em silêncio. Senti que não devia começar perguntando nem pelo final da sessão nem pelo seu filho.

Pura intuição...

— *Olha* — começou ele — *eu nunca imaginei que valesse uma lágrima de ninguém, mas ver meu terapeuta chorar comigo o meu filho fez um grande bem à minha alma, me senti profundamente valorizado pelo senhor.*

— *Que bom, fico feliz de ter podido estar com você, na sua dor, na semana passada.*

Dias depois, seu filho morreu.

Chorei, silenciosamente, durante a sessão.

• *... estabelece deliberadamente um relacionamento profissional...*

É da natureza do trabalho psicoterapêutico ter como base inicial um relacionamento profissional, porque supõe o encontro de duas pessoas com a finalidade específica de tratarem de assuntos, de temas que envolvem a humanidade de ambos, mas em que um supostamente precisa da ajuda de um outro que está habilitado a fazê-lo.

Ser profissional é ter consciência ética do que realiza, é dar-se conta de que se está diante de uma pessoa humana que tem direitos, é ser um "estrategista" dos afetos, sentimentos e emoções, é ser alguém que está diante de uma pessoa com profunda consciência de que o outro se entregou nas suas mãos para ser ajudado, é ter noção clara de tempo e espaço como dimensões humanas de seu cliente, o qual, por ora, se desorientou do caminho traçado e pede ajuda, é ter consciência de que a relação psicoterapêutica é singular, específica e exige cuidados especiais.

Acredito que não precisamos de outras razões para entender e fazer entender ao cliente que, embora esse trabalho seja "um trabalho como qualquer outro", ele tem sua especificidade. É uma relação em que o trabalho é pago, o que causa constrangimento a muitos psicoterapeutas, sobretudo aos mais jovens, que não conseguem ou não sabem separar de modo adequado psicoterapia e trabalho profissionalizante.

As sessões são rigorosamente pagas. O contrato depende de muitas variáveis, o que faz que psicoterapeutas diferentes tenham preços diferentes. Alguns consideram esse vínculo tão profissional que trabalham com férias pagas (vi tal situação na Europa) proporcionalmente aos meses em que a psicoterapia ocorreu durante o ano.

O cliente paga porque nosso trabalho é pagável, porque envolve coisas práticas: secretária, gastos de luz, água, telefone, aluguel, livros, contador, impostos, tudo isso em função de um melhor preparo para atender e corresponder às expectativas e às necessidades daqueles que nos procuram.

Simbolismos que se atribuem ao dinheiro e ao ato de pagar, como não criar dependência, evitar relação pai-filho etc. podem até existir, mas a razão está bem no aqui-agora, em dados concretos de realidade: nosso trabalho precisa ser pago para que possamos pagar os impostos, aluguel, secretária, plano de saúde, viver com dignidade.

Ao mesmo tempo que digo que esse é um trabalho como qualquer outro, é importante lembrar que toda e qualquer psicoterapia, fundada apenas no relacionamento frio, profissional, está fadada ao fracasso. Em se tratando de uma relação humana tão complexa quanto a psicoterapia, não basta um relacionamento profissional para justificar a entrega com que muitos clientes se colocam diante de seus psicoterapeutas. Psicoterapia é uma função de amor, de doação, de entrega – sem estas condições, está sujeita ao fracasso.

- *... com um paciente...*

Etimologicamente, "paciente" vem do verbo latino *patire*, que significa sofrer.

Não gosto da palavra paciente, embora ninguém mais que um cliente precisa ser paciente consigo, com os familiares, com o mundo, ou seja, com aqueles que, entre outras variáveis, de algum modo o levaram a essa condição.

A palavra paciente, que é adjetivo, virou substantivo concreto, o que significa que a pessoa **é** paciente, está "estruturado" nessa condição, como na frase "fulano é um paciente difícil". Além do mais, usada assim, a palavra revela, *a priori*, uma condição de sintoma, como um atributo "natural" da pessoa, como se sofrer fosse algo que lhe pertencesse e não uma exceção.

A palavra em questão define de certo modo uma postura. Paciente é aquele que sofre um tratamento, termo mais médico, psiquiátrico. Porém, nós, fenomenólogos existencialistas, preferimos o termo cliente, porque indica, de antemão, uma relação de trabalho entre cliente e psicoterapeuta, uma relação de pessoa a pessoa, tira o viés do sofrimento como condição essencial de tratamento, trabalha o sentido de psicoterapia como desenvolvimento, crescimento, aprendizagem.

- *... com o objetivo de remover, modificar e retardar sintomas...*

Os sintomas são tentativas de ajustamento criativo entre o "eu tenho de" e o "eu quero", entre a desesperança e a esperança, entre um mundo que olha soberano e indiferente para a dor do cliente e sua impossibilidade momentânea de recuperar o próprio poder, que, embora disfuncionais no momento, são expressão psicofisiológica da realidade de cada um.

Sintomas são relações complementares que o cliente estabelece entre ele e o mundo à sua volta. Na impossibilidade de dizer alto, de gritar para o mundo sua dor, sua raiva, sua desesperança, usa o seu corpo para, através de seus sintomas, dizer às pessoas aquilo que sua boca não consegue falar. Sintomas são tentativas de respostas caladas, sufocadas, retidas na alma e no coração das pessoas que não encontram suporte em si mesmas para se confrontar com o mundo à sua volta.

- *... remover, modificar, retardar sintomas...*

Essa é uma visão médica da doença e da pessoa, como se essas três situações dependessem exclusivamente do poder médico, implicando uma visão sem dinamicidade, que analisa o cliente como um ser dividido em partes, sendo uma delas o objeto da atenção do médico, que não o percebe na sua realidade como um ser no mundo, mas apenas através de um sintoma.

Ao contrário de determinados procedimentos em medicina, no procedimento psicoterápico, "conservar" um sintoma – um medo, determinado tipo de obsessão – pode, às vezes, ser vital para o cliente, porque, na sua incerteza, na sua não determinação, o sintoma é o caminho mais rápido, mais eficiente que ele encontrou para poder se rever, para poder se dar tempo, ao menos na sua visão, de encontrar uma solução adequada.

O cliente pode ser levado à loucura se não respeitarmos seus limites, se para "ajudá-lo" o forçarmos a agir de acordo com a vontade do médico, do psicoterapeuta, do grupo, apresentando-lhe um quadro ideal de comportamento, de atitude, de "espontaneidade" que ele não consegue seguir, pois fazê-lo, e só ele sabe e sente isso, poderá significar incorrer, inclusive, em perigo de vida ou em perdas significativas.

Resistência é uma palavra do psicoterapeuta e não do cliente. O cliente não está resistindo, está se defendendo da própria angústia e da própria impotência. Apresentar-lhe um ideal que, na prática, ele não pode concretizar é altamente frustrante e perigoso.

O psicoterapeuta deve ser sensível ao lócus onde o cliente está, porque só o cliente sente, sabe, faz e fala desse lugar e o conhece como mais ninguém. Agir pura e simplesmente seguindo uma pretensa intuição, passando por cima dos sentimentos do cliente, é uma prepotência e uma violência intoleráveis e pode ter efeitos devastadores na alma deste.

Quando o psicoterapeuta sente esses movimentos sem ter clareza deles, pode estar vivendo movimentos contratransferenciais, que devem ser analisados com urgência. Ele precisa entrar em contato com seus limites e jamais ultrapassá-los, entendendo que sua ansiedade de onipotência tem muito mais que ver com situações suas inacabadas do que com os problemas do seu cliente.

Ser forte ou ser fraco, em psicoterapia, é algo muito sutil, e em geral implicam processos complementares que podem exigir mudanças paradoxais, isto é, ir, às vezes, por um caminho que aparentemente não vai chegar lá, mas chega. Muitas vezes comportamentos chamados fortes escondem fraqueza e vice-versa. A palavra sintoma, portanto, deve ser vista com cuidado.

Estamos falando de psicoterapia e não de psiquiatria, em que um procedimento intrusivo em modelos perturbados, muito disfuncionais, de comportamento pode fazer sentido e ser às vezes necessário. Como também é, às vezes, uma ilusão imaginar que, em psicoterapia, certos quadros, como uma depressão profunda, se resolvem só com psicoterapia, sem uma cuidadosa intervenção medicamentosa.

A ação psicoterapêutica frequentemente se encontra diante de quadros de difícil solução: doentes crônicos, crises existenciais de fundo social, sexual, em que a rede de comunicação onde vive o cliente se torna inacessível. Uma situação psicológica individual conflitante significa, quase sempre, a emergência de uma doença no grupo de pertença. Isto dificulta sobremaneira a ação da psicoterapia.

O cliente precisa sentir-se aconchegado, compreendido, vivido. Tal postura, ao mesmo tempo que lhe dá suporte, faz que ele mude de lugar, retarde o surgimento de uma crise aguda posterior, na qual ele perca o autossuporte e se sinta ameaçado vitalmente.

Dentro dessa perspectiva, não se trabalha com o sintoma, mas com aquilo que permite ao sintoma continuar existindo, agindo e atuando negativamente na pessoa, pois o sintoma não existe em si, por si só, como uma entidade isolada, mas como parte numa realidade existencial chamada pessoa humana. Mais do que agir no sintoma ou contra ele, agimos no processo que o mantém funcionando. Mais do que uma intervenção no sintoma, a atitude, o modo de ser do psicoterapeuta implicam um agir diretamente no conceito de mundo e de pessoa vividos pelo cliente.

Nesse sentido, psicoterapia, mais do que uma intervenção, é um método, um modelo de apreender e aprender, na ação, um relacionamento saudável pessoa-mundo.

- *... de intervir em modelos perturbados do comportamento...*

A expressão "modelos perturbados" evoca a ideia de que existe uma normalidade na anormalidade, que "seria" normal que exista uma normalidade patológica e até uma anormalidade da normalidade.

Não é esse o caminho da psicoterapia fenomenológica. A psicoterapia centrada na relação cliente-psicoterapeuta, cliente-mundo, cliente-mundo-psicoterapeuta não intervém. Segue, antes, a regra básica da fenomenologia: ver, observar, descrever, sintetizar momentos significativos da relação cliente-mundo-psicoterapeuta.

Essa visão está atenta ao processo de ir às coisas mesmas, de se chegar, nessa procura, a um lugar a partir do qual não se consegue mais caminhar; de estar atento à possibilidade da redução fenomenológica, de encontrar, se possível fosse, a essência mesma do sintoma e da natureza dos efeitos que eles provocam; de estar atento ao processo da intencionalidade, pelo qual a realidade mundo-psicoterapeuta se encontra no significado que surge do resgate da experiência imediata vivido por ambos na relação cliente-psicoterapeuta.

Também a palavra intervenção deve ser vista com cuidado. Intervir evoca um poder de atuação, de modificação do outro sem sua livre participação. O psicoterapeuta não intervém, simplesmente está onde o cliente está, caminha no ritmo que o cliente lhe indica, "dança a música que o cliente toca", não lhe importando o tipo de conflito, se social, sexual, familiar ou religioso.

O comportamento "desviante" de um cliente não é necessariamente uma forma doentia de existir. Ao contrário, quando observados, descritos com olhos críticos, certos sintomas são extremamente sábios, escolhidos a dedo para sinalizar situações com as quais o cliente não pode ou não quer se envolver.

A intervenção, nesse caso, não é a de modificar o comportamento, mas de fazer a pessoa entrar em contato com sua forma de existir, tomar consciência dela e responsabilizar-se por ela.

- *... de promover um crescimento e desenvolvimento positivo da personalidade...*

O objetivo de qualquer tratamento é permitir que, através de uma relação paritária, o cliente se perceba na sua singularidade, podendo crescer e desenvolver-se de modo positivo. A psicoterapia é um processo em que a pessoa aprende a se ler e a se reler a partir do outro, no mundo. A leitura do mundo e de si mesmo é árdua e difícil, por isso não é função do psicoterapeuta ler o cliente, mas ajudá-lo a olhar o mundo com os olhos do mundo e não com seu olhar projetivo e, muitas vezes, defensivo.

Costumo dizer a meus clientes que a psicoterapia visa levar o cliente a se perguntar três coisas básicas: 1. "O que eu quero, e isso me dá prazer"?; 2. "Estou aprendendo a viver o diferente?" 3. "Isso me ajuda a viver melhor?" Se o cliente não consegue responder positivamente a essas três questões, precisa repensar a que está servindo sua psicoterapia.

Como uma criança passando as páginas de seu livrinho de histórias e se encabulando com o que vê e descobre, o cliente vai descobrindo uma nova linguagem nessa nova leitura e assim, em etapas sucessivas, surge nele um crescimento mais original e próprio de si mesmo, com as limitações que caracterizam qualquer crescimento e, às vezes, até impedem um encontro mais harmonioso consigo e com o universo.

Tipos de psicoterapia

Caracterizar determinado tipo de psicoterapia por meio de uma definição torna-se uma tarefa extremamente difícil porque, de algum modo, cada psicoterapeuta representa certa modalidade em psicoterapia. Psicoterapia não é ação abstrata, algo que existe por si só, independentemente de quem vai colocá-la em prática. Uma abordagem não aprisiona um estilo pessoal.

Uma mesma abordagem pode provocar reações e diferentes posturas em diferentes terapeutas, porque a relação terapêutica se coloca além da ideologia incrustada no método em questão. Vai depender de diversos fatores, como do jeito pessoal do profissional de encarar o sintoma; do próprio sintoma; da visão de mundo que produz o encontro psicoterapeuta-cliente; do tempo e do espaço existenciais em que os dois se encontram e de muitas outras variáveis.

Embora a proposta em psicoterapia seja sempre a mesma, isto é, criar uma relação cliente-psicoterapeuta e bem-estar no mundo (que é o que se espera da relação), a diferença funcional estará no tipo ou método seguido, se diretivo ou não diretivo, se individual ou grupal.

Em seguida, de maneira extremamente resumida, apresento uma síntese de algumas formas de psicoterapia individual dentre as mais conhecidas, as quais eu poderia chamar escola, teoria, terapia ou método psicoterapêutico – lembrando que, embora essas designações não signifiquem exatamente a mesma coisa, mantêm certa identidade entre si.

Psicoterapias individuais são aquelas em que o processo psicoterapêutico se realiza entre um psicoterapeuta e um cliente, com uma a duas sessões semanais, normalmente durando entre 50 a 60 minutos.

Não é meu objetivo, neste momento, falar das dezenas de modelos de psicoterapia hoje existentes e muito menos distinguir uma da outra, embora, para meus propósitos agora, e como meros exemplos, vá reagrupá-las em quatro grupos, a partir de suas bases teóricas e do como funcionam no que diz respeito ao relacionamento cliente-psicoterapeuta e aos sintomas.

Psicanálise

Seu grande fundador foi Sigmund Freud.

Como qualquer escola psicoterápica, a psicanálise trabalha seu sistema teórico com base em uma específica visão de mundo e de pessoa, embora não seja esse o primeiro aspecto que se estuda quando se trata da psicanálise.

De início, Freud se interessa pela histeria. Com isso, percebe que suas manifestações estavam além da simples exterioridade e que o uso da energia para manter esses sintomas escapava a uma lógica simples, levando-o, posteriormente, ao conceito de inconsciente.

A psicanálise é um sistema teórico, que se move a partir de determinados esquemas críticos. Usa de técnicas determinadas – como a interpretação dos sonhos – como um dos caminhos para se entender o sistema inconsciente do homem. Desenvolve o conceito de complexo de Édipo, aprofunda e desenvolve a questão da sexualidade humana, cria a técnica da associação livre de ideias, bem como o conceito de transferência, elabora o conceito de cura pela fala.

Através de uma situação permissiva e não guiada, os afetos e impulsos bloqueados por mecanismos de defesa e pelos processos de resistência surgem espontaneamente. É o que se chama de movimento de ab-reação.

"Estas recordações evocadas e mesmo revividas com uma intensidade dramática fornecem ao indivíduo ocasião de exprimir, de descarregar afetos que, originalmente ligados a experiências traumáticas, tinham sido reprimidos" (Laplanche e Pontalis, 1975, p. 97).

Esta síntese tem um objetivo didático-pedagógico. Não visa, em absoluto, cobrir o amplíssimo campo teórico da psicanálise.

Terapia fenomenológica

A terapia fenomenológica se distingue por uma "atenção minuciosa à realidade tal e qual efetivamente vivenciada pela experiência humana", ou, como diz Edmund Husserl, "um retorno às coisas mesmas". "Investigar a realidade última da vivência humana é, de maneira geral, fazer fenomenologia" (Payá, 2011, p. 110).

Como na psicanálise, também aqui é difícil elaborar uma síntese que faça justiça à amplidão do que significa uma psicoterapia fenomenológica, a qual trabalha o dado tal qual ele se apresenta à consciência do observador. Fundamenta-se na descrição da realidade, aqui-agora, como se apresenta à percepção da pessoa, como um fenômeno a ser intuído através do ver, do observar, do descrever e do sintetizar ou do reduzir fenomenologicamente. O psicoterapeuta trabalha com um "instrumento" que o coloca num estado de *epoché*, isto é, tecnicamente sem desejo e sem memória, sem um saber constituído, para que ele possa estar inteiro com o cliente sem nenhum preconceito, sem saberes antecipados, sem ligar sintomas a dados anteriores que poderiam ser vistos como causa ou origem do que está ali, agora, diante dele. Ele vive uma ignorância intencional ante o cliente. Esse método emana de três construtos fenomenológicos fundamentais: 1) Ir às coisas mesmas; 2) Redução fenomenológica; e 3) Intencionalidade.

Por meio da experiência e da vivência desses processos, ocorre um processo autoecorregulatório. Cliente e psicoterapeuta se colocam um diante do outro sem programa, sem hipóteses a serem testadas, como uma pessoa diante de outra pessoa, mas que se deixam acontecer de tal modo que a vivência da experiência possa resgatar experiencialmente toda a realidade que se oculta na realidade desconhecida do cliente.

Trabalhar fenomenologicamente significa que cliente e psicoterapeuta se encontram em um mesmo campo que acontece no espaço vital de ambos, naquele exato momento, sem nenhuma hipótese explicativa da gênese de possíveis sintomas ali observados. O dado para ambos é agora.

Terapia corporal

O corpo é nosso primeiro discurso. Ele fala o tempo todo, ora numa linguagem silenciosa, ora através da dor, da ansiedade, da angústia que nos permitem localizar exatamente onde estamos, mas nem sempre nos fornecem a chave para adentrarmos na solução desses sintomas.

Convivemos, o tempo todo, com clientes à nossa frente, às vezes com expressões corporais visíveis e reveladoras de profundos conflitos que não conseguem verbalizar. Muitas vezes, abandonamos esses sinais para irmos à cata de causas psíquicas com as quais estamos mais familiarizados, perdendo assim pistas preciosas, que são os caminhos do corpo.

Na verdade, toda psicoterapia é corporal: ora trabalhamos o corpo, ora com o corpo, ora através dele.

Nosso corpo apresenta o tempo todo aquilo que Wilhelm Reich chamava de barreiras, bloqueios, couraças que formam o que ele chama de caráter e são criados para proteger e defender a vida humana mas, ao mesmo tempo, limitam a relação com o eu e com o outro.

O corpo é um produto social e político, sendo nossos sintomas produzidos a partir de nossa relação com o mundo que nos cerca. Formamos uma unidade funcional, a inseparabilidade corpo/mente/mundo é radical, e é por meio dela que devemos compreender o sintoma humano psicológico e psicopatológico (Payá, 2011, p. 8).

Nada, portanto, é exclusivo do corpo, da mente ou do mundo; como lados de um triângulo, não se pode modificar uma dessas propriedades sem que o todo seja alterado.

Trabalhar corporalmente exige tempo, competência, sensibilidade, treinamento.

Ao longo de minha experiência, vai ficando claro para mim que o caminho mais curto e mais seguro para se chegar à alma é, muitas vezes, seguir as pegadas que o corpo vai deixando ao longo de nossa caminhada.

Muitos psicólogos se negam a encaminhar seus clientes a um psiquiatra, por acreditar na sua competência e no fato de que a psicoterapia tem condições de curar. Sozinha, muitas vezes, não cura, mas produz mudanças significativas que podem levar à cura.

Terapia cognitivo-comportamental

Terapia cognitivo-comportamental é uma abordagem estruturada, diretiva, ativa e de prazo limitado. Fundamenta-se na racionalidade teórica de que o afeto e o comportamento são determinados pelo modo como a pessoa pensa (cognições). As cognições baseiam-se em atitudes ou presunções desenvolvidas ao longo do histórico de vida. A terapia cognitivo-comportamental vai se ocupar das cognições que geram ansiedade ou depressão oriundas de crenças disfuncionais. A melhora resulta na modificação dessas crenças disfuncionais. Seu foco principal é mudar o modo como as pessoas pensam, além de considerar as emoções como resultado da interação entre os eventos no ambientes e as crenças e expectativas que temos. Algumas dessas crenças são excessivamente irreais e rígidas, como a crença de que "todos devem gostar de mim". Uma vez submerso no processo terapêutico, o cliente aprende a modificar essa crença de modo mais real e saudável, passando a pensar: "Eu gosto que as pessoas gostem de mim, mas percebo que nem todo mundo vai gostar". (Payá, 2011, p. 7)

A definição de terapia cognitivo-comportamental (TCC) como uma abordagem estruturada, diretiva, ativa e de prazo limitado, embora bastante elucidativa, não pode ser tomada como única para definir o funcionamento da vasta gama de abordagens e técnicas que se intitulam como tais. As abordagens intituladas de TCCs consideraram que "a mediação cognitiva é responsável pelo gerenciamento do comportamento humano e, desta forma, é um ponto a ser trabalhado para a obtenção da mudança terapêutica" (Petersen e Wainer, 2011, p. 16).

Não se trata de assumir, como no behaviorismo, que as patologias são decorrências diretas de contingências ambientais, nem explicá-las pelo funcionamento do inconsciente. As diversas técnicas usadas nas abordagens das TCCs assumem que a doença mental ou as disfunções do comportamento humano resultam das estruturas e/ou dos processos cognitivos disfuncionais em dado momento da vida das pessoas.

Essa definição ressalta aquilo que as TCCs têm usado como premissa principal de trabalho, isto é, que, no adoecimento da pessoa humana, não há variáveis exclusivas genéticas ou ambientais que determinam o surgimento de patologias, e sim uma interação entre elas. As relações e o funcionamento cognitivos que decorrem dessas interações acabam por se constituir em atitudes disfuncionais e inadequadas, impedindo que o indivíduo leve uma vida adaptada, produtiva e salutar.

Não obstante tais crenças e premissas enviesarem a percepção da pessoa sobre a realidade, afetando seu comportamento, emoções e humores, pois alteram não só a forma como elas percebem o mundo e as relações que estabelecem com as pessoas, mas também o modo como vão significar suas experiências e vivências. Ainda que adoecidas, elas mantêm uma homeostase mínima que permite seu funcionamento social-profissional, não sem uma cota enorme de sofrimento humano e perda de qualidade na sua produtividade.

As TCCs vão trabalhar a forma como o indivíduo experiencia e estrutura suas vivências em crenças pessoais, as quais, por estarem engessadas em premissas distorcidas e decorrentes de uma percepção parcial da realidade, quando postas em ação, e na forma de atitudes e reações pouco adaptativas, levam ao surgimento de psicopatologias. Enquanto trabalham, emergencialmente, o comportamento incapacitante do indivíduo em sofrimento, reconstruindo suas crenças e premissas, as abordagens cognitivo-comportamentais atuam na reconstrução de um novo modo de ver, avaliar e configurar a realidade experienciada.

Considerando as emoções do indivíduo como decorrentes da constituição dessas premissas e crenças inadequadas à sua adaptação e ao bom funcionamento das suas relações com o meio que o cerca, as abordagens cognitivo-comportamentais trabalham também na reorganização das variáveis e dos estímulos do ambiente onde se insere o sujeito objeto de seu trabalho psicoterápico.

Atuam reconfigurando as contingências positivas e negativas ao redor dele, as quais ajudarão o psicoterapeuta a promover a extinção dos comportamentos pouco funcionais do indivíduo, enquanto os novos se instalam como ferramentas agora disponíveis para que ele possa fazer frente às demandas do ambiente e das suas relações.

Aproveitando todos os conhecimentos oriundos dos princípios da análise do comportamento humano – como dessensibilização, modelagem, reforço-punição, relações de contingência entre estímulos –, atuam na direção de reconfigurar essas relações indivíduo-meio, considerando, inclusive, que estas passam pela epigênese, ou seja, o ambiente muda predisposições genéticas que, por sua vez, mudam comportamentos humanos.

Quanto ao método

Abordarei em seguida, de forma bastante livre, duas formas, duas maneiras de fazer psicoterapia. Tais abordagens se ligam diretamente ao problema do método e nos permitem situar tais postulados dentro de uma crítica reflexiva com relação às técnicas que delas decorrem.

Utilizarei aqui o construto *figura e fundo* e *figura-fundo*, que vem da psicologia da Gestalt, por acreditar que, por meio dele, podemos visualizar melhor, na relação cliente e psicoterapeuta, sintoma e psicoterapeuta, o que nasce da necessidade de ambos e o que nasce de uma simples motivação ou método de trabalho.

Podemos falar tanto de *figura e fundo* para significar uma nítida distinção entre o que é do psicoterapeuta e o que é do cliente e de seu sintoma, como dizer *figura-fundo* para significar que o processo psicoterapêutico não ocorre nem no cliente nem no psicoterapeuta, mas no encontro de ambos, formalizado por um contato no qual a presença de ambos conta por igual, embora de maneira diferente.

O conceito de *figura e fundo* nos facilita perceber onde se coloca mais ação no campo, onde se coloca mais o poder de decisão, revelando quem é quem no processo psicoterapêutico e onde pode ser localizada a energia presente na ação.

Como o conceito *figura-fundo* é, por natureza, dinâmico, fica claro que não estamos dicotomizando, mas tentando mostrar onde a aparência da coisa é mais clara, embora na realidade seja muito difícil estabelecer demarcações do lugar emocional ocupado pelo psicoterapeuta e pelo cliente.

O processo psicoterapêutico ocorre simultaneamente, de lado a lado, e, embora de modo diferente, ambos, cliente-e-psicoterapeuta, estão em processo de mudança, sem que haja uma relação necessária de causa e efeito, porque não é fácil delimitar a fronteira existente entre o psicoterapeuta e o cliente portador de um sintoma. A relação é sempre uma relação dinâmica e o processo figura-fundo se sucede dinamicamente no manuseio da realidade presente.

Esta analogia é, sobretudo, didática, para que se acentue uma atitude, uma postura diante da realidade vivida pelo cliente-psicoterapeuta, sem criar, de fato, uma sobrecarga à própria questão da psicoterapia.

Um método é algo mais amplo que uma técnica.

Um método é um conjunto de princípios que, inter-relacionados dinâmica e harmoniosamente, formam um campo teórico para a construção de hipóteses. As técnicas vão existir em função dessas hipóteses.

Falar de métodos em psicoterapia é algo extremamente complexo, sobretudo quando se supõe a necessidade epistemológica de se fazer decorrer o método de uma teoria de personalidade para que este se fundamente e, sobretudo, para que as técnicas dele decorrentes não sejam um amontoado de procedimentos e de ações desconectadas.

O psicoterapeuta, ao utilizar determinado método, assumirá atitudes capazes de gerar maior ou menor contato com seu cliente. A dimensão da ação será determinada, em grande parte, pelo comportamento do psicoterapeuta, ao assumir atitudes mais autoritárias ou mais categóricas, ou mais empáticas e dialógicas.

Psicoterapias centradas na relação cliente-sintoma-psicoterapeuta

Estou falando de psicoterapias humanistas, fenomenológicas, dialógicas, centradas na pessoa, em que a relação cliente, psicoterapeuta e sintoma é vista como um processo de figura-fundo, ou seja, não se pode separar um do outro; essas variáveis funcionam ao mesmo tempo, uma influenciando a outra, havendo entre elas uma inter, intra e trans-relação.

Esse tipo de processo relacional, se mal entendido e aplicado, pode reproduzir o modelo mãe-filho/pai-filho através do qual o cliente pode ter adquirido suas reações psicopatológicas.

O psicoterapeuta, além de estar atento à linguagem do cliente, está atento ao seu corpo como um todo, ao modo como ele vivencia seus sentimentos, afetos, emoções, ao seu ambiente original e atual, ao modo como os vivencia, para que ele possa reviver, de maneira simples e espontânea, situações atuais e aquelas antigas sem os medos do passado. Esse é um dos caminhos que poderá ajudá-lo a se perceber, no aqui-agora, e encontrar a estrada para rever, mudar suas percepções sobre seus sintomas e, talvez, abandoná-los.

A atitude do psicoterapeuta é aquela de aceitar o cliente tal qual ele é e se apresenta.

Na vida real, a pessoa se encontra normalmente em situações que variam com extrema facilidade, sendo ora protegidas, premiadas, ajudadas, ora vigiadas, punidas, agredidas. Tais experiências condicionam o cliente, fazendo-o perder, lentamente, a originalidade de sua personalidade e de seu pensamento e introduzem, pouco a pouco, motivações que o predispõem a processos psicopatológicos.

Nessa situação, o psicoterapeuta assume uma atitude empática e de afetuoso interesse, evitando tanto ser protetor como punitivo, o que permitirá ao cliente viver suas tensões e aceitá-las com seus temores, insegurança, afetos e ansiedades sem medo de se destruir. Evitará assumir, portanto, atitudes de autoridade, baseadas no raciocínio, na persuasão, em palavras moralizantes ou encorajadoras, para assumir uma atitude de real interesse pelo cliente em si mesmo.

Somente por meio dessa atitude o cliente poderá reviver, sem traumas, seus conflitos, redescobrir-se sem medo e olhar para um novo "eu" que vai surgindo com coragem e esperança.

Essa postura centrada na relação, em que o psicoterapeuta trabalha, sobretudo, com o *como* da relação e não com o *por quê*, desemboca em um resgate de experiência imediata, numa hermenêutica existencial, no sentido de que o aqui-agora se transforma em um campo imediato de percepção e de interesse do psicoterapeuta e do cliente, sobretudo pelo encontro do sentido escondido nas camadas que ocultam e circundam o existir humano.

Trata-se, portanto, de uma postura horizontal, pois o modelo de interação vivido, no momento, passa a ser o campo de observação e de aprendizagem psicoterapêuticas.

Não há necessidade de ir ao passado distante para compreender os problemas atuais do cliente, porque, na prática, é o presente que explica o passado e porque o aprendizado passado está ali agora presente. É preciso uma leitura nova de uma situação antiga, que nem sempre é necessariamente repetição da situação antiga, pois o passado jamais está presente agora com a força com que ele foi vivido antes.

Essa postura, portanto, centrada na relação, visa facilitar a expressão de um comportamento que, compreendido e vivenciado agora, possa generalizar-se como forma nova de aprendizado.

O cliente é visto como um todo, na sua relação com o mundo como um todo, o que significa ele todo em sua relação com o mundo. Nesse contexto teórico, as partes sozinhas, como tratar apenas o sintoma, não têm significado. É a totalidade existencial que retém o passado e seus significados. Ver o todo é olhar as partes como subsidiárias do todo, não fazendo sentido separadas dele.

Nesse modelo, o cliente é convidado a se deixar fluir, a ser espontâneo, a criar seu mundo do aqui-agora, por inteiro, a partir de um novo sentido de liberdade, de um novo olhar sobre si mesmo e de um empoderar-se do que de fato lhe pertence.

Isso, mais do que uma técnica, é uma postura, é um modo de estar na psicoterapia criando, renovando, encontrando novas significações para coisas antigas.

Todas as psicoterapias visam um dar-se conta emocionado, um encontrar-se consigo mesmo na libertação de si próprio, uma catarse, palavra que significa purificação, purgação.

O processo neurótico segue o caminho inverso, ou seja, o da acumulação silenciosa de material mal dirigido, mal aceito, mal pensado. Chamo esse material de lixo psicológico, o qual acarreta todas as consequências que o lixo apresenta. Catarse, feita na maioria das vezes de muita reflexão, dor e sofrimento psíquico, passa a ser uma palavra criadora, enquanto é efeito visado e querido pela psicoterapia, isto é, uma purificação desse lixo, e às vezes uma reciclagem desse material inacabado mas ainda atuante dentro do ser humano.

O cliente usa da palavra, deixando-a fluir, sem orientação prévia. É convidado a falar, a conversar consigo mesmo, a se escutar. Suas emoções são importantes para uma melhor compreensão da sua palavra e de suas ações, que são agora incorporadas a um contexto diferente daquele que produziu o sintoma: são incorporadas ao conjunto do processo como um todo.

Nessa situação, o cliente se expressa a partir de seu próprio movimento, fala do que sente necessidade, experimenta emoções antes desconhecidas e até proibidas. A função do psicoterapeuta é estar presente de fato, escutar seu cliente sem julgamentos, sem críticas, ou seja, numa atitude positiva.

Um método psicoterapêutico, portanto, longe de ser um labirinto onde se podem experimentar todas as saídas – ou, quem sabe, todas as entradas –, organiza e dá unidade ao agir psicoterápico, criando um campo relacional cliente-psicoterapeuta. Trabalhar dentro de determinada metodologia significa estar atento às relações entre o procedimento do psicoterapeuta e a certeza esperançosa do cliente de que ele escolheu o melhor caminho.

Significa estar dentro de uma lógica funcional em que a certeza interna do psicoterapeuta pode estar presente como uma verdade, embora sendo sempre conferida com a realidade global do cliente no mundo. Isso evita uma psicoterapia de ilusões e de fantasias, de promessas sem esperanças, e cria um comportamento psicoterapêutico fundado na crítica racional.

As psicoterapias fenomenológico-existenciais, humanistas, fogem sistematicamente à centralização da ação do psicoterapeuta nos problemas do indivíduo para se preocupar com a pessoa como um todo.

Este método de psicoterapia surgiu com Otto Rank, discípulo de Freud, segundo o qual a pessoa deve ser considerada em si mesma e em sua dimensão total. O sintoma é visto como algo que decorre da estrutura total do sujeito, donde a necessidade de atingir a pessoa e não o sintoma, o que resultaria em tomar a parte pelo todo.

Esses modelos de psicoterapia procuram evitar a dicotomia, dinamicamente prejudicial, da divisão do homem em sintoma e pessoa. Não se trata de estabelecer uma relação de causalidade entre sintoma e pessoa, dado que a causalidade poderia colocar-se em uma das quatro dimensões humanas – biológica, psicológica, social e espiritual – e o efeito, ou seja, o sintoma poderia decorrer de qualquer um desses aspectos ou de todos eles conjuntamente.

Trata-se de uma visão singular e globalizante da pessoa como ser total e integrada em si mesma e em estreita relação com o mundo.

A ação psicoterapêutica atinge a pessoa como um aí-do-ser, revestido de sua humanidade, na sua perfeição e na sua possibilidade de perder o contato com sua realidade mais íntima.

A pessoa humana é, portanto, o valor que deve ser ajudado na busca de sua perfeita identidade e para a qual ela é naturalmente ordenada.

As psicoterapias não diretivas, ou seja, centradas no cliente, têm em Carl Rogers seu representante máximo.

Falando dessa nova técnica, ele assim se exprime:

> Esta nova orientação se diferencia das outras principalmente em relação à sua finalidade. No aconselhamento não diretivo, o indivíduo e não o seu problema deve ser focalizado. A finalidade não é resolver um determinado problema, mas ajudar o indivíduo a obter sua integração, independência e amadurecimento, que lhe permitam resolver outros problemas que apareçam no futuro.

Rogers parte de uma visão profundamente positiva do homem em si mesmo e de suas imensas possibilidades. Afirma que o homem tem a capacidade inata de resolver seus problemas, suas dificuldades, desde que lhe seja proporcionada uma atmosfera adequada. Essa capacidade natural pode estar momentaneamente perturbada, e nessa situação a pessoa poderá necessitar de ajuda para reequilibrar-se.

Ninguém cura ninguém, por isso a função do psicoterapeuta é aquela de, num ambiente permissivo, democrático, ajudar o cliente a elaborar as próprias dificuldades e a caminhar com os próprios pés, o que implica novas atitudes mais positivas.

O psicoterapeuta age como um catalisador, através de uma atitude de profundo cuidado, respeito, aceitação e confiança na capacidade de compreensão e autodeterminação do cliente.

Essa atitude é difícil para psicoterapeutas de comportamento rígido e autoritário, porque exige uma grande capacidade de experienciar e de viver emocionalmente os problemas do cliente. O psicoterapeuta, nessa situação, não pode ser apenas alguém que escuta, mas alguém que está empenhado e afetivamente interessado em ajudar, sem paternalismos, alguém que acredite nas possibilidades que a natureza humana oferece como subsídio nos momentos de difícil solução.

Da parte do cliente, podemos também pensar e esperar *algumas condições* para que o tratamento produza os efeitos esperados.

O cliente se encontra em relativo estado de tensão emocional. Ele está convivendo com certo desequilíbrio, com certa insatisfação, e não basta uma simples curiosidade terapêutica ou um desejo vago de melhora. Experienciar o complexo humano de qualquer pessoa, quase sempre, não se faz sem dor e sofrimento.

Capacidade de lidar com a própria vida. Um cliente regressivo, um borderline severo, um psicótico, vivendo situações de desdobramento da personalidade, de perda efetiva de contato com a realidade, dificilmente se beneficiaria de algum tipo de psicoterapia sem um suporte medicamentoso criterioso e atual.

Desejo de receber ajuda. Essa exigência é fundamental porque, como se disse antes, ninguém cura ninguém, sobretudo quando não existe o desejo de se curar. O ato psicoterapêutico deve ser totalmente livre, fruto de um desejo pessoal e consciente e não imposição de quem quer que seja.

Inexistência de deficiências orgânicas. A maioria dos clientes com problemas psicossomáticos leves se beneficiará desse tratamento. Não é o caso daqueles que sofrem de instabilidade excessiva de origem orgânica ou de nervosismo de origem fisiológica. Deficiências orgânicas que provocam sintomas psicológicos devem ser acompanhadas por um médico, com a ajuda psicológica de outro profissional.

Nível intelectual suficiente. Essa exigência é oportuna para qualquer tipo de psicoterapia. Em um processo psicoterapêutico, a capacidade de percepção, de *insights*, é necessária, sobretudo para uma maior eficácia dos processos de comunicação. Em se tratando de um método não diretivo, será o cliente, através de suas próprias reflexões, que escolherá e determinará as opções ou atitudes que poderão melhor ajudá-lo.

A atitude do psicoterapeuta é aquela de ajudar e facilitar o andamento da cura. Ele deve sentir, clarificar, compreender e, acima de tudo, respeitar a vontade soberana do cliente nos seus atos de escolha. Basicamente, deve ajudá-lo a autodeterminar-se, penetrando em seu mundo interno, psicológico, refletindo seu conteúdo emocional e operacional.

Basicamente o que distingue uma terapia diretiva de uma não diretiva, fenomenológico--existencial, é exatamente a não diretividade. O psicoterapeuta não diretivo não propõe, ele apenas executa, acompanha, esclarece, repete, distingue, facilita ao cliente compreender-se a si mesmo a partir de si mesmo, a partir de seu próprio referencial. É uma postura mais solta, mais confiante, mais flexível, sem técnicas preestabelecidas nem experimentos já previstos.

O psicoterapeuta está, se encontra com cliente, acredita na sua sabedoria organísmica, no seu potencial de decisão, na sua vontade e no seu poder pessoal. Ele trabalha a energia presente no cliente. Não lhe interessa tanto o sintoma quanto o aqui-agora da experiência do cliente.

Nesse contexto, estamos lidando com uma postura fenomenológico-existencial, enquanto o cliente está consciente de si próprio, dá sentido às coisas a partir dele, toma decisão como um fundo do qual surgem temas fundamentais da existência humana, como as questões da liberdade, da consciência e da responsabilidade. O cliente não é visto por partes, mas como uma totalidade significante, que cria e recria, a cada instante, seu projeto existencial.

Essas psicoterapias são, de algum modo, diretivas, não no sentido de que o psicoterapeuta assume poder e responsabilidade de agir em nome do cliente ou no sentido de impor uma direção, mas no sentido de ter diretividade, de não ser algo solto, de se tentar saber para onde se está caminhando, a partir de uma fundamentação teórica. A psicoterapia não é fruto de pura intuição do profissional, o qual segue o cliente passo a passo, procurando estar imediatamente atrás dele e nunca à sua frente, apontando o caminho. O psicoterapeuta é um companheiro, um facilitador do processo no sentido de estar *ativamente* presente na caminhada do cliente. Ele vai direto ao centro das coisas, não trabalha com hipóteses, com interpretações, vai ao âmago das coisas sem subterfúgio, sem jogos e utiliza o que lhe parecer oportuno ou necessário para clarear a consciência do cliente.

O psicoterapeuta possui um vasto campo de ação, trabalha o corpo, através do corpo, com o corpo, com música e movimento, com desenho, com expressão corporal, o que exige que ele seja perito nessas técnicas e que estas se incorporem harmoniosamente ao seu quadro de referência teórica. São psicoterapias diretivas também no sentido de não impor decisões ou normas, mas no sentido de que o psicoterapeuta propõe diretamente coisas que o cliente pode ou não aceitar.

Um exemplo:

— *Hoje estou muito triste.*
— *(após um momento de silêncio) Triste?*

— Sim, meu pai fez mais uma das dele comigo.

— Mais uma... significa que existiram outras...

— Tenho um irmão que é um inútil, não faz nada e meu pai lhe dá tudo. A mim, que trabalho e estudo, não me dá nada e diz que tenho que me virar.

— Você começou dizendo que estava triste... É isso mesmo? Ou...

— É. Estou com muita raiva também.

— Então, além de tristeza, você sente também raiva. Você sabe de que, de quem?

— Como assim?

O terapeuta fica calado e o olha atentamente.

— É... um pouco de mim e do meu pai... Além disso, termino me sentindo só, sem ânimo e sem apoio.

— Posso dizer que você está sentindo tristeza, raiva, solidão ou que talvez sua tristeza seja uma mistura de um pouco de tudo? Entendo que se sentir sozinho e abandonado deve ser muito ruim.

— Estou me sentido apoiado e mais aliviado por você estar falando disso.

— Fico contente de você estar se sentido melhor, mas há alguma outra coisa que você gostaria de fazer agora com relação a esses sentimentos?

—Talvez me aprofundar na compreensão da minha relação com meu pai.

— Entrar em contato com suas emoções parece ser um modo mais direto de entrar em contato com seu pai (pausa). Vou lhe propor um diálogo direto com seu pai, de tal modo que, em vez de você falar sobre ele comigo, você poderá falar diretamente para ele (pausa). Para isso proponho que você imagine seu pai sentado aqui conosco (pausa). Tente imaginar você olhando diretamente nos olhos dele, tente percebê-lo assim como você o percebe no seu cotidiano e vamos ver o que vai acontecer com você e com ele (pausa). Que tal? Você entendeu a proposta? A ideia é que você possa experienciar aqui-agora esses sentimentos de tristeza, raiva, abandono falando diretamente a ele.

— De acordo.

(Em seguida, o psicoterapeuta monta a cena para que o cliente possa experienciar agora aquilo de que falava antes, chamando atenção, sobretudo, para seus sentimentos e afetos. O cliente deixa de falar *sobre* para falar *para* o pai.)

Nesse curto relato, procurei demonstrar um jeito de funcionar diretivamente sem ser intrusivo e autoritário e que chamo de psicoterapia diretiva por postura, que basicamente significa uma atenção vigilante do psicoterapeuta, acompanhando o cliente passo a passo.

PSICOTERAPIA — TEORIAS E TÉCNICAS PSICOTERÁPICAS

O psicoterapeuta se encontra em campo aberto, como um cirurgião que vai operar alguém na pista de um sintoma, podendo, entretanto, encontrar situações imprevistas e/ou até perceber que aquele sintoma é antes garantia de um equilíbrio precário e que as causas do mal-estar do cliente nada têm que ver com aquilo que aparece. O fundamental é que ele se encontra totalmente aberto a mudar de direção sempre que um sinal lhe revelar a possibilidade de outra estrada mais segura.

Costumo dizer que o psicoterapeuta coloca o pé no mesmo lugar de onde o cliente acaba de retirar o seu. Trata-se de uma sua presença direta na situação, embora o cliente seja a figura clara que dá sentido à cena.

Psicoterapias centradas na relação sintoma-cliente e psicoterapeuta

Estou falando das psicoterapias comportamental e cognitivo-comportamental diretivas, em que a relação sintoma-cliente *e* psicoterapeuta é clara, distinta, sendo vista como um processo de figura e fundo, no qual a relação do psicoterapeuta, sem perder a perspectiva da relação com o cliente, é marcada sobretudo por um cuidar do sintoma.

Diferentemente da postura anterior, em que a relação cliente-psicoterapeuta é figura, e em que o psicoterapeuta permanece como fundo e o cliente como figura, sendo o sintoma algo que será ressignificado depois, nessas abordagens trabalha-se a relação sintoma e psicoterapeuta como figuras e o cliente como fundo. Existe nesse modelo uma quase inversão de necessidades, pois é o cliente, como um todo, que necessita de ajuda, ele é o único que sabe bem o que está sentido e de que está precisando. O psicoterapeuta assume o processo da relação sintoma-cliente, acredita que ele sabe do cliente mais do que ele mesmo, encara o sintoma como o caminho que leva à totalidade do cliente, escolhe e indica o caminho a ser seguido por este.

Nesse caso, a constituição do sintoma, sua gênese, suas causas, como ele foi "construído" pela pessoa, ficam em segundo plano ou fundo. A necessidade aqui é de resolver o sintoma. É verdade que, por mais precária que seja a relação pessoa-sintoma, é praticamente impossível separá-los – e o psicoterapeuta sabe disso.

O que se quer dizer é que, nessa abordagem, o sintoma é diretamente manipulado. Quer-se curar, suprimir o sintoma, seja ele uma fobia, uma obsessão, um medo, uma culpa, enquanto o cliente vive seu processo através do trabalho do sintoma, sem jamais, entretanto "passar" por cima do cliente.

Essa abordagem favorece a procura, a localização e a exteriorização dos problemas na dimensão em que eles se transformam em sintomas, os quais são sempre uma linguagem – que, como tal, deve ser lida.

As psicoterapias diretivas são aquelas cuja técnica principal se situa na atitude do psicoterapeuta, que é marcada de autoridade e poder. A relação não é paritária e nela a figura do cliente e a do psicoterapeuta se confundem e ocupam o mesmo lugar, embora de maneiras diferentes. O psicoterapeuta, entretanto, por mais ligado que esteja ao cliente, não substitui a vontade e as necessidades deste.

Nesse modelo, o psicoterapeuta aconselha, dirige, decide, assume a paternidade do cliente e o leva a tomar decisões que ele, psicoterapeuta, acredita serem as melhores e que estão voltadas para a solução do sintoma em si.

Usando a terminologia figura e fundo, dizemos que o sintoma e o psicoterapeuta são figuras que emergem de situações distintas, embora convergentes na situação. O cliente está ali, presente, mas a atenção do psicoterapeuta está centrada no sintoma, embora ele não possa perder a perspectiva ou desconhecer que, em algum lugar, está também voltado para o cliente como um todo – e, nesse caso, o cliente e seu sintoma são figuras e o psicoterapeuta fundo.

De maneira mais precisa, posso dizer que cliente e sintoma formam uma única realidade, ou seja, o cliente é o sintoma, o sintoma é o cliente. Não estamos, entretanto, diante de duas realidades, mas de uma única realidade vista em dois momentos diferentes, embora o psicoterapeuta se coloque prioritariamente diante do sintoma.

Em princípio, esses métodos psicoterapêuticos partem de um conceito holístico, unitário de organismo e ambiente, no sentido de que pessoa e meio estão conectados um no outro, não obstante sua individualidade e singularidade.

A atitude básica do psicoterapeuta é uma mescla de neutralidade e autoridade, dado que ele é ativo na sua ajuda ao cliente. Como neutralidade é difícil, se não impossível, é importante que o psicoterapeuta esteja atento para não assumir o papel do opressor, pois neutralidade, mesmo em psicoterapia, pode significar tendência a fazer prevalecer a própria vontade.

Diante da exposição do cliente, ele procura definir os problemas presentes no sintoma a partir da definição de sua importância em si mesmo e com relação ao cliente. Seleciona os pontos mais urgentes, investigando suas causas, mede consequências. Diagnostica a situação, os sintomas e apresenta soluções que ele crê serem as mais eficazes. As técnicas empregadas, nesse método, podem ser as mais variadas.

Ao assumir uma atitude ativa, o psicoterapeuta precisa se conhecer profundamente, estar consciente de sua capacidade técnica e não esquecer que está lidando com pessoas e não com máquinas, que está lidando com a procura às vezes desesperada de resultados positivos e não com meros sintomas, e que a relação cliente-psicoterapeuta é, entre as relações humanas, talvez a mais complexa.

Ele fala de maneira clara, direta, mostrando ao cliente a conveniência ou não de suas atitudes, partindo da problemática existente, propondo caminhos a seguir.

Poderá também usar a técnica interpretativa, que consiste em analisar o dado em si mesmo, a partir dos efeitos que está produzindo. Essa interpretação consistirá na análise do conflito a partir de como ele se apresenta à consciência do cliente, podendo daí derivar ou não novas atitudes e novos comportamentos. Poderá ainda informar ao cliente dados concretos ou medidas possíveis de ação para ajudá-lo na solução da sua queixa

Tal atitude implica usar o poder de decidir em lugar do outro. É desnecessário dizer que tal atitude, além de supor um psicoterapeuta com extraordinários dotes pessoais, com uma formação profissional comprovada, exige que ele tenha uma visão real, global das necessidades do cliente, pois a possibilidade de misturar coisas pessoais com as do outro existe e pode ser desastrosa.

Há, porém, momentos e situações no processo psicoterapêutico em que a vontade, a capacidade de decisão e até a percepção do cliente estão de tal modo afetadas que ele perde a capacidade habitual de decidir. Nesse caso, a sabedoria, a prudência, a empatia do psicoterapeuta poderão ajudar o cliente a encontrar soluções que, de fato, resolvam os problemas e/ou sintomas que o afetam.

As psicoterapias diretivas, que, por definição, visam mais a solução do problema que concentrar a atenção sobre o cliente, procuram estudar a fundo a constituição íntima da pessoa e as influências do ambiente sobre o indivíduo para, a partir de um prognóstico, trabalhar as possíveis soluções do problema. Nessa dimensão, esses sistemas procuram remover os obstáculos que dificultam a nova aprendizagem e integrar o indivíduo ao mundo real em que vive.

Esse modelo de psicoterapia se baseia em determinados princípios. O homem se encontra num campo social, cujas forças operam sobre ele constantemente, ainda que ele não as perceba. De sua maior ou menor integração nesse campo social pode depender a gravidade de seus conflitos.

Gostaria de finalizar este tópico com uma breve reflexão.

Querendo ou não, o homem se encontra lançado ao mundo, e a tendência natural é a identificação do organismo com o ambiente que o circunda, derivando daí a necessidade de não retirá-lo dessa situação, mas de ajudá-lo a integrar-se. Tal integração não significa a absorção pura e simples de valores ambientais em detrimento das próprias convicções, mas uma percepção real do ambiente, para poder nele e através dele fazer suas opções pessoais.

O homem é, por definição, um ser social, embora sua constituição seja a soma complexa de múltiplos elementos que constituíram sua caminhada afetiva, cognitiva e motora à procura de se perceber e de se experimentar como um ser no mundo.

Nós estamos mudando o mundo e com o mundo. Surgem, a todo instante, diferentes formas de olhar a realidade, de definir o que é saúde e bem-estar, e diferentes formas de convivência. No contexto pós-moderno que vivemos, emergem necessidades psicoemocionais que a reserva de mercado da saúde cria, permitindo o surgimento de novas demandas, sem que muitas vezes tenhamos os instrumentos necessários para respostas que sejam verdadeiramente adequadas.

Tenho plena consciência de que, ao englobar em duas grandes linhas de ação diversos métodos em psicoterapia, eu possa ter queimado algumas etapas. Na realidade, existem hoje muitas formas de psicoterapia que dialogam entre si, que conversam entre si e cujos nomes diferentes não trazem, de fato, diferenças reais e condicionantes de um novo tipo de abordagem e, consequentemente, de postura.

Psicoterapias de grupo

Essas considerações metodológicas se aplicam também a muitos modelos de psicoterapia de grupo. Sabemos que não existe a fenomenologia, mas fenomenólogos, que não existe o existencialismo, mas existencialistas; do mesmo modo, não existe um modelo de psicoterapia de grupo, mas psicoterapeutas de grupo que adotam as mais diversas posturas, apesar de seguirem os mesmos modelos teóricos já consagrados, muitas vezes mais como resposta aos próprios processos ansiogênicos do que como uma dedução teórica dos modelos em questão ou das necessidades dos clientes.

Não cabe neste livro uma grande explanação sobre a origem, a estrutura e o funcionamento da psicoterapia de grupo.

Apesar de sermos naturalmente grupais, o viver em grupo, o lidar em grupo, o utilizar o grupo como força humana de trabalhos e de soluções de problemas é algo muito difícil. Não é sem razão que, embora o grupo terapêutico, de algum modo, já existisse, nos fins do século XIX, ele passa a existir, formalmente, depois da Segunda Guerra Mundial, em especial pela necessidade de encontrar soluções rápidas para soldados mentalmente desequilibrados com a experiência da guerra que deveriam retornar o mais rápido possível depois do tratamento.

Joseph Hersey Pratt (1907) formalizou um tratamento de cunho psicológico em grupo com pacientes tuberculosos, embora o nome *psicoterapia de grupo* pareça ter sido cunhado por Jacob Levy Moreno.

Nomes como Alfred Adler, Trigant Burrow, S. R. Slavson, Kurt Lewin, S. H. Foulkes (sobre quem fiz meu doutorado) e W. R. Bion, nas mais diferentes linhas, estiveram presentes como pioneiros da psicoterapia de grupo.

As psicoterapias assumiram variadas formas de funcionamento, não só quanto a sua estrutura e a seus objetivos como quanto ao modelo com que se apresentaram, no que dizia respeito a indicação, tipo de grupo, número de participantes e muitas outras variáveis que compõem o grupo.

Neste tópico, tenho também plena consciência da limitação de minhas colocações, parte pela amplidão do tema e parte porque não conseguiria, mesmo ampliando um pouco mais, ser suficientemente preciso nas minhas informações. Devo relembrar ao meu leitor que, aqui, como ao longo de todo este texto, tento me manter dentro de uma perspectiva fenomenológico-existencial, deixando de lado reflexões – com certeza importantes – como a visão analítica ou psicanalítica a respeito das psicoterapias de grupo.

Em princípio, considero a psicoterapia de grupo eficiente, eficaz, transformadora e rápida, por responder de maneira mais integrada às necessidades reais dos clientes, por se assemelhar ao jeito natural e grupal do ser humano, por proporcionar uma resposta mais direta e efetiva às necessidades dos clientes, por responder mais inteira e adequadamente às múltiplas exigências da atualidade, por aumentar a capacidade de comunicação de seus membros – e, sobretudo, porque os mecanismos de cura presentes nas psicoterapias de grupo respondem melhor às necessidades internas dos clientes do que aqueles presentes nas psicoterapias individuais.

De modo geral, o número de participantes de grupos mais convencionais é de oito pessoas, dirigidos por um único terapeuta.

Grandes grupos, acima de 20 pessoas, podem ter finalidades diferentes e têm uma metodologia específica para que não se transformem num encontro social e percam seu sentido psicoterapêutico.

Esses grupos se reúnem com finalidades diversas, dependendo dos problemas que apresentam e do objetivo a que se propõem. Podem ser homogêneos ou heterogêneos, de apoio, de encontro, de sensibilização, de análise, de consciência corporal, de lista de espera, de psicoterapia em sentido mais estreito, de treinamento em psicoterapia etc.

São dirigidos por um psicoterapeuta e, às vezes, quando o número de participantes passa de dez, por um segundo psicoterapeuta auxiliar, idealmente um casal de terapeutas, obviamente da mesma linha de trabalho.

O grupo trabalha centrado na comunicação verbal e não verbal, fazendo do cuidado com a relação grupal seu tema e seu objetivo mais importante, a ponto de Foulkes dizer que, quando um grupo aprende a se comportar em grupo, a terapia cumpriu seus objetivos.

O grupo responde a uma série de expectativas de seus membros, que veem no movimento grupal uma tentativa de resposta às suas necessidades de contato, de liberdade e de mudança.

Basicamente temos três modelos de grupo: *psicoterapia em grupo*, em que uma pessoa é figura o tempo todo durante a sessão, como se estivesse em uma terapia individual em grupo; *psicoterapia de grupo* – modelo mais usual –, em que diferentes pessoas ou temas se sucedem ao longo da sessão, com a participação ativa tanto do psicoterapeuta como do grupo; *psicoterapia do grupo*, modelo mais raro que trabalha o grupo como um todo e vê na produção do grupo seu principal objeto de trabalho, ou seja, é o processo grupal que é trabalhado, como se o grupo se transformasse em um único tema, em uma única pessoa.

Diversos fatores determinarão o jeito de o grupo funcionar, como seu tempo de funcionamento, momentos especiais de terapia combinada, o espaço no qual o grupo se reúne, as horas trabalhadas, o pagamento das sessões, o estilo do psicoterapeuta, a expectativa de mudança com que os clientes iniciam o grupo, a relação homem-mulher, a saída de pessoas já "consolidadas" no processo do grupo, os processos de ataque e fuga, "pairing" acasalamento, dependência" e muitas outras variáveis.

Além de tudo isso, a pessoa do psicoterapeuta determina o estilo que o grupo assumirá.

O grupo termina por gerar sua própria matriz grupal, por alguns autores chamada de cultura grupal, de "inconsciente" grupal, de atmosfera grupal ou ainda de self grupal, fruto de seus próprios processos internos, fruto de todo um movimento gerado pelo grupo, que nasce de múltiplas variáveis – como a diretividade do psicoterapeuta, a centralidade de certos temas, o estilo de cada cliente e os processos inconscientes que o grupo vive.

As psicoterapias de grupo, considerando as urgências e emergências do mundo contemporâneo, se constituirão em um dos mais importantes instrumentos de mudança no sentido de atender às necessidades psicoemocionais da atualidade.

Terapias alternativas

Cito algumas destas terapias por uma questão de coerência acadêmica. Elas existem, são usadas muito mais do que imaginamos e é importante que o leitor possa, de algum modo, entrar em contato com esse lado do mundo terapêutico que não entra nas universidades.

Não posso deixar de fazer uma observação: o encontro entre método e pessoa humana, entre ciência e experimentação passa por tantas variáveis que é muito difícil separar o que é sério do que não é. As terapias alternativas não correspondem àquilo que temos proposto como método científico em psicoterapia. Essas técnicas ou teorias, entretanto, precisam de nossa atenção cuidadosa e protetora, pois existe nelas uma sabedoria que nem sempre a ciência tradicional consegue captar. Por isso, é importante que essas técnicas se apresentem de modo aberto, criativo, consciente para que o cliente que delas necessite encontre um atendimento que corresponda ao seu desejo de bem-estar.

Terapias alternativas são técnicas psicológicas que sem possuir uma teoria de personalidade propriamente dita que as sustente e lhes dê um caráter unitariamente científico, contêm um conjunto de princípios e técnicas que, embora ecléticos, convergem para um procedimento coerente, criando procedimentos e posturas que podem tornar-se eficazes do ponto de vista terapêutico.

É o caso da biodança, dos grupos de vivência corporal, de certas formas de expressão corporal, de técnicas rajneeschianas e outros.

Nesses casos, o terapeuta está diretamente ligado ao cliente, na sua expressão. Essas formas de terapias estão em busca de respostas que, às vezes, as psicoterapias clássicas não possuem, estão à procura de aliviar a dor humana e permitir que as pessoas se tratem de acordo com aquilo que elas creem ser bom para elas.

Essas terapias contêm elementos de tradição, de sabedoria popular, de crenças orientais, ao mesmo tempo que utilizam princípios já conhecidos de psicologia, fisiologia, anatomia, neurologia e das ciências médicas em geral.

Quando bem aplicadas e vivenciadas em harmonia interna e externa, essas técnicas têm-se mostrado benéficas e úteis no tratamento inclusive de problemas mentais.

Terapias sem fundamento sistemático

Toda psicoterapia é fundamentalmente um processo de comunicação interpessoal. O instrumento básico da psicoterapia é a palavra. Existem, entretanto, outros métodos que utilizam técnicas diversas além da palavra, como o trabalho em oficinas, contato com a natureza, banhos terapêuticos, trabalhos corporais nas suas diversas expressões, trabalho com barro, desenho, costura/bordados e outras técnicas.

As psicoterapias sistemáticas têm uma fundamentação teórica da qual decorrem, usando métodos e técnicas dentro de um contexto específico cliente-meio-ambiente. Caracterizam-se por um sistema teórico, consolidado como processo de atendimento, dentro de diferentes visões da psicopatologia das atividades humanas, com propostas de solução, metas e fins diferentes.

As terapias sem fundamento sistemático usam diversos métodos e técnicas que se baseiam em princípios médicos, psicológicos ou alternativos, sem que exista uma teoria de base que lhes dê uma visão criticamente unitária.

Nossa posição, ao abordar esse assunto, se constitui em lembrar modelos antigos, hoje em desaparecimento, mas ainda presente em certas práticas e instituições.

Terapias de repouso

As terapias de repouso eram as primeiras a ser aconselhadas ou adotadas sempre que alguém se encontrava numa situação de estresse.

O repouso sempre foi uma excelente forma de recuperação física e mental para quantos, subjugados pelo peso constante do trabalho ou por preocupações, não conseguem continuar rendendo satisfatoriamente.

No passado, foram adotados determinados modelos, como:

O doente deve permanecer na cama no mais completo repouso. Movimentos necessários à alimentação, às necessidades físicas são reduzidos ao mínimo. Suas outras necessidades são satisfeitas por enfermeiros que lhes devem falar o mínimo possível. Para evitar a atrofia dos músculos, os doentes são submetidos a massagens quotidianas. Devem seguir um regime de superalimentação, com alimentação copiosa e regular. (Palmade, 1969, p. 16)

Nesse tipo de terapia, cujo iniciador foi Weir Mitchell, por volta de 1875, o cliente devia contar com todo o tempo necessário e, *durante esse período, a pessoa encarregada de sua terapia deveria sugestioná-lo de que realmente não se encontrava cansado e motivá-lo para uma vida mais regulada no futuro.*

Nesse contexto, podemos encontrar dois tipos de cliente:

1. Aqueles que se encontram numa situação de prostração quase total. Nessa condição de dificuldade emocional e psicológica, o doente não consegue controlar sua ansiedade e suas tendências neuróticas. É comum ouvir expressões como: "eu quero, mas não posso. Não aguento mais..." Nessa situação de cansaço total, aconselhava-se repouso total.
2. Aqueles que se encontram numa situação de tensão emocional, afetiva, moral que impede a normalidade de seu trabalho. Existe ainda nessas pessoas ener-

gia que lhes permite trabalhar, porém ele sente que essa reserva pode chegar ao fim a qualquer momento. Nesses casos, propunha-se o afastamento da pessoa da situação que gerava tensão. Sugerem-se pequenas ocupações, bem como a tentativa de colocar a mente em maior repouso, fugindo da situação negativamente estimulante. O contato com a natureza é considerado fundamental nesses casos.

Olho com atenção esses tipos de procedimento, porque existe neles toda uma secular cultura paracientífica (benzedeiras, raizeiras, curandeiras que fazem verdadeiros rituais de cura) da qual, muitas vezes, nasceu a ciência formal, ficando ignorados os conhecimentos que lhe deram origem, muitas vezes, considerados charlatanismo.

Antigamente, em todas as cidades, sobretudo no interior, havia uma parteira, uma benzedeira, uma raizeira, uma rezadeira para pessoas com problemas de cabeça. Não havia médico. Elas cuidavam da saúde das pessoas, sobretudo das crianças e dos mais velhos. Eram pessoas estudiosas das tradições, atentas aos fenômenos da natureza, extremamente disponíveis. Eram mulheres. Esses dons são femininos.

Minha mãe, dona Alzira, era umas dessas mulheres. Morreu com 100 anos. O quintal de nossa casa era uma verdadeira farmácia. Ela lia os livrinhos de medicina caseira, acho que da Editora Vozes, livrinhos que inclusive ensinavam a preparar os chás e outras porções. Era tão conhecida que alguns médicos lhe telefonavam (imaginem se hoje um médico vai telefonar para uma raizeira) para saber sobre plantas e lhe mandavam clientes para ela ensinar como preparar os remédios medicinais.

Terapias por isolamento

Trata-se de instituições psiquiátricas em que determinados pacientes eram – e em muitos lugares ainda são – colocados em isolamento, dada a dificuldade de mantê-los no seu ambiente natural. O iniciador dessa terapia foi o médico francês Philippe Pinel (1745-1826), que dizia:

É preciso isolar o paciente de sua família, de seus amigos, afastar dele tudo aquilo em que a afeição imprudente pode continuar um estado de agitação perpétua ou mesmo agravar o perigo; em outros termos, é preciso mudar a atmosfera moral na qual o paciente vive.

Completando o pensamento de Pinel, dizia Bali:

É preciso romper o círculo mágico onde se tem a vítima e arrancá-la violentamente aos sintomas exagerados e de seu ambiente, e impedir-lhe o desejo de simular comédia perpétua, suprimindo os espectadores cuja presença a encoraja a perseverar no seu papel.

Esse modelo (*para o qual devemos olhar com atenção, porque representou, naquela época, o que se imaginava ser o melhor para aquele cliente*) está sendo criticamente revisto, sobretudo porque a institucionalização do paciente acarreta uma série de problemas que a moderna psiquiatria tem analisado.

Sabe-se que o isolamento puro e simples do paciente de seu ambiente natural e sua colocação em um ambiente igualmente solitário não são a melhor solução, além de acarretar outros problemas, como o reforço negativo que recebe da observação de seus colegas de hospital e da própria sociedade.

Estão surgindo instituições que se transformam em verdadeiras comunidades terapêuticas, nas quais se procura dar ao cliente um ambiente semelhante àquele em que ele vive e onde as tarefas são predispostas com finalidades terapêuticas.

Terapia do trabalho ou ocupacional

Trata-se de uma terapia conjugada. O cliente mora no hospital, mas realiza alguma função fora dele, seja numa fábrica ou fazenda, para mantê-lo em contato permanente com a realidade.

Nesses casos, o cliente não perdeu totalmente o contato com a realidade, não é agressivo consigo nem com outras pessoas, isto é, não se encontra num processo despersonalizante no qual não distingue suas fantasias da realidade, o que colocaria sua vida em perigo fora do hospital.

No hospital, participa de um tratamento regular.

Aqueles pacientes que não podem trabalhar, mas apresentam certas condições, participam como observadores.

A terapia ocupacional pode realizar-se tanto fora quanto no interior do hospital. Nos casos em que o paciente não tem condições de trabalhar fora, participa de uma ocupação que o afaste da concentração demasiada sobre si mesmo, de um constante e compulsivo repensar a si mesmo, bem como de uma imobilidade intelectual em que ficaria parado, obsessiva e compulsivamente, retornando aos mesmos temas para os quais não encontra soluções.

Nesse tipo de terapia ocupacional, o importante é uma ação motora controlada. O cliente pode dedicar-se a tarefas como trabalhos manuais, limpeza, artesanato e jardinagem. Estas podem ser desenvolvidas dentro ou fora da instituição, mas sempre sob a orientação de um especialista.

Não importam o tipo de trabalho nem o nível e a condição social do paciente, importa um trabalho em que o seu corpo seja chamado em causa. A ideia é utilizar o corpo como instrumento de mudança, provocando uma fluidez maior no sentir, no pensar, no fazer e no falar do paciente, colocando-o diante de realidades simples de ser manuseadas, mas nem por isso distantes de uma integração pessoa-mundo.

Olhando de perto, sem preconceitos, para esses diversos modelos de terapias sem fundamento sistemático, temos muito que aprender, sobretudo se somos ligados ao trabalho de pesquisa.

Fenomenologia da psicoterapia

A primeira anotação relevante refere-se à vinculação estreita entre a concepção de psicopatologia e o procedimento psicoterápico. Para o fenomenólogo é algo perigosa e traiçoeira uma concepção universal e abstrata do que venha a ser psicoterapia. A fidelidade à atitude básica fenomenóloga exige que se deva compreender detalhadamente as características particulares e singulares do indivíduo em estado patológico ou de sofrimento psíquico para a constituição de um projeto terapêutico. A consequência dessa associação é a ausência de sentido de uma reflexão sobre psicoterapia que não seja, ao mesmo tempo, uma investigação psicopatológica. O projeto psicoterapêutico brota como que naturalmente do esforço de dissecção psicológico ou psicopatológico. (Payá, 2001, p. 109)

Algumas observações finais nos ajudam a fechar este quadro informativo sobre o que podemos chamar de fenomenologia do ato psicoterapêutico

O como das psicoterapias fenomenológico-existenciais

Como as demais metodologias, também as psicoterapias fenomenológicas têm especificidades que não rompem a unidade das psicoterapias, mas apenas as colocam em uma situação a partir da qual são vistas de um ângulo diferente. Sabemos que não existe *a* fenomenologia, como um termo unívoco a ser entendido universalmente por todos. Existem, sim, fenomenólogos através dos quais a fenomenologia apresenta modelos teóricos diversos e diferentes, que é o que a faz evoluir e responder às condições epistemologicamente esperadas para qualquer teoria científica.

De maneira concisa, as psicoterapias fenomenológicas, entre outras características, têm as seguintes: *1) São uma hermenêutica existencial, trabalhando modelos descritivos e não explicativos; 2) Não trabalham diretamente com o sintoma, mas com os processos que mantêm o sintoma funcionando; 3) Não estão ligadas à causalidade do sintoma, a explicações pré-sabias, à gênese causa e efeito, mas ao aqui-agora da realidade vivida pelo cliente; 4) A existência, aqui-agora, é o cliente em ação, é o sentido que ele dá à sua vida, a partir do qual ele se orienta no mundo; 5) Trabalham o conceito de consciência enquanto produtora de sentido; 6) Estão focadas no resgate da experiência imediata do sujeito;7) Estão atentas ao* **que** *e ao* **como** *da realidade do sujeito, dado que a consciência não opera no vazio, sendo necessariamente intencional.*

O modo como a relação cliente-psicoterapeuta se desenvolve é fundamentado no enfoque fenomenológico-existencial, modelo seguido pela psicoterapia centrada no cliente, pela psicoterapia dialógica, pela Gestalt-terapia. Esses modelos fornecem ao psicoterapeuta o caminho mais curto para compreender, por meio da análise do fenômeno, o processo que move o cliente a seguir, como segue, na condução de suas coisas.

O cliente é visto e percebido como um todo, embora ele não se apresente em toda a sua totalidade, o que permite ao observador atento a escolha de diferentes caminhos para chegar até o cliente, que assume posturas diferentes para assuntos diferentes. Se fala de seus problemas no trabalho, certamente assume gestos, posturas corporais diferentes de quando fala de seus filhos. Essa diferenciação postural e de atitude na apresentação de temas diversos, mas proveniente de um mesmo sujeito, mostra uma relação fora e dentro, ou seja, como ele experiencia sua realidade. Esse jeito de ser, essas diferenças na postura, na voz, no gesto, o modo como faz contato criam um campo, um espaço vital humano cuja leitura direta levará o psicoterapeuta a perceber a força da singularidade, da responsabilidade e da liberdade com que o cliente vive suas experiência imediatas.

O psicoterapeuta, além de ser um bom ouvinte, usa os olhos e todo o seu corpo para compreender a situação. Seu corpo, tanto quanto sua mente, é uma excelente fonte de informação, desde que saiba fazer dele e com ele uma leitura correta.

Tento resumir assim: o comportamento humano deve ser visto como um sistema que emerge de um campo complexo, não podendo jamais ser considerado isoladamente da realidade que o cerca. Um sintoma físico ou psíquico é ressonância de uma realidade interna, nem sempre disponível imediatamente à nossa compreensão.

O comportamento humano, na sua totalidade, é efeito de um conjunto de situações, de causas, de forças internas que, interagindo em obediência a determinadas leis, resulta acabado como uma realidade pronta que, embora emergente, é antiga e nova, exigindo do observador que não perca a dimensão de temporalidade e da espacialidade que se oculta nesse agora que se abre para ser revelado. Para fazê-lo, não basta escutar apenas palavras, mas interagir com o corpo próprio do cliente, corpo que ele constituiu, construiu, acumulou através dos anos, em reação a forças internas desconhecidas que criaram o sistema do qual ele emerge.

O comportamento, entretanto, não é feito dentro, é organizado dentro, importando de fora elementos outros, chamados a se compor com elementos internos preexistentes, segundo a lei maior da evolução que, por meio de ajustamentos criativos, cria uma permanente autoecorregulação organísmica, matriz de toda nova realidade. O dentro só se faz entender se ligado ao fora. Isso, entre outras coisas, significa que o processo psicoterápico não pode isolar o cliente de sua realidade externa, pois a psicoterapia funciona sempre a partir de um processo de junção de duas realidades: pessoa e ambiente. Essa síntese é a base da compreensão da relação existente entre pessoa-e-mundo.

Relação entre sintomatologia e psicodiagnóstico

De acordo com o *Dicionário Aurélio da Língua Portuguesa*, sintoma é "qualquer fenômeno ou mudança provocada no organismo por uma doença que, observado por meio de sinais ou descritos pelo paciente, permite estabelecer um diagnóstico".

Eu sou o meu corpo. Meu corpo sou eu. Sou um eu que emerge de um corpo. Sou um corpo que emerge de um eu que vê, tutela, se identifica e dá sentido ao corpo. O sentido do meu corpo é produção minha, seu significado vem de fora, é social, é aculturado, variando na razão do olhar de quem o observa e lhe dá sentido.

O sintoma pode ser sinal de saúde ou de doença – depende da vivência de quem o experiencia. Não é bom nem mau, depende com que olhar é olhado, do uso que se faz dele, se ele resgata, se ele inibe, se ele provoca. Estou falando de sintomas, sem distinção.

Volto à definição do *Aurélio*. Sintoma é uma expressão isolada – por exemplo, uma dor de cabeça, um medo. O psicodiagnóstico é fruto de diversos sintomas inter-relacionados que levam ao conhecimento de um terceiro dado, por exemplo, uma dor de cabeça, aliada a falta de ar e a agitação psicomotora, pode levar à conclusão de um diagnóstico de ansiedade.

Não existe, porém, uma relação direta de causa e efeito entre sintoma e psicodiagnóstico, porque um sintoma é apenas parte de uma totalidade chamada diagnóstico e pode estar sendo provocado por causas diversas. Uma dor de cabeça poderia ser fruto de má digestão, de uma noite maldormida, bem como de tensão contida.

Não se pode, a partir apenas de sintomas materialmente considerados, chegar a um diagnóstico real. Todo sintoma tem uma história, uma causa, um passado. Ele não surge de imediato, embora possa manifestar-se de surpresa. Ele é a convergência de forças mal usadas, de energias mal controladas ou distribuídas, de experiências inacabadas. O sintoma é uma linguagem que precisa ser lida, decifrada. Somente através de uma leitura profunda e, às vezes, continuada de um sintoma em si e de seu modo de se manifestar se pode chegar a um psicodiagnóstico real.

Usamos conceitos como somatização e processo psicossomático para nos referir a manifestações orgânico-mentais que emergem da experiência da pessoa e têm um fundo emocional nem sempre claro à observação. Dores de cabeça, prisão de ventre, palpitações, mau hálito, falta de ar, por exemplo, são muitas vezes manifestações psicossomáticas, resultantes de situações ansiógenas vividas silenciosamente pela pessoa e cuja revelação poderia resultar em possíveis e temidas consequências. Quando a pessoa não consegue se expressar, falar diretamente do que está sentido ou incomodando, o organismo humano descobre um modo de falar através do corpo, para que a pessoa possa se aperceber com menos ansiedade e medo.

Nesse caso, uma ação que vise suprimir o sintoma, seja por meio de fármacos ou de trabalhos corporais, poderá ter sucesso, mas se a causa não for trabalhada o sintoma poderá desaparecer para, em seguida, retornar com as mesmas características ou aparecer com novas roupagens.

Estamos falando de sintomas físicos, mas muito se poderia falar dos sintomas psíquicos, de cujas causas pouco se sabe, sendo estas resultantes de situações com as quais a pessoa não consegue lidar. Tais sintomas, em termos de ação psicoterapêutica, podem levar a situações muito complexas, envolvendo problemas ligados à própria natureza da psicoterapia, à técnica, à indicação e à ideologia que sustenta uma noção de psicopatologia, isto é, o processo psicoterápico não se dá no sintoma apenas, mas numa concepção mais ampla do comportamento humano.

O comportamento humano, como sistema, emerge de processos que emanam da relação pessoa-mundo. A relação entre sintoma e psicodiagnóstico é, por sua vez, materialmente precária, sendo necessário fundar-se na história do sintoma para que se possa diagnosticar com segurança. A relação, portanto, entre sintomatologia e psicodiagnóstico deve ser vista com cuidado, para não induzir a erros de graves consequências.

Das técnicas

A psicoterapia pertence ao quadro normal das ciências humanas e das ciências do espírito. Isto faz que não consigamos enquadrá-la em uma simples perspectiva científica de causa e efeito, pois seu objeto de trabalho se coloca para além de uma possível obviedade, que é o que se espera de um raciocínio que se pretenda exato.

Ao mesmo tempo que tal situação parece fragilizá-la, de outro ângulo a fortalece, porque a libera de certezas que se pretendem nas ciências da natureza ou nas ciências exatas e a coloca inteiramente sob os cuidados da pessoa humana que se constitui em guardião responsável das demandas de solução que lhe são trazidas.

Esse guardião, entretanto, não age por mera intuição, que, sabemos, nasce de algo de que a consciência se apercebe, embora não consiga chegar lá, pois ele sabe que a psicoterapia é uma ciência, é uma arte, é uma técnica, e que o cliente tem de estar absolutamente a salvo de qualquer improvisação irresponsável.

É sabido que toda forma de psicoterapia tem, lá no começo, uma teoria da pessoa, uma teoria de personalidade da qual ela decorre como de um corolário, com a qual ela se justapõe e não se contrapõe, sob pena de não se justificar epistemologicamente. Uma teoria de personalidade desenvolve, por sua vez, métodos de pesquisa e estes, técnicas. Assim, teremos tantas técnicas quantos forem os enfoques psicoterapêuticos, embora hoje estejamos lidando com técnicas que se dizem psicoterapêuticas sem estar ligadas a nenhum modelo consagrado de psicoterapia.

Embora importantes, técnicas não podem se transformar em instrumentos exclusivos de ação, sob pena de se tornar instrumentos "mágicos", "truques de ação", instrumentos fictícios de ação desconectados da realidade emergente. As técnicas obedecem a um contexto, nascem de um contexto e são aplicadas corretamente quando surgem de um contexto que já está acontecendo. Elas não deveriam ser aplicadas para produzir situações emocionais das quais o cliente não se apercebe ou para salvar o psicoterapeuta diante de situações que ele não consegue resolver.

O psicoterapeuta usa técnicas no sentido de se instrumentalizar melhor para fazer uma leitura correta de uma situação já em curso, e não para substituí-lo ou produzir emoções ou conteúdos que não se encontram no campo.

A técnica surge da necessidade do momento, de um fundo cuja figura não consegue sobressair e isto é tanto mais verdade quando à técnica estão associados exercícios específicos de expressão corporal.

O sentido e a dimensão da psicoterapia evoluem na razão em que temas e processos diferentes vão surgindo e sendo tratados, pois a psicoterapia não é convergente nem com o tema nem com a técnica. Ela transcende ambos, é tão divergente-abrangente como o próprio sujeito que é objeto de sua ação.

Proponho neste trabalho uma linguagem, uma compreensão da totalidade presente no campo, um estudo inter-relacional e sistêmico em que a parte ou as partes só tenham sentido dentro da totalidade que lhes dá forma e significado – enfim, uma postura fenomenológica.

Fazer psicoterapia fenomenológica é estudar o ser dentro do ser, é colocar o personagem que somos dentro da vida que levamos, é descobrir a realidade transfenomênica que nos cerca e nos dá sentido, é lidar com a realidade criticamente, buscando nas partes as pistas que a totalidade lhe imprime, é lembrar que as aparências não enganam, apenas não nos revelam tudo, é acreditar que o contato com a realidade, por mais precário que possa ser, é a única medida de verdade e de certeza que temos quando lidamos com a realidade não como um fragmento isolado, mas como sinal e apelo de totalidade.

Tais questões nos levam a uma indagação transcendental: o que é, de fato, a psicoterapia? A que serve? Tenho, em diversos momentos, tentado responder por partes a essa questão vital.

Curar não parece ser a resposta adequada. Curar... Trata-se de um termo médico, de um conceito estático que estabelece, de imediato, relação entre causa e efeito. O psicoterapeuta não é um "curador"; por isso, quando alguém se diz "curado", dificilmente se pode identificar o que o levou a se sentir curado, pois o efeito é verificável, mas não sua causa.

Adaptar a pessoa à realidade, à normalidade, também não parece ser. Qual realidade e, sobretudo, qual normalidade? A doença mental, a disfuncionalidade são, em geral, um grito de revolta contra uma normalidade cultural, social, familiar, religiosa. Embora de maneira precária, o sintoma é, muitas vezes, uma tentativa de autoecorregulação organísmica.

A finalidade da psicoterapia é algo inerente a sua natureza, um espelho da própria natureza humana. Nada acrescenta, nada tira do sujeito; é uma volta do sujeito para ele mesmo, de tal modo que ele possa retomar uma sincronia total consigo mesmo, sendo capaz de dizer o que sente e sentir o que diz.

Esse não é apenas um problema prático, mas sobretudo filosófico.

As psicoterapias analíticas dizem que a finalidade é dar consciência ao inconsciente. Podemos perguntar: qual e que consciência, consciência de que e para quê?

As psicoterapias fenomenológico-existenciais dizem não lidar com a interpretação histórica, não se firmar nos sintomas, mas lidar com a energia presente aqui-agora. E, nesse caso, devíamos indagar que energia é essa, de onde vem, para que serve.

Para se ter essa resposta é preciso encarar o cliente como um todo, ele e sua relação com e no mundo. São três os níveis em que a psicoterapia deve funcionar: ele na sua relação com ele mesmo, como pessoa total; ele na sua relação com as outras pessoas; e ele com relação ao mundo. Essas três dimensões são inalienáveis em um processo psicoterapêutico, pois estão, por natureza, intraligadas uma à outra, uma é função da outra. A psicoterapia que separa ou se esquece de uma dessas dimensões está trabalhando no abstrato. Qualquer processo que esqueça esta tríplice dimensão existencial da pessoa está fadado ao fracasso.

A psicoterapia, portanto, visa colocar a pessoa em contato com esses seus três níveis de funcionamento, dentro dos limites e fronteiras que lhe são próprios, de modo que a pessoa possa funcionar e viver o mais harmoniosamente possível.

Psicoterapia não é uma resposta mágica ao problema do homem nem visa criar um estado de liberdade, que possa parecer uma irresponsável existencial, sem parâmetros que lhe indiquem onde se encontra e como pode se mover. Qualquer psicoterapia em que o cliente não assuma a noção e a vivência de contato, fronteira, capacidade de dar respostas adequadas a si mesmo no e ao ambiente corre o risco de ser um processo esquizofrenizante.

A função da psicoterapia é penetrar nos bastidores da alma, é fazer que a vida se torne uma subjetividade viva, operante, que a pessoa transcenda a si mesma, tome gosto pelo prazer e pela felicidade, busque o infinito que mora dentro dela e não tenha medo da experiência do incondicionado, que faça da experiência de ser livre o seu mais imperioso ato de viver e, sem ser irresponsável, cuide atentamente de viver em liberdade.

3 TÓPICOS ESPECIAIS EM PSICOTERAPIA

> Toda reflexão, inclusive a reflexão sobre os fundamentos do conhecer humano, se dá necessariamente na linguagem que é nossa forma particular de sermos humanos e estarmos no fazer humano. Por esse motivo, a linguagem também é nosso ponto de partida, nosso instrumento cognitivo e nosso problema. (Maturana e Varela, 1995, p. 69)

Neste capítulo, abordarei alguns temas comuns e até centrais a qualquer escola de psicoterapia, embora possam levar nomes diferentes de acordo com as teorias de que emanam ou até não ser considerados especificamente.

Apesar de estar me propondo um texto de fundamentação fenomenólogica-existencial, proporei esses temas com base em duas perspectivas, em duas linguagens, uma analítica e outra fenomenológica, pois ver o ser humano a partir de diferentes horizontes, olhá-lo a partir de sua intrigante complexidade, vê-lo não como alguém deixado a si mesmo, mas como um "tu", miniatura do Tu Eterno, nos ajuda a ter acesso ao mais profundo de nós mesmos.

As psicoterapias conversam, dialogam entre si, ou deveriam conversar e dialogar, embora muitos de seus seguidores não escutem o que elas falam entre si e se mantenham isolados dentro de suas escolas de poder. Confundindo-se com suas teorias, terminam se fazendo surdos e até opositores de uma ideologia que vê as escolas não como claustros de poder, mas como instrumentos de conhecimento do ser humano. A pessoa – e não um sistema teórico – é o que está em causa nas psicoterapias.

Usarei as duas linguagens, na esperança de que ambas facilitem um melhor entendimento e uma melhor compreensão da pessoa que se entrega aos nossos cuidados, sem muitas vezes sequer indagar quem somos nós.

A comunicação autêntica é a base do processo de compreensão do comportamento humano. O homem se comunica das mais variadas formas, que sintetizamos dizendo serem verbais e não verbais. Existe, porém, em ambas as formas uma metacomunicação, uma metalinguagem que constituem o que podemos chamar de *incomunicação da comunicação.*

Penetrar no mistério dessa incomunicabilidade, esse lugar ao qual, frequentemente, nem nós mesmos temos acesso, e traduzi-lo de modo coerente e significativo, com cuidado, constitui um dos momentos mais fascinantes entre dois seres humanos.

É importante lembrar, contudo, que não apenas a mente recalca conteúdos que, mais tarde, passam a constituir o inconsciente, mas também o corpo recalca, internaliza, introjeta situações traumáticas que depois vão se constituir em doenças psicossomáticas. Estas, utilizando os mecanismos de defesa do ego, se transformam em válvulas de escape da ansiedade, como uma linguagem corporal apenas sentida e não falada.

A psicossomatização tem muita relação com esse registro que o corpo vai fazendo indiscriminadamente. O corpo esconde e, ao mesmo tempo, revela nossa história, revela o que e o como de todo um passado não pensado, não construído a partir da própria pessoa e camuflado, muitas vezes, com o que restou como possibilidade de sobreviver.

Somos um inconsciente corporal, fruto dos conchavos da nossa mente com omissões existenciais carregadas, entretanto, de sentido, com a negação de exigências sufocadas "na calada da noite" da nossa alma pela falta de coragem de fazer opções por nós mesmos e que se revela sempre que o corpo é chamado em causa e não consegue responder aos apelos da própria realidade.

Visão analítica dos mecanismos de defesa do eu

Mecanismos de defesa do eu são recursos psicológicos usados pela mente contra a ameaça de angústia ou de tensão incontroláveis, provocadas, sobretudo, por situações de conflito.

"As defesas psíquicas não só podem dirigir-se contra perigos que vêm de dentro, mas também ser expressões de fuga da dor e de perigos provenientes do mundo real" (Freud, A., 1967, p. 6).

Alguns comportamentos são habitualmente calcados em mecanismos de defesa. Estes passam a fazer parte da vida do indivíduo, criando uma couraça de proteção tão rígida que este não só não os percebe mais como se sente harmonizado com processos e atitudes deles decorrentes. São defesas da fuga da dor e de profundos sentimentos de inadequação.

Na tentativa de se autoecorregular organismicamente, mente-corpo-mundo trabalham como uma unidade funcional através de mecanismos que correspondem à luta e à sabedoria do organismo diante da impotência em que o indivíduo se encontra de lidar com sua realidade e com a do mundo que o cerca. Esses mecanismos ditam normas "de modo adequado, espontâneo e, consequentemente, criativo", mas que o impedem de experienciar e vivenciar o real sentido que as coisas fazem para o sujeito.

O indivíduo se encontra, portanto, momentaneamente ou de maneira habitual, diante de uma situação de conflito, de ansiedade, na qual uma saída lógica se torna difícil, se não impossível, dada a carga de ansiedade que tal atitude provocaria. Ele troca, então, uma atitude radical de opção por si mesmo pelo uso dos chamados mecanismos de defesa como a mais rápida solução do problema.

Freud usa o nome *mecanismo* para designar a possibilidade de uma verificação imediata do processo e para facilitar a análise do problema. O termo é usado "quer para designar o conjunto do processo defensivo característico de determinada neurose, quer para exprimir a utilização defensiva deste ou daquele destino pulsional: recalcamento, volta sobre si mesmo, intervenção ou reinversão" (Laplanche e Pontalis, 1975, p. 357).

É importante lembrar, do ponto de vista teórico, que *mecanismo de defesa e resistência não são sinônimos*, embora sejam frequentemente usados assim, visto os autores não apresentarem um ponto de vista unânime.

Sabemos que resistência é tudo aquilo que atrapalha o trabalho de análise. Com efeito, diz Anna Freud (1967, p. 38), "os *mecanismos de defesa* contra perigos antigos retornam no tratamento sob forma de *resistências* à cura, e isto porque a cura é também considerada pelo ego como um novo perigo".

A análise das resistências não se distingue, nessa perspectiva, da análise das defesas permanentes do ego, tais como se especificam na situação analítica.

Freud, no entanto, distingue cinco formas de resistência, três delas ligadas ao ego: o recalcamento, a resistência à transferência, o benefício secundário da doença, as resistências do id ou do inconsciente e as resistências do superego.

Anna Freud e Melanie Klein apresentam uma longa lista de processos de defesa vivenciados como formas de resistência ao processo analítico e que ultrapassam a tentativa de uma classificação metapsicológica querida por Freud, que sempre resistiu a identificar o fenômeno intra e interpessoal da resistência com os mecanismos de defesa do ego.

Para melhor compreensão do nosso trabalho no que se refere aos mecanismos de defesa, e deixando de lado questões sutis com relação ao tema, apresento, de maneira sucinta, mecanismos de defesa em sua relação com as três instâncias da personalidade.

Se no âmbito do *id* existe uma situação de calma, de satisfação e, por outro lado, não há nenhum impulso que procure invadir o campo de controle do *eu* em busca de gratificação, provocando situação de tensão ou sofrimento, não temos nenhuma possibilidade de conhecer seus conteúdos.

Existem muitos impulsos ou instintos social ou moralmente inadequados, embora correspondam a desejos secretos da pessoa. Colocar em ato semelhantes impulsos provocaria uma reação imediata do *superego*. Nessa situação, o ego se apresenta para controlar essas duas forças antagônicas e, muitas vezes, a solução é o recurso aos mecanismos de defesa.

Diferentemente do que acontece com os conteúdos do id, os do superego são em geral conhecidos e podem ser atingidos pela nossa percepção consciente.

O superego é o representante oficial da ordem, da moral, da religião, da cultura. Como esses valores são livremente discutidos, é fácil para o superego identificar seus conteúdos com os do mundo externo. A representação do superego nos escapa toda vez que o ego e o superego se encontram em harmonia, o que equivale a dizer que não existe um conflito atual entre o id e o superego, pois nesse caso o ego teria de entrar em ação com sua função controladora.

O acordo entre id e superego é possível quando os impulsos foram de tal modo reprimidos que não ousam fazer suas exigências ou quando o conflito entre as duas instâncias é de tal modo superficial que a lei da homeostase se impõe como a melhor solução para ambos.

Nesses casos de coincidência, podemos dizer que também o superego não poderá ser observado nem pelo sujeito nem por um observador externo, pois só podemos observar uma das duas instâncias quando existe um conflito entre o ego e uma delas. O ego tende categoricamente a colocar fora de ação os instintos que ameaçam seu campo de controle e, para tanto, usa os mecanismos de defesa, que resolvem, aparentemente, a situação pelo desaparecimento da dissonância externa. É como se o ego, para estar tranquilo, fechasse os olhos à problemática que não foi de fato resolvida, mas apenas removida para uma área mais profunda da personalidade e, portanto, mais distante do controle da consciência.

O acúmulo de semelhantes defesas conduz à formação de situações neuróticas e do que chamo de *neurose existencial*, da qual a pessoa conhece os detalhes mas não consegue resolvê-los porque, de algum modo, em outra instância, eles já "foram resolvidos". Na base da neurose existencial está o paradoxo de que a pessoa tem dificuldade de lidar com coisas que lhe parecem evidentes.

Os mecanismos de defesa, portanto, visam à defesa e à adaptação do indivíduo a dada situação conflitante, isto é, conflitos intrapsíquicos, cujo objeto é a desarmonia interna de conteúdos internos, e conflitos psíquicos, ou seja, entre as partes de si mesmo e o mundo circunstante.

Esses mecanismos podem ser neuróticos ou não, dependendo de diversos fatores, isto é, de como são usados, de sua eficácia e capacidade de solucionar problemas graves e, sobretudo, de seu poder de solucionar sem deixar marcas internas. Às vezes, a pessoa usa de apenas um mecanismo; em outras, diversos mecanismos se agrupam para solucionar uma situação.

O mecanismo de defesa, em princípio, é bom enquanto tentativa inteligente do organismo de solucionar situações complexas da maneira o mais econômica possível. Sua neuroticidade, sua gravidade vai depender da quantidade de mecanismos usados, de como eles se inter-relacionam, de como fogem ao controle da consciência, de sua força de provocar mudanças, da intensidade com que o sujeito vive esses processos, do modo mais ou menos profundo de sua ação, da permanência e da continuidade de seu uso.

Entender a dinâmica desses mecanismos é de grande importância para todos aqueles que trabalham com o comportamento humano, dado que eles constituem, por assim dizer, uma das pedras fundamentais dos processos psicopatológicos.

Esses mecanismos são processos psicológicos cuja estrutura é, inconscientemente, defensiva. Eles, como diz o provérbio, "jogam a pedra e escondem a mão". Operam, automática e inconscientemente, na tentativa de resolver conflitos, impasses, situações de ansiedade e angústia através de sua ação, resultando em uma diminuição da tensão emotiva, da ansiedade e do conflito.

Tais mecanismos são necessários para a manutenção de uma emotividade razoável como defesa natural do comportamento humano. Quando patológicos, seu uso e sua dinâmica escapam ao conhecimento do indivíduo, porque operam fora e além do campo consciente.

Essas considerações são importantes porque nos ajudam a descobrir a psicodinâmica dos processos de defesa. Precisamos, entretanto, ir além da informação teórica e descobrir o modo prático e visível do comportamento.

Por vezes, o psicoterapeuta sabe identificar nominalmente um processo, mas não sabe como lidar com ele. Vê a realidade do cliente, mas ignora como ele estruturou a situação e como a mantém.

Os mecanismos de defesa do eu são verdadeiros compromissos com a realidade organismo-ambiente, e só quando olhamos atentamente essa relação encontramos seu verdadeiro significado.

Esses mecanismos são, de algum modo, "congênitos", porque estão potencialmente presentes em cada um de nós. São como muros preventivos de defesa. Se o inimigo não aparece, eles envelhecem e perdem a função. Estão contidos numa totalidade humano-mundana, que se revela precariamente através deles. Expressam um estilo de vida, um modo específico de lidar com a realidade. A função da psicoterapia é percorrer o caminho feito por ele, refazendo-o de modo criativo e libertador.

Apresento, em seguida, alguns desses mecanismos.

Anulamento

Mecanismo de defesa pelo o qual se nega alguma coisa já feita porque é fonte de uma ansiedade incontrolável. A pessoa procura suprir tal ansiedade com alguma atitude, comportando-se como se nada houvesse acontecido, o que funciona como um ato inversivo-defensivo do comportamento portador da ansiedade.

Exemplo: a mãe que beija e abraça o filho depois de havê-lo punido ou aquele que fez um mal a outrem e depois se dedica totalmente a servi-lo.

É como se com tal atitude a pessoa conseguisse anular, cancelar o suposto dano. Exemplo clássico de anulamento simbólico se pode ver na pessoa que lava sistematicamente as mãos depois de se ter masturbado, como algo errado, pecaminoso e proibido, como tentativa de anular uma culpa inconsciente, para aliviar-se do peso de uma consciência crítica.

Compensação

Mecanismo de defesa pelo qual o indivíduo tenta suprir ou compensar deficiências reais ou imaginárias.

A compensação pode acontecer em diferentes áreas do comportamento: física, social, sexual etc. A compensação é uma tentativa inconsciente de alcançar os próprios modelos pessoais ou aqueles impostos pelos outros, em áreas em que nos sentimos deficitários, suposta ou realmente. A compensação pode tentar ainda ser uma resposta às necessidades de aceitação, atenção e reconhecimento provocados por sentimentos de inferioridade.

Exemplo: a pessoa de porte frágil que está sempre provocando alguém ou situações em que sua realidade a adverte de que não dará conta de lidar com a situação; aquele que se acredita feio se aproxima de indivíduos que considera bonitos e se torna a dedicação em pessoa com relação a eles; ou alguém que se veste ou se arruma como alguém já consagrado, na esperança de que o tratem de uma maneira diferente.

Menninger observa que comportamentos hipercompensadores, como a super-honestidade, cobrem e escondem o controle de impulsos contrários. Uma superatividade sexual pode encobrir tendências homossexuais.

Dissociação

Mecanismo de defesa pelo qual o significado e o fenômeno emotivo ficam separados do pensamento, da situação ou de determinado objeto.

Estes se tornam patológicos sobretudo quando a personalidade, submetida a fortes pressões, se parte em duas, agindo ambas de modo diferente – isto é, um grupo de processos psicológicos age desconhecendo o resto da personalidade. Tal dissociação pode acontecer nas áreas da afetividade, da memória, da inteligência. Acontece ainda como separação de parte do ego para isolar parte do superego punitivo, como se disse antes.

Exemplos: alguém que relata um fato triste sorrindo, ou alguém que recebe uma boa notícia com tristeza, ou ainda alguém que, "no cumprimento do dever", continua servindo com dedicação e alegria uma pessoa que odeia.

Formação reativa

Mecanismo de defesa através do qual certas necessidades e atitudes, que são o contrário daquelas conscientemente negadas, são desenvolvidas e vivenciadas pela personalidade de muitos modos.

O mecanismo da inversão tem a aplicação mais limitada a um pensamento ou a um sentimento específico, e em geral sua formação é precedida por um longo caminho que a dinâmica da formação reativa exige. A formação reativa é também conhecida como sendo mecanismo da reação dos opostos.

O mecanismo da formação reativa é estreitamente ligado àquele da compensação, sendo quase sempre uma defesa do ego contra os impulsos hostis e agressivos e quase nunca contra os impulsos de amor, calor etc.

Exemplo: uma mãe pode ser demasiadamente boa para um filho que ela inconscientemente rejeita; ou rígido perseguidor de pessoas cujos defeitos são por ele temidos; ou crítico rígido dos homossexuais porque teme ser feminino.

De tanto insistir em situações em que ele não acredita, termina por passar a funcionar como se aquilo lhe fosse natural. O ditado "água mole em pedra dura tanto bate até que fura" expressa bem o que estamos chamando de formação reativa

Identificação

Mecanismo de defesa pelo qual uma pessoa tenta assemelhar-se a outra como forma de compensação por algo que ela não consegue ter, realizar, fazer...

Tal comportamento compreende uma tentativa de assimilação inconsciente de vários aspectos ou elementos de outra pessoa, tais como sentimentos, maneiras de agir, gestos, qualidades. Podemos dizer que esse impulso à identificação é motivado pelo desejo de aceitação, de aprovação e de amor.

A identificação é diferente da imitação, pois esta é superficial e consciente, ao passo que aquela é a procura, em nível inconsciente, de um redimensionamento da própria imagem com uma imagem sentida como ideal e perfeita. Em alguns casos, a identificação poderá ser feita também com uma pessoa, coisa, ou com um objeto mau ou negativo.

A identificação do agir, se comportando como se fosse outra pessoa, poderá ser feita também com pessoas bastante significativas, amigos, artistas ou com criminosos, cuja atitude possa causar fascinação.

A identificação poderá ser psicótica, quando se desenvolve em um quadro delirante. Exemplo: existem aqueles que se identificam com Júlio César e Napoleão.

Incorporação, internalização, introjeção

Esses mecanismos, embora apresentem matizes diferentes, podem ser definidos conjuntamente como mecanismos de defesa pelos quais objetos externos, amados ou odiados, são simbolicamente transferidos para dentro.

Incorporação

Mecanismo mais associado ao processo primário e emotivo do estado oral, em cujas fantasias deve ser procurado o modelo. É um processo mais do tipo "devorante", cujo mecanismo pode ser considerado como um engolir simbólico. *Desse modo, a criança incorpora as qualidades fundamentais dos pais, podendo esses objetos ser maus ou bons. Trata-se, portanto, de um mecanismo oral primitivo.*

Internalização

É mais usado para referir-se ao objeto "depois" que ele foi colocado dentro. Assim podemos dizer que um objeto incorporado é também internalizado. Esse mecanismo é usado para denotar um fato já estabelecido, enquanto a introjeção e a incorporação devem ser usados mais para significar o processo de "mandar para dentro".

Introjeção

Esse mecanismo deve ser considerado menos primitivo, portanto menos regressivo que a incorporação. Por ele o indivíduo pode introjetar simbolicamente partes de uma pessoa ou a pessoa toda. *A introjeção serve, em geral, como defesa contra o reconhecimento de impulsos intoleráveis, hostis e agressivos.*

Na incorporação, tratando-se de um mecanismo muito primitivo, o objeto mandado para dentro é assimilado, passa a fazer parte da pessoa. O mesmo não acontece com a introjeção, na qual o objeto introjetado não é necessariamente assimilado sendo, muitas vezes, tratado como separado e distinto.

Alexander observa que, nesse mecanismo, o corpo introjetado pode permanecer estranho ao eu, que o considera com a mesma ambivalência que mantém com o seu objeto de amor originário. Isso acontece porque uma atitude hostil e destrutiva para com o objeto é transformada em autodestruição.

Exemplo: no suicídio, o impulso destrutivo é mandado, é enviado para dentro ou dirigido ao objeto introjetado em si mesmo, a ponto de levá-lo à autodestruição. O ódio intolerável a uma pessoa pode ser empregado contra o eu, numa tentativa inconsciente de destruir o objeto introjetado e odiado. Assim o suicida dirige contra si mesmo a hostilidade inaceitável e conscientemente negada, bem como a agressividade, dirigida em princípio contra outra pessoa, mas de modo inconsciente. São comuns, por exemplo, casos de suicídio depois do término de um namoro, em que o amor se transforma em ódio e posteriormente em autodestruição.

Negação

Mecanismo de defesa empregado para resolver um conflito emotivo e aliviar a ansiedade com o negar, isto é, com o refutar reconhecer conscientemente o conflito ou um dos elementos deste. Nesse sentido, podemos negar um pensamento, um desejo, um ato, modelos conflituais, proibições etc.

Exemplo: alguém que tem complexo de inferioridade na área sexual poderia considerar o sexo uma coisa baixa; a mãe que se sente culpada pela morte do filho poderia conservar o quarto e brinquedos deste no mesmo lugar, na mesma ordem, como antes de sua morte. Essa atitude simbolicamente representa a continuação viva do filho através de seus brinquedos.

Projeção

Mecanismo de defesa pelo qual aspectos conscientemente negados do eu são rejeitados e atribuídos ao exterior para, em seguida, ser imputados a outrem.

Exemplo: criticar pessoas ou atitudes que, inconscientemente, tememos em nós mesmos. Alguém odeia uma pessoa e diz que é ela quem o odeia.

Célebre exemplo do mecanismo de projeção é o comportamento do rei Davi com o profeta Natan, que passou à literatura com o nome de "Ira do rei Davi".

Racionalização

Mecanismo de defesa pelo qual o eu justifica impulsos, necessidades, sentimentos, modos de se comportar, motivos inaceitáveis ou tenta transformá-los em outros aceitáveis.

Célebre exemplo de racionalização é o caso da fábula "A raposa e as uvas", no qual, depois de muito lutar para colher uns cachos de uva e não podendo fazê-lo, a raposa se tranquiliza dizendo que, na verdade, as uvas estavam verdes e não lhe interessavam.

Sublimação

Mecanismo de defesa pelo qual impulsos instintivos, conscientemente inaceitáveis, são reorientados para um modo de expressão aceitável, do ponto de vista pessoal e social.

Quando a sublimação se faz positivamente, a direção e a meta dos impulsos inconscientes são desviados e diversamente endereçados.

Exemplo: alguém que, por razões diversas, considera o matrimônio impraticável se dedica totalmente à criação de órfãos abandonados. A energia que seria usada na – nem sempre fácil – vivência a dois, na criação de filhos, é transferida de tal modo que a pessoa usa a mesma energia, mas com uma destinação que ela entende ser mais nobre. Na verdade, ela não conseguiria se casar, mas para não se frustrar descobre algo no qual a energia que seria usada no casamento possa ser utilizada livremente.

Visão fenomenológica dos mecanismos de autorregulação organísmica

A fenomenologia pode ser definida de muitas maneiras, mas em três momentos todas essas definições se igualam, que é quando procuramos ver que características constituem sua essência.

A fenomenologia se assenta em um tripé a partir do qual vai assumindo todos os matizes em dependência de quem a descreve. Estou falando dos conceitos "retorno às coisas mesmas", "redução fenomenológica" e "intencionalidade".

Por onde quer que caminhemos, finalizamos por nos encontrar em contato com um desses princípios, porque é da essência da fenomenologia ser uma ciência descritiva, atuando diretamente sobre o dado, assim como ele se apresenta à nossa consciência, no aqui-agora da situação.

Esses mecanismos são também mecanismos de defesa do eu contra ansiedades insuportáveis e das quais não se pode fugir, mas que precisam ser administradas dentro da capacidade de suportar da pessoa, situação em que ele procura "arranjos mentais' com os quais possa lidar sem se destruir.

Esses mecanismos descrevem a realidade mental da pessoa, mas não os explicam, estando ligados muito mais ao *que* eles são, ao *como* eles funcionam e ao *para que* de seu funcionamento.

Esses mecanismos têm uma razão de ser. Não surgem do nada, sendo compreendidos somente quando colocados no contexto total da vida da pessoa. Nesse sentido, não são simples sintomas, mas processos de grande complexidade que devem ser estudados, rigorosamente, antes de se pensar em reprimi-los ou retirá-los do contexto existencial da pessoa.

Esses mecanismos são, num primeiro momento, de grande utilidade e valia para a pessoa enquanto descrevem e explicitam processos vivos, circunstancialmente apropriados para aliviar a tensão, a ansiedade, os medos. Apenas quando passam a ser usados indiscriminadamente, sem que a pessoa faça recursos às suas forças originais de proteção, é que devem ser olhados com suspeita.

Estou propondo aqui um modo diferente de olhar e lidar com esses mecanismos, enquanto são, ao mesmo tempo, processos que bloqueiam a criatividade da pessoa e, de outro lado, abrem caminho para processos de recuperação, o que estou chamando de *bloqueios do contato e fatores de cura*, sendo os bloqueios vistos como um *diagnóstico* e os fatores de cura vistos como um *prognóstico*.

Isso significa que o psicoterapeuta, ao localizar seu cliente como alguém que utiliza, por exemplo, o mecanismo da *fixação* de maneira disfuncional, saberá que um provável caminho de estar com ele em um verdadeiro processo de mudança será trabalhar com ele sua capacidade de *fluidez* – motora, emocional e cognitivamente.

Acredito ser especialmente rico colocar lado a lado esses dois modos, aqui apresentados, de fazer contato, de lidar com esses mecanismos enquanto caminhos de solução de problemas, embora funcionando de modo muito diferente.

Operacionalização dos bloqueios de contato e fatores de cura*

BLOQUEIOS DE CONTATO / DIAGNÓSTICO	BLOQUEIOS DE CONTATO / DIAGNÓSTICO
FIXAÇÃO ("Parei de existir") Processo pelo qual me apego excessivamente a pessoas, ideias ou coisas e, temendo surpresas diante do novo e da realidade, sinto-me incapaz de explorar situações que flutuam rapidamente, permanecendo fixado em coisas e emoções sem verificar as vantagens de tal situação. Tenho medo de correr riscos.	**FLUIDEZ** Processo pelo qual me movimento, localizo-me no tempo e no espaço, deixo posições antigas, renovo-me, sinto-me mais solto e espontâneo e com vontade de criar e recriar minha vida.
DESSENSIBILIZAÇÃO ("Não sei se existo") Processo pelo qual me sinto entorpecido, frio diante de um contato, com dificuldade para me estimular. Sinto uma diminuição sensorial no corpo, não diferenciando estímulos externos e perdendo o interesse por sensações novas e mais intensas.	**SENSAÇÃO** Processo pelo qual saio do estado de frieza emocional, sinto melhor a mim mesmo e às coisas, estou mais atento aos sinais que meu corpo me manda ou produz, sinto e até procuro novos estímulos.
DEFLEXÃO ("Nem ele nem eu existimos") Processo pelo qual evito contato pelos meus vários sentidos ou o contato é feito de maneira vaga e geral, desperdiço minha energia na relação com o outro, usando um contato indireto, palavreado vago, inexpressivo ou polido demais, sem ir diretamente ao assunto. Sinto-me apagado, incompreendido, pouco valorizado, afirmando que nada dá certo em minha vida, sem saber por que as coisas acontecem como acontecem.	**CONSCIÊNCIA** Processo pelo qual me dou conta de mim mesmo de maneira mais clara e reflexiva. Estou mais atento ao que ocorre à minha volta, percebo-me relacionando com mais reciprocidade com pessoas e coisas.
INTROJEÇÃO ("Ele existe, eu não") Processo pelo qual obedeço e aceito opiniões arbitrárias, normas e valores que pertencem a outros, engolindo coisas dos outros sem querer e sem conseguir defender meus direitos por medo da minha agressividade e da dos outros. Desejo mudar, mas temo minha mudança, preferindo a rotina, simplificações e situações facilmente controláveis. Penso que as pessoas sabem melhor do que eu o que é bom para mim. Gosto de ser mimado.	**MOBILIZAÇÃO** Processo pelo qual sinto necessidade de me mudar, de exigir meus direitos, de separar minhas coisas das dos outros, de sair da rotina, de expressar meus sentimentos exatamente como sinto e de não ter medo de ser diferente.

(continua)

BLOQUEIOS DE CONTATO / DIAGNÓSTICO	BLOQUEIOS DE CONTATO / DIAGNÓSTICO
PROJEÇÃO ("Eu existo, o outro eu crio") Processo pelo qual eu, tendo dificuldade de identificar o que é meu, atribuo aos outros, ao mau tempo, a responsabilidade pelos meus fracassos, desconfiando de todos como prováveis inimigos. Sinto-me ameaçado pelo mundo em geral, pensando demais antes de agir e identificando facilmente nos outros dificuldades e defeitos semelhantes aos meus e, tendo dificuldade de assumir responsabilidade pelo que faço, gosto que os outros façam as coisas no meu lugar.	**AÇÃO** Processo pelo qual expresso mais confiança nos outros, assumo responsabilidades pelos meus atos, identifico em mim mesmo as razões de meus problemas, ajo em nome próprio sem medo da minha ansiedade.
PROFLEXÃO ("Eu existo nele") Processo pelo qual desejo que os outros sejam como eu desejo que eles sejam, ou desejo que eles sejam como eu mesmo sou, manipulando-os a fim de receber deles aquilo de que preciso, seja fazendo o eles gostam, seja submetendo-me passivamente a eles, sempre na esperança de ter algo em troca. Tenho dificuldade de me reconhecer como minha própria fonte de nutrição, lamento profundamente a ausência do contato externo e a dificuldade do outro em satisfazer minhas necessidades.	**INTERAÇÃO** Processo pelo qual me aproximo do outro sem esperar nada em troca, ajo de igual para igual, dou pelo prazer de dar, convivo com as necessidades do outro sem esperar retribuição, sinto que estar e relacionar-me com o outro me ajuda a me perceber como pessoa.
RETROFLEXÃO ("Ele existe em mim") Processo pelo qual desejo ser como os outros desejam que eu seja, ou desejo que eu seja como eles são, dirigindo a mim mesmo a energia que deveria dirigir a outrem. Arrependo-me com facilidade, por me considerar inadequado nas coisas que faço, por isso as faço e refaço várias vezes, para não me sentir culpado depois. Gosto de estar sempre ocupado e acredito poder fazer melhor as coisas sozinho do que com a ajuda dos outros. Deixo de fazer coisas com medo de ferir e ser ferido. Sinto, muitas vezes, que sou inimigo de mim mesmo.	**CONTATO FINAL** Processo pelo qual sinto a mim mesmo como minha própria fonte de prazer, nutro-me do que quero sem intermediários, relacionando-me com as pessoas de maneira direta e clara, e uso minha energia para usufruir com o outro o prazer do momento.
EGOTISMO ("Eu existo, eles não") Processo pelo qual me coloco sempre como o centro das coisas, exercendo um controle rígido e excessivo no mundo fora de mim, pensando em todas as possibilidades para prevenir futuros fracassos e possíveis surpresas. Imponho tanto minha vontade e meus desejos que deixo de prestar atenção ao meio circundante, usufruindo pouco e sem vibração o resultado de minhas manipulações, tendo muita dificuldade em dar e em receber.	**SATISFAÇÃO** Processo pelo qual vejo que o mundo é composto de pessoas, que o outro pode ser fonte de contato nutritivo, que o *prazer* e a vida podem ser codivididos, que pensar em possibilidades é pensar em crescimento, que é possível desfrutar compartilhando e que o mundo fora de nós pode ser fonte de prazer.

(continua)

(*continuação*)

BLOQUEIOS DE CONTATO / DIAGNÓSTICO	BLOQUEIOS DE CONTATO / DIAGNÓSTICO
CONFLUÊNCIA ("Nós existimos, eu não") Processo pelo qual me ligo fortemente aos outros sem diferenciar o que é meu do que é deles, diminuo as diferenças para sentir-me melhor e semelhante aos demais e, embora com sofrimento, termino obedecendo a valores e atitudes da sociedade ou dos pais. Gosto de agradar aos outros, mesmo não tendo sido solicitado, e, temendo o isolamento, amo estar em grupo, agarrando-me firmemente aos outros, ao antigo, aceitando até que decidam por mim coisas que me desagradam.	**RETIRADA** Processo pelo qual saio das coisas no momento em que sinto que devo sair, percebendo o que é meu e o que é dos outros, aceito ser diferente para ser fiel a mim mesmo, amo o "eu" e aceito o "nós" quando me convém, procuro o novo e convivo com o velho de maneira crítica e inteligente.

* Fonte: Ribeiro, 2007, p. 63-6.

Esses dois grupos de mecanismos, semelhantes, diferentes e complementares ao mesmo tempo, foram apresentados de modo esquemático, para facilitar a compreensão de sua dinâmica, auxiliar sua aprendizagem e mostrar um tipo de atitude que, quando habitualmente usada, pode conduzir a um comportamento neurótico.

Quanto mais alguém usa mecanismos de defesa do eu para se proteger da angústia e da ansiedade insuportáveis sem a percepção de seu simbolismo substitutivo, tanto mais, através das ditas resistências, perde contato com sua realidade e consigo mesmo, predispondo-se a uma situação neurótica cada vez mais grave.

O processo psicoterapêutico é um processo de conscientização pessoal por meio do contato consigo mesmo e com o mundo. Os mecanismos de defesa do ego, operando através de formas sutis de resistência ao processo psicoterapêutico, ampliam e mantêm o movimento interno do recalcamento, dificultando a saída do dentro para fora.

A referência aqui a esses mecanismos oferece não apenas uma questão didática, mas nos dá a oportunidade, refletindo sobre eles, de perceber quão diferentes e complexos caminhos cada um segue na procura de manter-se vivo. Eles não são apenas sinais esporádicos da presença de neurose: para muitos, se transformam na própria estrada, no próprio estilo de vida que a pessoa segue para poder mover-se sem se destruir completamente. Captá-los, percebê-los significa da parte do psicoterapeuta ter descoberto as bases do alicerce em que se funda o comportamento doentio.

Tais mecanismos de defesa do eu são processos vividos pela pessoa no sentido de se ajustar à realidade. Eles significam uma sabedoria organísmica, ou seja, podem ter uma função positiva, econômica e até política no funcionamento da personalidade. De certo modo, através desses mecanismos, a pessoa faz um conchavo existencial com sua realidade, o que significa a necessidade de não se violentar, de respeitar seus limites e possibilidades e de proceder com sabedoria na busca de si mesmo.

Na prática, não podemos pensar ou definir esses processos como se fossem essencialmente autodestrutivos, como também não podem ser simplesmente destruídos, pois eles são o chão possível que a pessoa descobriu para continuar vivendo, administrando sua dor com um mínimo de sofrimento. Eles devem ser "protegidos", administrados nas condições em que a pessoa pode fazê-lo, até que o indivíduo tenha suporte interno para lidar com eles, no sentido de dispensá-los ou de não serem mais necessários ao seu equilíbrio psicoemocional.

Tais mecanismos são chamados de defesa porque são como guardas atentos, postos nas mais variadas posições, à espera de contra-atacar toda vez que algum estímulo ameace a segurança interior do indivíduo como um todo.

Conhecê-los é descobrir o sistema de defesa e de comunicação intrapsíquico do indivíduo. Descobri-los dá grande força ao psicoterapeuta e permite ao cliente um desnudar-se sem o desconforto da própria nudez emocional.

"O homem é nestes termos um dever-ser; dever de se determinar sem se deixar determinar" (Farago, 2006, p. 65).

A vivência na relação cliente-psicoterapeuta é que indicará como aproximar-se dessas defesas e o que fazer com elas.

Transferência e contratransferência

(Este tópico será tratado com uma linguagem predominantemente analítica.)

O paciente ao tentar, ao desejar se apropriar de sua realidade, do seu jeito próprio de ser, vive processos internos de busca de autoconhecimento que ampliam sua percepção no seu trato com o mundo exterior. Ao longo dessa busca, na experiência do processo psicoterapêutico, surgem movimentos internos inconscientes que ele revive na e através da pessoa do analista. A análise desses conteúdos gera uma consciência ativa do próprio processo que o predispõe a assumir sua vida, assim como de fato ela acontece.

Transferência e contratransferência são dois processos de fundamental importância no tratamento. Embora muitas técnicas psicoterápicas não deem tanta importância a eles, como o faz a psicanálise, e os tratem de modo diferente, eles existem e são reveladores de situações internas cujo conhecimento e análise ajudam a perceber a relação existente no processo psicoterapêutico entre o estilo de vida da pessoa e os sintomas objeto de tratamento.

Freud notou esses movimentos inconscientes de seus pacientes para com ele, quando interpretava as resistências, os impulsos removidos e as experiências passadas.

Ele atribuiu o fato a duas razões:

1) Essa atitude é uma manifestação de resistência ao tratamento, embora vivenciada e expressa de modo inconsciente. Talvez um desejo inconsciente de desviar a atenção do analista do sintoma, sobretudo em virtude do medo normal que a pessoa sente, sempre que, através da análise, se aproxima do seu núcleo ou foco neurótico, ou seja, da zona traumática. A aproximação dessa zona pode significar para o paciente abandonar as defesas que o protegem da ansiedade produzida pela intuição que sente de se aproximar do objeto real de seu conflito.

2) Essa atitude representa a repetição de um fenômeno mais antigo. O paciente revive na pessoa do analista complexas vivências infantis, ligadas originariamente a objetos primários como pais, irmãos ou pessoas significativas com relação às quais ele vive sentimentos de amor, ódio, medo, desejos etc.

Por intermédio desse processo, que é uma compulsão de repetição, o cliente experiencia no analista atitudes positivas e negativas.

Sentimentos de amor e admiração para com o analista são chamados de transferência positiva. Sentimentos de ódio, hostilidade e desconfiança são chamados de transferência negativa.

Essa concentração espontânea da libido na transferência é um processo altamente simbólico, cuja análise é de fundamental importância para a compreensão da dinâmica subjacente.

Freud, falando dessa concentração libídica, apresenta três motivos diversos para sua origem: 1) É uma compulsão de repetição; 2) É uma necessidade libídica, pois, ainda que inconscientemente, o cliente deseja que o analista lhe dê aquelas satisfações que lhe foram negadas na infância; 3) É uma resistência que faz aparecer velhos desejos e conflitos com relação ao analista, como uma defesa da ansiedade produzida pelo trabalho analítico.

Com o surgir da transferência, o paciente pode tornar-se consciente de relações antigas, aceitas ou negadas, bem como de desejos que não chegaram a atualizar-se. Ele pode reviver essas situações de modo não traumático através da atitude de aceitação e compreensão do analista.

Existe em nós um mundo de impulsos, de desejos que pertencem à profundidade do nosso ser, de tal modo que ninguém se atualiza de forma plena. Ser pessoa, gente, implica não apenas a atualização do próprio bem não realizado, mas também o conhecimento de nossas limitações, quase sempre não conscientes. Recriar-se não significa adquirir capacidade de fazer aquilo que nosso desejo de onipotência nos sugere, mas de conhecer-se, de fato e realmente, dentro de um contexto, hoje, diferente daquele que produziu em nós desejos inacabados.

Para entender a dinâmica da transferência, precisamos ir muito além de uma simples experiência de reviver através de alguém conflitos do passado. Lá, em algum lugar, ele se desapropriou de si mesmo e se "constituiu", ainda lá, a partir de outro alguém, sem se dar conta de que estava se desocupando de si mesmo para que outro o ocupasse, o habitasse, aparentemente sem nenhum dano. Os anos se passaram e ele encontra, em algum lugar do caminho, outro alguém. Ele olha, observa esse alguém e lhe vem à cabeça de se passar a limpo através deste. Com certeza, "esses dois outros alguém" têm algo em comum. Sua intuição o leva para lá, bem lá, e o traz para cá, bem cá. Tenta se reconhecer no outro refazendo o caminho e sente que não consegue reprisá-lo, pois existem entre eles grandes espaços intransponíveis. Lá, ele usou mais a inteligência do que a emoção para "se livrar de si mesmo", se incluindo no outro que o rondava à espera de tomar posse. Aqui, ele usa mais a emoção do que a inteligência para se descobrir nesse outro novo alguém que o "recebe" com aparente indiferença. Se ele conseguir refazer o caminho, vai se desfazer daquele outro não ele, vai se encontrar consigo mesmo e vai gostar da nova imagem que descobrirá no espelho de sua alma.

Transferência é a tendência a repetir, agora, modelos primitivos. Tal tendência é freada pelo eu, dado que ela é produzida pelos instintos. Sabemos que os primeiros anos de vida são básicos na formação da personalidade. Nessa época, em que também se forma o superego, muitos instintos e impulsos foram negados e freados pelo eu, sob a pressão dos pais e das figuras significativas para a criança. Nessa situação, através da compulsão de repetição, a pessoa tende a reviver tais situações passadas, mas agora com liberdade. Nessa altura, o eu, que controlara a situação por longo tempo, se opõe a que a pessoa possa viver aqueles sentimentos guardados com sua originalidade primitiva. Mais uma vez, como no passado, o eu se encontra sob a pressão do superego.

É essa oposição do eu que deve ser considerada resistência.

As resistências, portanto, são processos abertos, criados pelo eu para se defender ou para proteger um lócus, agora dele. Resistências não têm nomes, elas simplesmente acontecem e entram em cena sempre que pensam que o eu está precisando delas, ainda que equivocadamente. Uma resistência tem a cara do mecanismo do qual ela procede como força de oposição. Quando um mecanismo psicológico está em paz com o eu, elas simplesmente não aparecem.

A regra básica da psicanálise é tornar o inconsciente consciente. A atitude analítica deve, pois, consistir em ajudar a pessoa a fazer esta tradução afetiva e emocional, de modo que não seja apenas um tomar consciência, mas um reviver em íntima conexão com a realidade de agora.

Por essa razão, é aconselhável que todo analista ou psicoterapeuta tenha participado como paciente ou cliente de uma análise ou psicoterapia, porque ninguém consegue ir além de si mesmo, ninguém ultrapassa os limites daquilo que conhece de si mesmo. O processo neurótico que é produzido por uma divisão na personalidade, pela não aceitação ou pela não percepção de uma parte da personalidade pode atingir também o analista ou o psicoterapeuta no seu trabalho.

O analista deverá estar consciente de suas limitações, de suas possíveis divisões internas, porque só poderá ver com tranquilidade no outro aquilo que viu e aceitou dentro dele como próprio e que poderá ser redescoberto nos outros sem ansiedade e rejeição.

Como diz Racker, o inconsciente de uma pessoa só pode ser compreendido pelo analista na medida em que ele tem consciência dos próprios conflitos e na medida em que conhece e aceita os próprios instintos, sentimentos e fantasias. Assim, ele poderá compreender o inconsciente dos outros mesmo quando sua consciência rejeitar aceitar esses sentimentos, porque às vezes se percebe melhor nos outros exatamente aquilo que mais energicamente refutamos em nós.

As contratransferências são, muitas vezes, a identificação introjetiva do analista com os conflitos e ansiedades do paciente que ele, analista, não consegue perceber, conscientemente, em si mesmo. Por essa razão, também para o analista existe uma regra básica, que é a de sua atenção livremente flutuante, que é o melhor caminho para descobrir seu inconsciente. Nessa dimensão analítica, ele dá asas a suas emoções e fantasias, não predeterminando coisa alguma, o que vai se tornar o melhor meio para se identificar com a problemática do paciente.

Diz ainda Racker que, se o analista é bem identificado com o paciente, os pensamentos e sentimentos que emergem de dentro dele serão provavelmente aqueles que não conseguem emergir no cliente, devido à sua resistência e à profundidade de seus processos inconscientes.

Nessa situação, o analista se transforma em uma espécie de caixa de ressonância do inconsciente do paciente, através da identificação com este, podendo assim, em tempo oportuno, traduzir esse inconsciente para uma linguagem compreensível.

Sabemos que o período da infância exerce fundamental importância no desenvolvimento posterior da personalidade porque, nesse período, a criança incorpora, internaliza e introjeta comportamentos carregados de sensações, afetos e emoções próprios das pessoas com quem ela convive mais. Ela adquire, através destas percepções e do controle que faz dos seus sentimentos de amor e ódio, o seu modo próprio de ser e de amar, que tende a repetir-se na idade adulta.

O fato de que a criança não foi satisfeita nos seus desejos libídicos cria uma necessidade inconsciente posterior que se transforma, ao mesmo tempo, numa expectativa libídica, que tenderá a satisfazer-se toda vez que a pessoa encontrar alguém que, de certo modo, possa preencher o vazio – seja de um amor inexistente, seja do ódio que ela não consegue manifestar.

A razão disso, diz Racker, está no fato de que provavelmente, na origem, o sujeito, o eu primitivo, se identificou com os impulsos, frustrações e inibições. Ele se desembaraça dessa interferência projetando-os; do mesmo modo, portanto, projeta as próprias ideias rejeitadas, de modo que aqueles "objetos internos" com os quais o cliente identifica a ação de rejeição são transferidos para o analista.

A abolição dessa rejeição, que implica a aceitação desses sentimentos, produz uma transferência muito intensa e angustiante, dado que esses objetos primitivos, odiados, rejeitados são, ao mesmo tempo, amados e desejados. Tal situação será particularmente intensa na razão em que o paciente tem necessidade de ser aceito pelo analista porque nessa mesma razão ele o rejeita, repetindo o modelo infantil dos próprios sentimentos e ideias reprimidos.

A atitude do analista, permissiva, não diretiva, não punitiva é vivida pelo cliente como uma manifestação de interesse, de rico calor humano, de amor. Essa situação nova desperta a capacidade de amar do paciente e ele se volta para o analista, projetando nele seu amor. Numa palavra, ele pode reviver sua capacidade de amar sem os traumas sentidos na infância e aquilo que era patologicamente negado pode agora ser vivido com autêntica liberdade, porque, através do processo analítico, sua resistência à espontaneidade diminuiu.

A contratransferência é o processo correspondente à transferência, porém esta é vivida pelo analista. Todo relacionamento humano cria situações especiais, nas quais as pessoas têm percepções, fantasias, sentimentos com relação ao outro. Projeções e introjeções acontecem sempre que um relacionamento humano mais profundo se instaura e são uma decorrência natural do mundo interior psicológico que se vive.

Numa relação psicanalítica, o analista projeta e introjeta. O paciente, através do material que vai expondo, através de sua expressão corporal produz na mente do analista uma série de sensações, de fantasias que mexem com seu mundo interior, às quais ele responde com sentimentos de amor, interesse, simpatia ou antipatia. Podemos, portanto, dizer que a contratransferência é toda e qualquer atitude afetiva e emocional que o analista sente pelo cliente com quem ele se encontra em relação.

Pela análise de sua contratransferência, ele pode conhecer melhor seu comportamento, percebendo o que o paciente produz inconscientemente nele e como ele próprio funciona vendo o paciente em ação. Ele deve estar totalmente aberto para deixar-se invadir pelo mundo interior do paciente. Essa atitude poderá produzir nele ansiedade, desencorajamento, medo ou amor, afeto ou interesse. O analista poderá também sentir-se ameaçado, enquanto a atitude do paciente poderá coenvolvê-lo de modo emocional para uma resposta de contratransferência positiva ou negativa.

Essa contratransferência é provocada ora pela percepção de que algo do paciente é também dele – e então teríamos uma contratransferência por identificação –, ora pela percepção de que algo do paciente não pertence ao seu mundo interior – e então teríamos uma contratransferência por sentimento de autocomplacência. A contratransferência também poderia ser fruto da profunda percepção de que algo de que o paciente não falou, por ser demais inconsciente, mas que sua sensibilidade percebeu e traduziu em termos de afetos e emoções, pertence ao seu mundo.

Quando o analista tem consciência de sua contratransferência, ele sente mais facilidade para analisar a transferência do paciente, na mesma linha em que esta produzia nele a contratransferência. Quando permanece inconsciente, a contratransferência pode acarretar a estagnação e, por fim, o fracasso do processo analítico.

A elaboração da transferência depende das atitudes contratransferenciais do analista. Na realidade, o processo analítico não consiste em um paciente expor situações a um analista, mas sim em que duas forças dinâmicas se cruzam em um campo de complexa intersubjetividade. O analista que se contentasse em se comportar como um registrador, anulando todos os seus sentimentos, jamais poderia entender o que se passa do outro lado, criando uma situação que poderia durar um longo tempo sem nenhum benefício para o paciente, às vezes com danos reais.

Os processos transferencial e contratransferencial, vividos como formas sutis de resistência são, por outro lado, formas também sutis de não entrar em contato com a própria realidade e com o mundo exterior.

Tanto o analista quanto o paciente estão, um diante do outro, como pessoas reais, produzindo reações um no outro. A saída da situação real e objetiva para uma re-experiência do passado, para uma compreensão também do passado constitui, sem dúvida alguma, uma fuga do real. É, entretanto, a ansiedade e o medo dessa realidade presente ou a ignorância dela que levam ambos para o passado.

Ao fazer da análise da transferência uma das técnicas mais vigorosas do processo analítico, Freud quis, sem dúvida alguma, chamar a atenção para a realidade presente, pois o seu desconhecimento ou o deixar de lado o presente como se ele, de fato, não contasse, é uma das fontes comuns do agravamento do processo neurótico e da postergação do processo de mudança que pode permitir a cura – ou seja, a análise da resistência inclui uma chamada para um contato direto com a realidade.

Uma observação final a partir da ótica fenomenológico-existencial: embora a transferência e a contratransferência, antes de serem produtos exclusivos de uma situação analítica, sejam processos humanos, que podem acontecer nos mais diversos tipos de relacionamento, as escolas fenomenológico-existenciais tentam, ao seu estilo, tratar tais processos a partir da experiência, agora, que o cliente está vivendo do seu passado.

Essas escolas, mais embasadas no aqui-agora da relação, olham a posição analítica de modo diferente. Elas não negam que o fenômeno transferencial aconteça, apenas o tratam mais diretamente e com menos simbolismo, ou seja, o psicoterapeuta verifica se a colocação do cliente pode ser objetivamente lida, entendida. Ele comunicará sua percepção ao cliente e pedirá sua confirmação ou não.

Por exemplo: o cliente diz que o psicoterapeuta é incompetente, ou que age como seu pai.

Antes de dar qualquer interpretação, o psicoterapeuta deverá examinar-se profundamente para saber se ele, de fato, está sendo incompetente e/ou se está agindo à semelhança do que ele sabe o pai do cliente ter agido na relação com ele.

Se ele entende que o cliente está percebendo corretamente o que está acontecendo, ele deverá, com as devidas cautelas, até para se proteger de algum modo, passar isso para o cliente, confirmando a percepção dele. Como fazer isso ele deverá descobrir por conta própria, pois, quase sempre a resposta está ali mesmo, no campo.

Se, feito atentamente esse autoexame, ele não se percebe incompetente ou agindo como o pai do cliente, induzirá que este pode, de fato, estar vivendo um papel transferencial com relação a ele. Nesse caso, não desfará a percepção do cliente, mas trabalhará com ele, fenomenologicamente, sobretudo através do princípio de "ir às coisas mesmas" e da análise da intencionalidade, chamando a consciência do cliente em causa para perceber o sentido de sua sensação a partir do que, de fato, está acontecendo entre eles, no aqui-agora da sessão.

A interpretação, no sentido estrito, histórico, não existe nas psicoterapias humanistas, porque o psicoterapeuta transforma o conteúdo inconsciente do cliente, se for o caso, num processo de descoberta pessoal de seus afetos, ou seja, transforma o "que" está acontecendo em "como" o cliente se está percebendo. Em vez de interpretar a partir do passado, ele faz uma "interpretação" processual, isto é, lida com os sentimentos e afetos que o cliente experiencia, aqui-agora, dizendo ao cliente algo que ele, psicoterapeuta, percebe como não sendo seu ou não dizendo respeito a ele, mas sim ao cliente.

A interpretação

Temas como transferência, resistência e interpretação têm sido considerados propriedades da psicanálise. São, antes de tudo, processos humanos e, consequentemente, vividos e experienciados por qualquer pessoa fora do *setting* analítico. Foram elaborados e trabalhados por Freud de maneira sistemática e exclusiva, embora, de fato, ocorram, sob as mais diversas formas, em outras circunstâncias. O modo, porém, como são olhados e trabalhados faz toda diferença.

Neste tópico, embora insistindo em um matiz analítico, uso livremente a palavra interpretação, no sentido de *leitura, compreensão*, tendo como base o fato de que, na prática clínica, psicoterapeutas de diferentes abordagens interpretam, fazem leituras psicodinâmicas, utilizam-se do passado para compreender o presente sem fazer do passado a causa do que acontece no presente.

Para o fenomenólogo, o presente explica o passado e não o contrário. É nesse contexto que uso a palavra "interpretação" como um sinônimo de *descrição* da realidade do cliente, assim como ela acontece, aqui-agora, não numa relação causal, linear, em que o efeito explica a causa ou o passado explica o presente sem levar em conta variáveis intervenientes que afetaram, ao longo dos anos, o resultado de uma ação passada.

> A interpretação é um instrumento primordial como agente de modificação: introduz uma racionalidade possível lá onde, até então, havia dados soltos, desconexos, ilógicos ou contraditórios para a lógica habitual. É frequente induzir também a passagem do nível dos fatos para o das significações. Procura descobrir com o paciente o mundo de suas motivações e os sistemas internos de transformação das mesmas ("mecanismos internos" do indivíduo), assim como suas modalidades de expressão e os sistemas de interação que se estabelecem, dadas certas peculiaridades. (Fiorini, 1976, p. 164)

A interpretação, em seu sentido mais técnico, pode ser assim definida:

> A interpretação, no sentido mais amplo da palavra, é a significação que o terapeuta vê na produção de seu paciente ou de um grupo de pacientes. É um ato perceptivo e criador,

semelhante a uma interpretação dada por um diretor de orquestra na obra de um compositor.

Por outro lado, no sentido mais estreito do termo, e que é aquele que geralmente temos em mente, a interpretação é um ato de intervenção verbal. Um ato que nos envia a acontecimentos particulares ocorridos em um determinado momento. (Foulkes *apud* Schneider, 1965, p. 61)

A finalidade da psicoterapia é a ampliação de consciência do cliente, de tal modo que ele possa perceber as razões do que lhe acontece lá onde ele jamais poderia pensar que estivessem. Essa caminhada para a autoconscientização é árdua, porque o cliente ignora que caminhos percorrer, embora sabendo e sentindo que o caminho existe e que pode ser percorrido.

Uma das dificuldades do neurótico é lidar com o óbvio, com o que parece evidente, mas que, pelo fato de ser óbvio, não necessariamente seja perceptível. A percepção da relação causa-efeito ou a descrição clara e crítica de uma situação conflitante não levam o cliente *ipso facto*, a perceber onde, de fato, ele se encontra com relação ao sentido que as coisas fazem ou deveriam fazer para ele, nem significa que explicar uma dada situação lhe permitirá descobrir exatamente o que lhe está acontecendo.

Nesse sentido, a técnica da interpretação é um instrumento utilíssimo para revelar ao cliente seus sentimentos, fazer-lhe tomar posse de suas emoções, aclarando suas defesas.

Através da interpretação, o psicoterapeuta ajuda o cliente a conhecer melhor a lógica da situação de seu mundo exterior, a psicodinâmica de seus movimentos internos, e, dando sentido aos sintomas, permite também a ele entrar em maior contato com seu mundo inconsciente.

A interpretação caminha numa dupla direção, no sentido de que o cliente apresenta sempre duas realidades: a sua e a do mundo, que é também sua, a qual condiciona e modifica a realidade interna da pessoa.

A interpretação mira, portanto, um duplo foco. O cliente, por vezes, percebe uma realidade não sua como sua, e outras vezes vive como sua uma realidade não sua. A interpretação se coloca entre as duas.

A capacidade interpretativa do profissional dependerá de uma série de fatores. Além de ser fruto de intuição, da prática do psicoterapeuta, ela é também resultado de estudos das origens do comportamento humano, isto é, dos simbolismos, fantasias e fatos reais que compõem a existência.

Quero lembrar uma relação importante que faço entre interpretar e guardar silêncio diante da complexidade do que o cliente nos apresenta.

Foulkes diz que os melhores psicoterapeutas são aqueles que sabem escutar pacientemente.

O silêncio é, certamente, preferível a qualquer palavra que possa ser resultado da ansiedade do psicoterapeuta diante do comportamento do cliente, pois fazer silêncio é completamente diferente de ficar calado. O silêncio, entretanto, não é um bem em si mesmo. Sua fecundidade dependerá muito da oportunidade que ele cria de gerar reflexões e produzir descobertas.

O silêncio é, de fato, necessário quando o psicoterapeuta se encontra numa situação de confusão ou incerteza, pois toda e qualquer interpretação, feita nessas circunstâncias, fruto de sua ansiedade, carecerá de objetividade e certamente produzirá efeitos negativos, dada a situação de autoridade que o psicoterapeuta vive e que é, consciente ou inconscientemente, aceita pelo cliente.

Muitos psicoterapeutas manuseiam o silêncio como um valor em si mesmo. Como diz Racker, sob a pressão do silêncio que, a partir de certo momento, passa a ser experimentado como ameaça, o cliente termina por comunicar material até aquele momento escondido, fazendo novas "confissões".

É interessante observar que Freud, muitas vezes, realizava suas entrevistas como um verdadeiro diálogo, bem como é preciso notar que o fato de que o cliente comunique material abundante não significa que esteja entrando em contato real e profundo consigo mesmo.

"Confessar-se" não significa traduzir o inconsciente em consciente; ao contrário, a confissão é quase sempre um ato puramente racional diante de alguém cuja autoridade se reconhece. Ela é, muitas vezes, a busca de equilíbrio entre uma consciência pesada e a fuga de uma justiça putativa e não uma autêntica vivência afetiva e emocional, no sentido de que quem confessa entrega seu pecado ao confessor na esperança de que ele, pela autoridade que lhe foi conferida de alhures, reestabeleça com a pessoa ofendida o equilíbrio rompido.

O silêncio do psicoterapeuta é ainda vivido pelo cliente como uma coação para falar, o que faz surgirem nele, em geral, sentimentos paranoicos e concomitantes defesas que tornam rígida a situação relacional.

O silêncio prolongado pode ser benéfico e até mesmo necessário sempre que o psicoterapeuta tenha esgotado todos os meios para que o cliente assuma seu tratamento.

Sabemos que o silêncio do cliente pode ser resultado de uma resistência tão profunda que ele perde a capacidade de pensar, de buscar. Nesses casos, ele necessita de tempo para que o bloqueio se desfaça e ele possa comunicar-se sem ansiedade.

Outra variável que poderá influir no processo interpretativo é a própria realidade vivida pelo psicoterapeuta enquanto pessoa. Seu mundo interior e o modo como ele vive e trabalha seus valores podem ser decisivos na compreensão do mundo de seus clientes.

A consciência emocionada dos sentimentos que o cliente produz no psicoterapeuta, e que pode ser chamada de contratransferência, poderá induzi-lo a interpretar de maneira subjetiva a realidade vivida pelo cliente, sobretudo quando se sentir incapaz de corresponder às expectativas ou às reais necessidades do cliente.

A interpretação é sempre uma hipótese de trabalho. Sua validade ocorrerá com o andar dos acontecimentos e com a correlação que apresentar diante dos dados compatíveis com a interpretação dada.

A interpretação não é uma leitura inteligente de uma experiência vivida pelo cliente sem que este perceba o que, de fato, está ocorrendo. Ela nasce da experiência de duas pessoas, vivida através da inter e intracomunicação que os une e, de certo modo, os unifica além do fato da complexidade do conteúdo manifesto e latente existente tanto na comunicação quanto na interpretação.

Racker afirma que há dois motivos para uma maior quantidade de interpretação. O primeiro é que, quanto mais o cliente "confessa", mais o analista se identifica com o seu superego moral, que, em certo aspecto, constitui a parte boa do cliente, pois o superego moral se origina do amor do filho pelos pais. Da parte do cliente, porém, ocorre um processo diverso, isto é, quanto mais isso acontece, mais ele se identifica com sua parte má, censurada, e assim o psicoterapeuta vai se transformando em um objeto idealizado e persecutório.

Na realidade, o psicoterapeuta é vivido como uma situação de angustiante ambivalência e ambiguidade, que desperta no cliente uma série de mecanismos introjetivos e projetivos, sobretudo persecutórios.

O psicoterapeuta conta com todo o tempo. O cliente sente que deve usar o seu tempo do melhor modo possível, acelerando seu processo de cura. Ele deve ir ao psicoterapeuta à procura de ajuda. O psicoterapeuta o ajuda. Numa palavra, ele é o poderoso, é o que sabe, é o que cura, é o que tem a palavra. O cliente é o necessitado, o que procura e pede ajuda. Ele tem o tempo e o espaço. O cliente não tem nem o tempo nem o espaço. A percepção desta ambiguidade por parte do cliente é uma poderosa força psicoterapêutica.

O segundo motivo para um maior número de interpretações é que essa atitude ajuda o cliente a elaborar mais facilmente seus conflitos internos, aprofundando a introspecção que ele adquire através de interpretações corretas.

Outra questão importante de qualquer técnica psicoterapêutica é "quando" interpretar.

A interpretação visa principalmente o que está acontecendo agora. A interpretação de fatos passados pode acontecer, mas lhe faltará a percepção temporal e espacial do imediato, isto é, a interpretação como "resgate da experiência imediata", o que pode falsear o processo de comunicação e a leitura adequada da experiência vivida pelo cliente. Servem, no entanto, para complementar a percepção da realidade atual.

O ideal é que o psicoterapeuta faça a leitura do que está acontecendo quando o cliente se encontra numa fase positiva de relacionamento consigo mesmo, com o psicoterapeuta e com o mundo. Quando o cliente está numa fase negativa ou em que o processo não anda ou do porquê a interpretação deva visar o fato da resistência e não o seu conteúdo, é mais difícil para ele entrar em contato direto e profundo com seus sentimentos e emoções, pois provavelmente, nesse caso, ele estará vivendo o psicoterapeuta como um objeto introjetado, proibido e persecutório.

O cliente se beneficia mais da interpretação quando está numa fase positiva consigo, com o psicoterapeuta, com o mundo. Sem resistência e ansiedade, uma leitura adequada produzirá maior catarse e facilitará o surgir de experiências novas e positivas.

"A interpretação deve ser feita quando o analista percebe alguma coisa que o paciente não conhece, mas que tem necessidade de conhecer e está em condição de conhecer" (Racker, 1970, p. 63).

Outro elemento importante que se coloca é aquele de "como" interpretar.

O psicoterapeuta, qualquer que seja a escola a que pertença, conserva sempre o seu estilo pessoal e construirá, com o tempo, seu quadro de referência interna, que usará normalmente no seu trabalho.

Não é possível estabelecer os limites das reações transferenciais de modo rígido, preestabelecendo em que situação o fenômeno ocorrerá. Ele ocorrerá, de modo qualitativo e quantitativamente diferente, numa análise, numa psicoterapia de apoio ou de esclarecimento. O método a ser seguido pode impedir, dificultar, facilitar ou retardar determinados fenômenos com relação a outros métodos.

Existem, no entanto, algumas normas que facilitam o surgimento e o controle desses processos psicodinâmicos.

A interpretação deve dirigir-se primariamente àqueles conteúdos mais em contato com a consciência, àqueles que afloram sem muitas resistências e que, não pertencendo a uma área muito profunda do inconsciente, podem ser analisados sem causar ansiedade.

Começar pelo material mais profundo e mais antigo significa revelar ao cliente situações que ele não está em condições emocionais de reviver, transformando-se em uma revelação intelectual com pouco valor psicoterapêutico, além do fato de que tal atitude pode ser sentida por ele como uma invasão de sua intimidade, despertando sentimentos de resistência.

Nesse sentido, a interpretação teria uma função, como diz Fiorini (1981), ilustradora, de exemplificação vivencial, didática, de desobstrução ou neutralização de obstáculos transferenciais. Seria, portanto, um recurso didático dentro de outra estratégia.

Ainda dentro dessa visão didática, a interpretação deveria referir-se àquela instância da personalidade em que o conflito se instalou, isto é, se no id, no ego ou no superego, relacionando-o com os mecanismos de defesa mais comumente usados por essas respectivas instâncias.

A interpretação pode acontecer ainda da parte do cliente em dois níveis, consciente e inconsciente. Na medida em que ele vai penetrando nos meandros de sua mente, aprende a interpretar os próprios sentimentos. Deve-se, porém, evitar que tal atitude degenere numa forma de resistência racionalizada, tendo como causa a identificação com a função interpretativa do psicoterapeuta.

A interpretação inconsciente por parte do cliente deriva do fato de que todas as interpretações que se seguem umas às outras são fruto de associações, reações e respostas às atitudes anteriormente reveladas pelo cliente. Estas assumem especial valor enquanto parte de um centro, de um nó central, produto de uma rede onde os conflitos se agrupam e se dividem ao mesmo tempo.

A interpretação é um ato perceptivo e criador enquanto movimento de harmoniosa sintonia com o conteúdo interno da comunicação, é basicamente uma leitura de material pouco legível ao cliente, é uma intervenção verbal direta no comunicado e não apenas um falar sobre. Ela não é uma explicação do fenômeno, é um contato expresso direto com o conteúdo substancial da comunicação, com a realidade interna inconsciente do cliente.

Podemos, ainda, perguntar o que tem que ver a interpretação com o mundo inconsciente do psicoterapeuta ou até que ponto a interpretação não segue a linha de um tipo de projeção do mundo inconsciente do analista ou do psicoterapeuta.

Como vimos, a interpretação é uma hipótese e, como tal, deve ser verificada para não corresponder a uma fantasia do psicoterapeuta que pouco teria que ver com a realidade objetiva do cliente.

A interpretação ou tradução das emoções, dos sentimentos, dos afetos incontroláveis e arredios à consciência da pessoa, seja em forma de palavras, ideias, comportamentos e atitudes deve corresponder a uma necessidade do cliente presente no momento psicoterapêutico. A interpretação não surge do nada ou apenas da mente angustiada do psicoterapeuta ou do analista, que querem introduzir inteligibilidade lá onde ele e o cliente não distinguem um facho de luz. Surge de algo que está acontecendo agora, embora tenha raízes numa situação passada ambígua e causadora de sofrimento e que tenta emergir provocada por uma dor psíquica insuportável. Isso significa que a interpretação deve poder sempre ser operacionalizada, isto é, ela deve ajudar a ver o cliente como um todo integrado e não como um sintoma que se expressa agora através da dor do cliente.

A interpretação verbal de um conteúdo que se supõe ser importante, mas que não ensina ao cliente a se ver e a se rever crítica e operacionalmente, pode não ter sido inútil, mas, com certeza, tem pouca valia..

O psicoterapeuta deve conferir com seu cliente a exatidão de sua interpretação, não só para poder continuar com segurança o trabalho psicoterapêutico, como para eliminar toda uma forma de poder subliminar, e devolver ao cliente seu poder original que lhe foi surripiado, lentamente, por uma neurose aparentemente salvadora.

Costuma-se dizer que abordagens como Gestalt-terapia e outras que trabalham essencialmente com o aqui-agora não interpretam. Sempre, entretanto, que se comunica algo ao cliente a que ele não tinha acesso se fez, no sentido lato, uma interpretação.

As abordagens de origem fenomenológico-existenciais não trabalham com interpretação histórica, causal, mas processual, sempre a partir do aqui-agora. Esse tipo de interpretação envolve o cliente como uma totalidade na relação psicoterapeuta-cliente-mundo, através do seu sentir, do pensar, do fazer e do falar, aqui-agora, presentes no campo psicológico e emocional do cliente. Nesse sentido, também o corpo é objeto permanente de interpretação, pois ele, como a mente, tem recados a dar que só uma visão mais profunda dos processos corporais e em ação pode revelar.

Nesse modelo, não se fazem interpretações de material associativo primitivo, ou seja, trata-se de uma interpretação horizontal e não vertical, que consiste numa leitura processual dos dados em questão, finalizando num psicodiagnóstico também processual e não estrutural.

A interpretação, assim como o psicodiagnóstico, que é parte finalizadora da interpretação, não são atos isolados, que ocorrem esporadicamente, ocorrem sempre e constituem elementos centrais do processo psicoterapêutico, pois sem interpretação o psicoterapeuta não saberia onde ele está nem para onde ir.

A comunicação

Psicoterapia é um processo centrado na relação que, por sua vez, supõe processos de comunicação, em variados níveis, entre, no mínimo, duas pessoas. A comunicação se opera a partir de alguns pontos facilmente identificáveis: a pessoa do cliente e do psicoterapeuta, o mundo interior e exterior de ambos, a história passada também de ambos, o modo como essa realidade é experienciada em confronto com a realidade externa.

A comunicação explicita uma expressão pessoal e global do cliente e do psicoterapeuta e, embora esta não vise explicitar o significado existente na expressão verbal ou não verbal do psicoterapeuta e do cliente, tudo que acontece na sessão é carregado de significado para ambas as partes.

"A comunicação é o processo que parte de níveis remotos e profundos até um mais rico e articulado modo de expressão consciente que é eminentemente terapêutico" (Foulkes, 1957, p. 247).

A *palavra* é a fonte natural da comunicação; porém, se de um lado temos, através da palavra, comunicações deliberadas, respondidas e compreendidas, do outro lado temos sintomas, movimentos inarticulados, ações, que são linguagem sem palavras e, portanto, formas expressivas de comunicação.

A própria linguagem falada, sujeita a interferências inconscientes, explicita o que se quer comunicar sem, contudo, revelar o não falado. A comunicação, assim, deve ser sempre vista sob os aspectos consciente e inconsciente – e, nesse sentido, tudo pode ser e é comunicação: um vestido, um perfume, um gesto, uma palavra, um silêncio.

> A incomunicação existe. Em cada caso, porém, o que se tem de perguntar é o que se comunica e quanto resta por comunicar (ou se exige que se exprima). Em uma primeira aproximação, pode-se dizer que, no encontro de duas pessoas, a comunicação se verifica a modo de esferas tangentes, que contatam cada resposta do outro pela periferia do "eu" de cada uma. O que se dá e o que se recebe são formas duvidosas de expressão do "eu" de cada um. Pode haver entendimento sem que haja comunicação, porque o entendimento só exige a compreensão da comunicação, mas não que o comunicado seja todo o comunicável. (Del Pino, 1971, p. 17)

Toda comunicação, portanto, está sujeita à distorção. Essa dificuldade nasce da própria complexidade do vocabulário; nasce da contracomunicação, quando alguém procura responder a um comunicado sem antes tê-lo transformado em linguagem própria; nasce dos distúrbios emocionais de quem recebe a comunicação; nasce das diferenças de personalidade e também do fato de que muitos comunicados estão carregados de referências pessoais.

Não é sem razão que Hofstatter (1970, p. 73) se pergunta: "Nós nos compreendemos realmente ou apenas o imaginamos?"

A comunicação, matéria-prima do processo psicoterapêutico, se torna um instrumento delicado e de difícil manejo, sobretudo quando a comunicação da parte do psicoterapeuta é provocada por sua ansiedade ante o silêncio provocador do cliente ou do grupo, ou por sua vontade de doutrinar, bem como quando a comunicação da parte do cliente transmite um comunicado não autêntico, apresentando defasagem entre a comunicação e o comunicado.

A comunicação, como se disse antes, pode ser verbal ou não verbal. Às vezes, fazemos uma comunicação sincronizada, quando a palavra e a expressão corporal exprimem a mesma mensagem; em outras, o comunicado apreendido é falso, porque existe uma dissonância entre a expressão, o gesto, a postura e a palavra, isto é, a palavra não contaminou o gesto ou vice-versa, estando a comunicação carregada de segundas intenções.

Os princípios citados por Mailhiot (1973, p. 745) nos ajudam a perceber melhor as condições básicas para uma comunicação autêntica:

> Quanto mais o contato psicológico se estabelece em profundidade, mais a comunicação humana terá possibilidade de ser autêntica.
>
> Quanto mais a expressão de si conseguir integrar a comunicação verbal e não verbal, mais a troca com o outro terá condições de ser autêntica.
>
> Quanto mais a comunicação se estabelecer de pessoa para pessoa além dos personagens, das máscaras, dos status e das funções, mais terá possibilidade de ser autêntica.
>
> Quanto mais as comunicações intragrupos forem abertas, positivas e solidárias, mais [...] terão possibilidade, em consequência, de serem autênticas e de não servirem de evasão ou de compensação a uma falta de comunicação interna em seu próprio grupo.

O autor completa (1973, p. 74): "Mas a comunicação humana não pode iniciar, nem se estabelecer, enquanto subsistirem distâncias psicológicas a transpor entre aqueles que querem entrar em comunicação".

A comunicação é sempre um ato entre duas ou mais pessoas, porém os canais de comunicação, ou seja, as vias de acesso à intimidade humana não são como autoestradas sinalizadas para conduzir ao lugar esperado. A comunicação é um ato de comunhão com o outro e, para tanto, é preciso que as pessoas queiram realmente entrar em comunicação, em comunhão e abrir-se à verdade total para a percepção do outro.

Onde não existe afeto dificilmente haverá comunicação sincera e autêntica, pois a afetividade é a chave que melhor permite ao ser humano se abrir a uma real experiência com o outro, seu semelhante.

Sem esse sentimento de autêntico afeto e interesse haverá sempre uma comunicação camuflada, cheia de códigos secretos, uma comunicação interrompida pelos bloqueios da agressividade, do silêncio, da desconfiança ou, quando não, dos bloqueios, das comunicações filtradas, em que a verdade passa, mas não toda, conduzindo a interpretações errôneas da comunicação em virtude da natural tendência humana às identificações projetivas e introjetivas que nem sempre espelham a realidade enquanto tal.

O problema da autenticidade das comunicações foi muito estudado por Kurt Lewin, que foi o primeiro a formular as três hipóteses seguintes:

A integração não se realizará no interior de um grupo e, em consequência, sua criatividade não poderá ser duradoura enquanto as relações interpessoais entre todos os membros do grupo não estiverem baseadas em comunicações abertas, confiantes e adequadas.

A capacidade de se comunicar de modo adequado com o outro, de reencontrá-lo psicologicamente e de com ele estabelecer o diálogo não é um dom inato, mas uma atitude adquirida por aprendizado. Somente aqueles que aprenderem a abrir-se ao outro e a se objetivar a seu respeito tornam-se capazes de trocas autênticas com ele.

Não é senão consentindo questionar seus modos habituais de se comunicar com o outro e suas atitudes profundas a respeito do outro, que o ser humano pode descobrir as leis fundamentais da comunicação humana, seus requisitos, seus componentes essenciais e as condições de sua validade e sua autenticidade. (Mailhiot, 1973, p. 89)

A comunicação, como expressão da realidade interior do cliente e do psicoterapeuta, é a alma do processo psicoterapêutico. Nenhum processo psicoterapêutico poderá ser eficientemente montado na ausência de uma comunicação autêntica.

Nessa situação, o psicoterapeuta consciente de que as comunicações se fazem de forma verbal, não verbal e inconsciente deverá estar sempre atento às mínimas expressões do seu cliente, sobretudo às corporais, para captar o que está além da palavra, isto é, a busca do comunicado total.

A comunicação é estorvada ou ajudada por diversos fatores, que merecem atenção especial. O silêncio, a loquacidade, o simples falar são formas condutoras de se entrar em contato, bem como podem ocultar formas sutis de comunicação.

Traumas passados podem tornar a comunicação difícil, provocando inibições não conscientes; razões externas de convivência social e tabus religiosos podem tornar a compreensão da comunicação extremamente complexa.

A comunicação pode se tornar difícil para o cliente pelos motivos alegados, como pode também se tornar difícil para o psicoterapeuta, sobretudo quando ele se entrega ao ministério da psicoterapia sem ter passado a limpo seus conflitos internos com o mundo que o cerca.

A palavra é uma das mais complexas formas de comunicação, talvez a mais sutil, pois nem sempre ela transmite ao outro a mensagem desejada, dado o angustiante problema da analogia, da univocidade e equivocidade que a palavra falada produz no sistema da comunicação humana.

Apesar das intenções do emissor de fazer uma comunicação clara, o receptor pode captá-la sob uma destas três modalidades, porque a palavra nunca chega como simples abstração, como imagem ou conceito vazio. Ela é acolhida no e pelo imaginário de quem a recebe e, de certo modo, uma vez ouvida e se não escutada, quem a recebe se torna "senhor" do que ele deseja que ela seja. A palavra é sentida, recebida, vestida com os sentimentos e percepções de quem a pronuncia e de quem a recebe.

Estamos falando de intersubjetividade, de intencionalidade, que é o ato de atribuir sentido às coisas. Isto é, diferenças culturais, a predisposição de um dos interlocutores, os sentimentos afetivos e emocionais de ambos podem provocar um efeito de percepção seletiva, que bloqueia ou filtra a mensagem, podendo produzir efeitos colaterais contrários e até inesperados.

O *silêncio* ocupa um lugar *sui generis* nos processos de comunicação, porque todo silêncio oculta palavras e toda palavra oculta silêncios, segredos, sensações. Silêncio não é ausência de palavras, mas pode ser confundido com palavras medidas, pesadas, contadas que nossa consciência se recusa, às vezes, colocar às claras.

A continuidade e o aprofundamento da comunicação se fazem também através da associação livre de ideias, pois é pela própria palavra que outras palavras nascem carregadas de idêntico sentimento e de idênticas verdades – ou o contrário.

Toda comunicação é uma forma de contato e todo contato é uma forma de comunicação. A percepção unilateral ou seccionada do outro ou do ambiente impede ou corta o contato total e, em consequência, dificulta a comunicação.

A visão, por parte do psicoterapeuta, da realidade cliente como um todo, como um completo integrado, ajuda a unificar a visão de organismo-ambiente como fonte reguladora da comunicação. Tudo tem significado na relação com, na relação para, na relação entre etc.

A visão, portanto, do cliente como um todo, como indivíduo, na sua relação com o "fora" fornece ao psicoterapeuta a verdadeira situação, o verdadeiro modo de como o cliente se encontra no mundo.

Do ponto de vista psicoterapêutico, é fundamental que a comunicação possa ser estudada, analisada do ângulo da relação cliente-psicoterapeuta-meio-ambiente, pois, nesse contexto, a comunicação isolada de uma dessas categorias é mera abstração. É bom recordar que o homem se constitui através da relação, no ambiente, e que a palavra, que antecede a linguagem, é fundamental nesse processo de se apropriar da própria identidade.

Comunicar-se é relacionar-se. Tanto o cliente como o psicoterapeuta estão, a todo instante, emitindo sinais comunicacionais, por intermédio de sentimentos, afetos, emoções que necessitam ser decifrados, pois, muitas vezes, mais que a linguagem falada, eles têm muita coisa a revelar.

Cliente e psicoterapeuta formam uma unidade de comunicação, pois a compreensão da comunicação só é viável quando ambos se encontram no mesmo patamar de presença, em que ambos se tornam, de algum modo, mestres um do outro. Através de uma mútua percepção, ambos aprendem a lição inconfundível de tornar-se pessoa um para o outro. Cliente e psicoterapeuta, a todo instante, seguem atentamente as mínimas mudanças que se operam um no outro (voz, postura), e essa postura se torna um lugar importante a partir do qual muitas leituras são feitas.

Se a psicoterapia supõe e se fundamenta no encontro humano, quanto mais esse encontro for existencialmente fecundo tanto mais o cliente se beneficiará da psicoterapia, porque passa a ter nela um modelo e um suporte para sua própria mudança.

Se tudo é comunicação, se nada é neutro de significado e tudo está comprometido com o sucesso ou não da psicoterapia, resta-nos uma atenção vigilante sobre o que e o como de nossos projetos, sonhos, necessidades, encontros, problemas, gestos corporais, lembrando-nos de que a pessoa é um ser biopsicossocioespiritual e se constitui no mundo através do outro. Ele é necessariamente social.

Os sonhos

Radiografia cinzenta de nossa história, realização camuflada de nossos desejos, profecia de esperanças e medos insondáveis, o sonho precisa ser visto e revisto no que encerra de mensagens, sentidos e mistérios.

Diversas técnicas têm procurado interpretar o sonho, de modo que pudessem constituir-se em um roteiro para clarear a complexidade existente nos processos inconscientes que eles contêm.

As abordagens que lidam com o sonho nos apresentam diversas possibilidades de compreensão de seus conteúdos. Este tópico será apresentado a partir de um olhar preferencialmente analítico.

Os sonhos devem ser considerados como um produto psíquico individual, produzido originariamente por uma experiência específica de que o sujeito pode não recordar conscientemente ou ignorar que a conheça. O material que constitui o conteúdo mais recente de um sonho deriva de algum tipo de experiência. Todo conhecimento intuitivo é conhecimento experimentado. Assim como o jogo de um menino constitui uma prova de desejo e de experiência ao mesmo tempo, assim o sonho é expressão da experiência pessoal, mesmo aparecendo distante da consciência. Uso aqui o termo "experiência" incluindo não apenas os fatos reais passados, mas também os estados emocionais e as sensações corpóreas, penosas ou gratificantes que os acompanham. (Sharpe, s/d, p. 12)

Os sonhos, portanto, são fenômenos psicológicos que exprimem, através da linguagem onírica, conteúdos latentes ou inconscientes produzidos por desejos, sensações, memórias reprimidas, causadoras de ansiedades com relação a nós mesmos ou a determinada situação contida por necessidades de diferentes origens.

Alguns autores chamam a atenção para a semelhança existente entre o estado de sonho e os estados psicóticos, porque em ambos encontramos ilusões, símbolos, figuras, distorções, alucinações.

Nos sonhos, como nas psicoses, as relações temporais e espaciais, as relações lógicas não funcionam como no estado de vigília, donde podemos dizer que os sonhos são uma expressão sintomática do sujeito, enquanto nos revelam aspectos de nossa personalidade que, no estado de vigília, nos escapam.

A simbologia onírica, se bem compreendida, nos ajuda a ter uma visão mais clara do duplo aspecto da origem e da motivação dos sonhos, de acordo com as leis da interpretação, sobretudo no que se refere à ambivalência do conteúdo latente com relação ao manifesto.

Meer nos lembra de dois aspectos importantes para uma melhor interpretação dos sonhos: 1) que o material que os sonhos apresentam deve ser integrado com a história clínica e as experiências vitais do sujeito; 2) que deve ser bem conhecido o ambiente em que o cliente vive hoje e aquele em que ele viveu antes.

A análise dos sonhos representa uma das melhores e mais seguras formas de conhecer a pessoa que sonha, pois durante o sonho cessam praticamente os processos conscientes e desaparece o controle do ego sobre os instintos, bem como sobre o superego. A psique da pessoa se encontra num estado de flutuação, num estado de primitiva originalidade no qual os sonhos passam a expressar os verdadeiros modos de sentir, pensar, fazer e falar do sujeito.

Os sonhos têm, portanto, a função de conceder e, às vezes, de presentear o indivíduo com aqueles desejos, aspirações ou ações que a realidade consciente não pode ou não deve conceder. Nesse sentido, sobretudo pelo aspecto substitutivo, eles reduzem as tensões, porque, enquanto dormimos, estamos isentos dos processos de segurança que as normas nos impõem.

Os sonhos, como diz Freud, são a expressão e a manifestação do inconsciente. Eles apresentam um conteúdo manifesto que é aquele que se viveu e a memória gravou. O conteúdo latente é aquele que se esconde no conteúdo manifesto, também chamado "o pensamento do sonho".

> Na realidade, o conteúdo manifesto representa uma transformação ou tradução do conteúdo latente. O processo de conversão do conteúdo latente em conteúdo manifesto é chamado elaboração do sonho. O trabalho de realizar o processo contrário, isto é, a transformação do conteúdo manifesto em conteúdo latente se chama análise. (Meer, 1970, p. 63)

Segundo Freud, em alguns sonhos breves e frequentes não existe elaboração. Ele considera ainda duas espécies de sonhos, aqueles que, embora tenham um significado conhecido, não se colocam ou não sabemos como enquadrá-los dentro da própria vida psíquica e aqueles que não têm sentido nem coerência – que são os mais numerosos.

Existem diversos mecanismos especiais encarregados de transformar o conteúdo latente em manifesto. A identificação e consequente análise desses mecanismos nos permitem chegar às origens e motivações existentes no sonhador, chegar ao conhecimento de suas tensões insatisfeitas, que são a fonte de sua ansiedade.

Apresento, de maneira sucinta, alguns desses mecanismos para facilitar a compreensão dos sonhos e nos dar subsídios para lidar com eles no trabalho de análise e compreensão psicoterapêuticas.

Antítese

A antítese da realidade latente corresponde à realização de um desejo ou de uma situação negada.

Freud nos relata um sonho no qual aparece uma senhora toda solícita em servi-lo e a um grupo de pessoas, em antítese com o comportamento real de sua esposa, que não se mostrara solícita em uma semelhante ocasião. A mulher do sonho era o símbolo do desejo daquilo que sua mulher não havia sido.

Condensação

Esse mecanismo é muito importante e explica as incoerências de muitos sonhos.

Segundo Sharpe (s/d, p. 12), "um sonho não apenas evoca associações com fatos e emoções atuais, mas também com fatos, fantasias e emoções correspondentes a períodos e a circunstâncias diversas do passado".

Mediante o mecanismo da condensação, surgem nos sonhos aquelas produções híbridas, formadas com traços correspondentes a diversas situações ou pessoas e apresentadas em uma nova unidade. Podemos sonhar com uma pessoa com traços ou características de duas ou três outras, dando unidade, isto é, atribuindo estas notas a uma só pessoa, ou podemos perceber a figura de uma pessoa e pensar no nome de outra, ou podemos representar a imagem exata de uma pessoa, mas situando-a em um contexto que corresponde a outra pessoa. No conteúdo do sonho, com todas estas novas composições, existe um elemento comum que é associado por uma síntese particular. (Meer, 1970, p. 65)

A análise do sonho consistirá na decomposição dessa unidade formada por dados, circunstâncias e/ou desejos inconscientes.

Quando, ao contrário do que acontece na condensação, dois ou mais elementos manifestos correspondem a uma só pessoa ou objeto do conteúdo latente, temos um desdobramento onírico.

Dramatização

Consiste na transformação de uma ideia em uma situação ou ação, ou na conversão de uma ideia numa imagem visível.

Quando alguém sonha, pode tomar parte na ação, pode ser ator do ato ou no ato, bem como, muitas vezes, aparece como simples observador. Na realidade, muitas vezes, ser observador ou ator é a mesma coisa. "Parece que a dramatização constitui uma tentativa subjetiva intrapsíquica de projetar, controlar a ansiedade e dominar os estímulos" (Sharpe, s/d, p. 44).

Deslocamento

O deslocamento é a mais singular das funções da elaboração dos sonhos e ocorre, sobretudo, devido à repressão imposta pela consciência.

Freud dizia ainda que, em muitos sonhos, não aparece nenhum elemento das ideias latentes que tinham conservado o seu valor, donde chamou esse mecanismo de *"transformação dos valores psíquicos"*.

Tal mecanismo consiste na verificação de que elementos que aparecem no conteúdo manifesto, em primeiro plano, não têm quase nenhuma importância na mensagem onírica, ou seja, na análise do conteúdo latente; bem como elementos mínimos e quase imperceptíveis no conteúdo manifesto resultam de grande valor no conteúdo latente afetivo-emocional.

A transformação do conteúdo manifesto no latente nos informa que este não aceitável é censurável.

Freud dizia que quanto mais obscuros e complicados são os sonhos mais eles simbolizam realizações mascaradas de desejos reprimidos.

Simbolismo ou simbolização

Os conteúdos manifestos são em geral símbolos dos conteúdos latentes. O símbolo é quase sempre indecifrável para o sonhador e, por isso mesmo, ele pode colocar no símbolo todo seu sentimento, seus pensamentos e afetos reprimidos, sem a ansiedade própria de uma vivência direta e real com o objeto proibido, dado que esta vivência onírica se realiza em nível inconsciente.

Esses símbolos têm também um significado filogenético, isto é, não dependem apenas do simbolismo que a pessoa empresta ao objeto, mas são também fruto de mitos e culturas diferentes.

De acordo com Rank e Sachs, o fato de existirem tantos símbolos na área sexual não se deve apenas ao fato de que o sexo foi sempre algo reprimido, mas também ao fato de que o sexo sempre ocupou lugar privilegiado na mente e no comportamento humanos, a começar pelas culturas mais primitivas.

Podemos afirmar que existem duas fontes de símbolos.

Existe uma simbologia universal, perene, idêntica para todos os homens e culturas, dependentes de arcaicas gerações e inseridas, por assim dizer, na própria natureza da realidade simbolizada. Podemos chamá-los de protossímbolos [...] Existe uma simbologia individual, criada pelo sujeito que sonha, não correspondente aos estereótipos, mas tendo um significado e um conteúdo estreitamente pessoal. A pessoa desenvolve a própria linguagem onírica. (Meer, 1970, p. 69)

Dou alguns exemplos dos símbolos mais simples e conhecidos: reis, patrões, chefes políticos e militares simbolizam os pais; colegas de jogo, de escola, de passeios, os irmãos; casas simbolizam pessoas; as janelas, os orifícios do corpo; objetos pontudos que podem ser introduzidos, atravessar um buraco, elevar-se ou engrandecer simbolizam os órgãos genitais masculinos; objetos capazes de conter alguma coisa, como bolsas, garrafas, naves, simbolizam os órgãos genitais femininos; terra, mar, céu, bosques, a figura materna; água, o inconsciente; fogo, as grandes potências psíquicas; o sol simboliza a vida, a criação; os animais simbolizam as energias obscuras da vida instintual.

Elaboração secundária

Processo pelo qual se acrescenta algo aos particulares de um sonho para que este possa ser mais facilmente compreendido. A elaboração secundária são acréscimos introduzidos para tornar um conteúdo manifesto harmonioso e menos contraditório.

Processo semelhante acontece no estado de vigília, quando completamos mentalmente um objeto ou uma figura da qual só se percebem algumas partes para que ele se torne compreensível.

O sonho é uma radiografia da realidade interna de cada um, e saber interpretá-la exige tempo e dedicação. O sonho é uma expressão do roteiro inconsciente vivido por determinada pessoa em dada circunstância, na qual se emprestam às partes, aparentemente dissociadas da realidade, significados integrantes e complementares da existência.

O conteúdo manifesto e o latente não são duas realidades, mas uma única realidade que se expressa de maneira diferente, seja para tornar o sonho mais distante da realidade, seja para aproximá-lo.

No conteúdo manifesto está a primeira chave para a interpretação onírica. Alguns sonhos estão muito próximos da realidade tal qual é experienciada pelo sujeito. Nesse sentido, a interpretação dada por quem sonha pode revelar-se a melhor forma de contato com sua realidade interna, pois um sonho só pode ser entendido como parte e decorrência de uma realidade total, não podendo ser interpretado dissociado da realidade da pessoa que sonha. É ela que dá sentido ao sonho e não o contrário.

A interpretação do sonho obedece a determinadas regras que facilitam sua compreensão como um todo, e a simples compreensão dessas normas não é suficiente para uma interpretação adequada, sobretudo se se interpreta o sonho a partir da visão onírica freudiana, em que o sonho é visto como um complexo processo do inconsciente.

Outras abordagens de trabalho de sonhos

Trabalhando o sonho

O sonho é uma mensagem existencial que alguém vive, mas com a qual tem dificuldade de entrar em contato. É a melhor e mais clara manifestação de um fundo que se revela por partes através de figuras que escondem e, ao mesmo tempo, revelam situações com as quais a consciência do sujeito não quer ou não pode lidar.

Freud dizia que o sonho é a expressão da realização de um desejo negado, no qual o afrouxamento da censura permite a diminuição da culpa e, assim, o desejo surge e se realiza em toda a sua força e conteúdo.

As psicoterapias fenomenológicas, como a Gestalt-terapia, veem o sonho como a expressão da realidade da pessoa, algo que está, aqui-agora, atuando entre o sujeito que sonha e o seu meio-ambiente.

O sonho é uma caminhada na direção de ir à coisa mesma, de chegar àquele lugar a partir do qual não se pode ultrapassar, porque é aí que o sujeito se esconde de sua própria realidade pelo medo, pela angústia de lidar consigo mesmo assim como ele é. O sonho, por caminhos os mais complexos, funciona como uma redução fenomenológica, que esconde a essência do sujeito sonhador e cuja revelação vai lhe dar o verdadeiro sentido de seu existir, naquele momento e lhe apontar a descoberta, sem dúvida, sofrida, do "para que" de suas incansáveis buscas.

Cada parte do sonho e o sonho como um todo é o sonhador. Ele toma emprestado ao mundo partes, objetos, através dos quais pode se ver sem censura e entender-se sem medo de machucar-se, porque vive, no sonho, simplesmente uma grande analogia existencial. Por isso, é importante, no trabalho de sonho, a compreensão de cada parte de modo isolado. É preciso que a pessoa, ao personificar determinada parte do sonho, sinta-a, se desvende. Num segundo momento, porém, é preciso que se entenda essa parte como um subsistema, visto na sua relação com a totalidade existencial da pessoa, porque é aí que ela ganha realidade.

> O sonho é a expressão mais espontânea da existência do ser humano. Não existe nada tão espontâneo quanto o sonho [...] Em todas as outras coisas que você faz na vida, você ainda tem algum tipo de controle ou interferência deliberada. Isso não ocorre com o sonho. Todo sonho é uma obra de arte, mais do que um drama bizarro. (Perls, 1977, p. 98)

O sonho é, portanto, visto como uma mensagem existencial cujo sentido é experienciado e vivenciado através do que chamo *regra básica da fenomenologia* – que é *ver, observar, descrever e sintetizar a experiência vivida enquanto tal* – e a partir de um íntima relação entre o sonho e a pessoa que sonha.

Cada parte do sonho se constitui na expressão viva da realidade total da pessoa que sonha:

> Para Perls, cada elemento de um sonho é portador da projeção de uma parte alienada ou dissociada da personalidade. A finalidade do trabalho terapêutico é a reapropriação, por parte do sonhador, das parcelas projetadas, com vistas à intensificação da *awareness* e à associação do conteúdo ao plano da sensorialidade, sustentáculo do funcionamento saudável. (Lima Filho, 2012, p. 221)

O sonho não é uma linguagem clara, idêntica para quem quer interpretá-lo. Observo que os mecanismos descritos a partir de uma visão freudiana devem ser levados em conta por qualquer outra abordagem, pois os processos oníricos são estruturações humanas e não fruto ou produções de determinada visão de pessoa ou de mundo.

Sonhar é produzir conteúdos que tentam revelar nossa mais complexa realidade, que, entretanto, não conseguimos ler, compreender em virtude das motivações inconscientes que nos dominam.

O sonho é uma configuração em ação. Nunca está pronto e nele figura e fundo se confundem e se permutam. No sonho, o que aparece como figura, como primeiro plano, não encerra, necessariamente, seu verdadeiro conteúdo em ação, porque nele nossas necessidades, medos, fantasias, esperanças mais imediatas podem se ocultar de maneira incompreensível, como acontece nos pesadelos.

O sonho é uma produção nossa, sendo talvez a forma mais inteira de contato que possamos fazer conosco mesmos. É uma tentativa de produzir um sentido em que o sujeito que sonha teme deparar com aquilo que procura e, por isso, cria inúmeras pistas paralelas para se orientar na direção daquilo que quer e teme encontrar.

O sonho é um produto do medo que nos aproxima do objeto fóbico desejado sem que tenhamos de enfrentá-lo diretamente. É fuga do confronto – por isso ele é, muitas vezes, gerador de ansiedade –, mesmo quando o que se procura poderia resultar em algo positivo. Revela-nos nossas verdades camufladas pelo medo de não saber lidar com elas. Sonhar é uma das mais profundas, complexas e humanas atribuições do nosso consciente.

O sonho emana, nasce do que mais inteligente, pitoresco, conciliador, esperto, camuflado tem o nosso eu. Sonhar é uma forma sutil de nutrição, que supre silenciosamente nossas necessidades. Nasce dos mais íntimos processos do nosso ser, talvez em decorrência das diversas funções que o self, nesses momentos, procura arquivar.

Os sonhos que nascem da *função id do self* são aqueles que tentam desvendar nossos mais ocultos sentimentos, afetos, emoções. Nascem do que de mais desconhecido, antigo, primitivo existe em nós. Frequentemente são sonhos nos quais animais têm papéis importantes, revelando-nos nossos animais de poder, com os quais convivemos sem nos dar conta de nossa semelhança com eles. Esses sonhos nascem de nosso sistema sensório-afetivo-emocional.

Os sonhos que nascem da *função eu do self* são aqueles que correspondem praticamente ao estado de vigília, isto é, sonhos muito próximos da realidade e que, de algum modo, não trazem um significado enigmático nem precisam de tradução. Eles nascem do sistema motor.

Os sonhos que nascem da *função personalidade do self* são aqueles cujo conteúdo tem que ver com valores, normas, com o estabelecido, com o certo, com o errado. Quase sempre trabalham no campo das certezas obrigatórias e, por isso, costumam gerar um alto nível de ansiedade. Nesses sonhos, o sonhador tem muitas possibilidades de solução, mas não consegue escolhê-las, devido às fortes emoções que se contrapõem ao seu cognitivo. Tais sonhos estão conectados com nosso sistema cognitivo.

Os sonhos são um perfeito processo de *ajustamento criativo*, no qual as imagens vividas ora são análogas às que vivemos na realidade, ora equívocas, parecendo pertencer a alguém que não tem relação conosco, ora idênticas, nos permitindo nos reconhecer imediatamente nelas.

O trabalho de sonho permite ao sonhador reviver um *processo de resgate de sua experiência no imediato do vivido*, no sentido de que, "isento" de defesas conscientes, o sonho nos oferece aquilo que tememos, mas sem um perigo imediato, nos proporciona aquilo que desejamos, mas sem a coragem para uma opção consciente, porque, no sonho, na maioria das vezes, somos expectadores e não somos responsáveis pelo que produzimos ao sonhar.

> Agora, se a minha alegação estiver certa, e eu obviamente acredito que esteja, todas as diferentes partes do sonho são fragmentos de nossa personalidade. Uma vez que nosso objetivo é nos tornarmos pessoas inteiras, o que significa pessoas unificadas, sem conflitos, o que temos a fazer é juntar os diferentes fragmentos do sonho. Temos que reassumir estas partes projetadas, fragmentadas de nossa personalidade e reassumir o potencial oculto que aparece no nosso sonho. (Perls, 1977, p. 98)

Apesar dos vários elementos que compõem o sonho, ele deve ser visto e compreendido como um todo, pois é na totalidade que mora o sentido das coisas. Cada elemento do sonho deve ser visto como um "clone" da pessoa que sonha, e o sonho como um todo como uma unidade completa de sentido. O sonho é, em dado tempo e em dado espaço, uma síntese do momento existencial que a pessoa está vivendo.

Por exemplo: alguém sonha que percorre uma estrada, de carro, numa manhã ensolarada e vê, à sua direita, um lago congelado onde alguém levantou uma barraca e acendeu uma fogueira em cima do gelo.

Cada um desses elementos, o carro, a estrada, o lago congelado, a fogueira é a pessoa que sonha. O modo como a pessoa experiencia ser um carro (novo, velho, bonito, forte), a estrada (larga, estreita, esburacada) ou a manhã (límpida, suave etc.) ou uma fogueira que não derrete o gelo são possíveis expressões de como a pessoa experiencia a si mesma no mundo.

A experiência do sonhador é trabalhada fenomenologicamente, ou seja, o dado é trazido para a cena assim como é, sem nenhuma gênese ou compreensão anterior simbólica do que ele possa significar. O dado, a parte, é explorado em todas as suas dimensões para, em seguida, ser compreendido como dimensões da pessoa que sonha.

A explicitação das emoções, dos sentimentos, das fantasias, no aqui-agora da vivência do sonho ajudam na sua tradução, na sua compreensão. Do ponto de vista fenomenológico, uma estrada é uma estrada e não necessita ser interpretada. Ela, no entanto, é larga ou estreita, bem-acabada ou abandonada etc. É esse *como* de ser de uma estrada que empresta significado à simbologia vivida pelo sujeito.

Do ponto de vista onírico freudiano, uma faca pode não ser uma faca, mas um símbolo sexual; do ponto de vista fenomenológico, uma faca é uma faca. Em que contexto o sonhador toma emprestado ao universo uma faca para que, através dela, ele se perceba como alguém que corta, que fura, que machuca é a arte da leitura fenomenológica.

No processo de identificação com o objeto sonhado, ele poderia dizer: "Eu sou uma faca" (grande, pequena, cortante ou cega, velha, fora de uso), ou seja, o objeto é sempre ele e não um símbolo, e ele empresta ao sujeito sua materialidade para que o sujeito se torne através dele compreensível a si mesmo.

O método

Um sonho tanto pode ser trabalhado como uma produção individual quanto por um grupo, quando o conteúdo do sonho permite que todas as suas partes sejam divididas, distribuídas entre os diversos membros do grupo e a pessoa que sonhou assim o permita, caso faça parte do grupo. As observações que se seguem podem ser aplicadas a ambos os modelos de trabalhar um sonho, individual ou grupal.

Observar a estrutura do sonho em seus diversos componentes, isto é, de que partes ele é constituído. Ver cada parte, cada situação em separado é um modo eficiente de ver uma mesma realidade de ângulos diferentes, com emoções e afetos diferentes.

As razões pelas quais alguém sonha determinado conteúdo, as razões pelas quais ele se expressa através de determinada parte do sonho são altamente significativas. Essa escolha é baseada em mecanismos de identificação introjetiva e projetiva, que tem um papel importante na compreensão do processo interno da pessoa.

Cada uma dessas partes fala, discute, dialoga entre si, sente em nome e no lugar do sonhador e encontra não apenas o significado e a compreensão do sonho, mas a própria essência da realidade onírica, que é onde a vida acontece, seja como algo fecundo e claro, seja como algo de difícil compreensão.

O psicoterapeuta é o administrador do processo. Ele facilita os insights, protege a pessoa de emoções forte e desnecessárias. Conduz o trabalho de sonho de modo que a pessoa perceba qual é o fio, a lógica, a ideia central que mantém e cria o sonho, como um aprendizado existencial.

O trabalho de sonho, de modo geral, é intenso, porque conduz a pessoa a experiências imediatas de conteúdos inconscientes, em virtude da força da emoção que ele vivencia como uma experiência emocional. A *awareness* chega como uma totalidade, provocando mudança. A força com que a consciência entra em contato com o desejo transformador depende da relação que se estabelece entre o desejo e sua negação.

Quando em grupo, um sonho pode ser trabalhado tanto pelo grupo como um todo, de tal modo que o sonho seja considerado uma produção do grupo, quanto pelo membro do grupo que sonhou e dispôs seu sonho para o grupo.

Caso o sonho seja trabalhado como do indivíduo, o grupo apenas assistirá ao trabalho do sonho, não participando dele. No caso em que o sonho vá ser trabalhado pelo grupo, a pessoa que sonhou poderá participar do trabalho, mas sem interferir na compreensão que as diversas partes apresentam. Poderá dar apenas a compreensão de sua parte.

Em princípio, qualquer sonho poderá ser analisado pelo grupo, mas quanto mais complexo o sonho, melhor se adapta a uma leitura por todos, dado que cada membro do grupo tentará compreender aquilo que lhe parece mais enigmático.

Os passos

Quando decido, junto com o cliente, trabalhar seu sonho (portanto, um trabalho individual em grupo), peço que ele se coloque numa posição confortável, se possível relaxada, retorne ao local do sonho, feche os olhos, deite-se na sua cama, respire, tente reconstituir e vivenciar a cena do sonho.

O ritual é quase sempre o seguinte:

1. A pessoa simplesmente narra o sonho. Quase sempre fala colocando os verbos no passado: *eu via, eu comprava, eu estava...*

2. O psicoterapeuta solicita que ela conte de novo o sonho, colocando todos os verbos no presente: eu *estou* em uma sala, eu *pego* uma flor, *vejo* alguém que *vem* na minha direção... Isso significa passar da ideia de inconsciente para a de consciente, de uma introjeção, de um fundo, para uma projeção, uma figura que tem vida e se identifica com o sonhador.

Observo que, às vezes, ao recontar o sonho no presente, ele dá vida ao sonho, aparecem detalhes novos, outros esquecidos são lembrados, algumas coisas se esclarecem já aí, pois contar o sonho no presente faz que o sonhador se sinta sonhando de novo, é como se estivesse vendo o próprio sonho, o que traz de volta emoções vividas.

No caso de um trabalho individual:

3. Peço à pessoa que comente sua compreensão do sonho como um todo, que parte do sonho é a mais difícil, não inteligível para ela, e que emoção o sonho, como um todo, provoca nela.

4. Peço a ela que se identifique com cada parte do sonho ou com aquela ou aquelas que mais lhe fazem sentido. Que descreva em detalhe a parte que lhe chamou mais a atenção e, em seguida, que diga de si mesma tudo que disse do objeto. Peço-lhe para observar que tipo de emoção essa experiência provoca nela.

5. Peço que dialogue com uma parte ou com partes interligadas, como se elas fossem vivas. Por exemplo: ponte, pergunte ao rio como ele se sentiria se você fosse retirada daqui.

6. Ao longo desse diálogo, vou fazendo pontes entre as falas e as partes, perguntando à pessoa como aquilo repercute nela ou que emoções ela sente diante daquele dado, sempre à procura de uma compreensão da mensagem existencial que o sonho lhe traz.

7. Quase sempre acordamos sem que o sonho se complete. Assim, pergunto à pessoa: "Com base em todo esse vivido, como você acha que seria o final desse sonho? Você pode imaginar como seria esse final se você não tivesse acordado? Complete o seu sonho".

8. Por fim, fazemos uma fala bastante livre sobre a experiência do sonho.

No caso de um trabalho grupal:

Por vezes, é interessante começar por aquela parte que o sonhador entende ser a mais difícil e a mais misteriosa para ele. Essa parte costuma encerrar muita informação, o que pode facilitar a experiência do grupo e promover as conexões com as outras partes do sonho.

Observam-se os passos 1 e 2 como no processo de sonho individual.

3) Contado o sonho no presente, solicito que cada pessoa do grupo se identifique com um dos elementos do sonho a ser personificado por ela.

Por exemplo, alguém é a estrada, outro, o carro, outro, um lago congelado etc. Quando mais de uma pessoa deseja ser a mesma parte, os dois ou o grupo discutem e decidem quem personifica a parte em questão, ou poderão desempenhar ambos as mesmas partes, porque as viverão diferentemente. Se muitos escolhem a mesma figura, todos poderão representá-la, fazendo um diálogo rico entre si e com as demais partes. O psicoterapeuta é como um maestro que, obedecendo ao roteiro, poderá criar livremente.

As pessoas que decidirem não participar do trabalho do sonho poderão, se desejarem, explicar por quê, devendo porém ficar caladas durante o trabalho, não intervindo.

4) Em seguida, peço que as pessoas se descrevam, dando as razões por que escolheram aquela parte do sonho, dando as características dos objetos que as personificam, dizendo os sentimentos que estão vivendo.

5) Depois, peço às partes que falem entre si, que façam um diálogo entre as diversas partes do sonho, que troquem ideias de como se sentem e de como sentem os outros, tentando fazer pontes entre aquilo que elas são e sua semelhança com as partes do sonho que elas personificam.

6) Fala geral sobre a experiência de cada um, como cada um vivenciou sua parte e que tipo de aprendizado ocorreu. Todo sonho tem um tema, uma mensagem, um mote. Essa discussão entre as partes facilita a descoberta do sintoma central do grupo e de qual poderia ser o prognóstico, ajuda a interiorizar os conteúdos descobertos, facilita a generalização do aprendizado da mensagem central do sonho e sua relação com a vida do grupo.

7) No caso em que a pessoa que sonhou não participou do trabalho do grupo, poderá agora dizer como se sentiu e qual a compreensão que teve do sonho.

Dividir o sonho, em suas diversas partes, entre os diversos personagens é um modo eficiente de ver uma mesma realidade de ângulos diferentes, com emoções e afetos diversos. As razões pelas quais um membro do grupo escolhe determinada parte do sonho são altamente significativas. A escolha baseada em mecanismos de identificação introjetiva e projetiva desempenha um papel importante na compreensão do processo interno da pessoa. Essas partes falando juntas, discutindo, sentindo, encontram não apenas o significado e a compreensão do sonho, mas a própria essência de sua mensagem.

O modo fenomenológico de trabalhar o sonho é objetivo, direto, muito eficiente. Tanto na interpretação do sonho na visão freudiana quanto na fenomenológica é importante, mais do que saber técnicas, ter experiência pessoal de trabalho com sonhos.

O sonho é uma fonte inesgotável de informação. Por mais pesquisas que se façam e que tentem adentrar nas "ruelas" dos sonhos, os sonhos continuarão a ser o que sempre foram, um enigma, porque o que os sonhos "pretendem" é revelar apenas um pedacinho do imenso mistério que se oculta atrás de cada sonhador.

4 A INDICAÇÃO EM PSICOTERAPIA

Quando dizemos ser no mundo, não expressamos uma determinação geográfica, como estar na natureza, junto com plantas e animais e outros seres humanos. Isto pode estar incluído, mas a compreensão de ser no mundo é algo mais abrangente. Significa uma forma de ex-istir e de co-existir, de estar presente, de navegar pela realidade e de relacionar-se com todas as coisas do mundo. Nessa co-existência e con-vivência, nessa navegação e nesse jogo de relações, o ser humano vai construindo seu próprio ser, sua autoconsciência e sua própria identidade. (Boff, 1999, p. 92)

A indicação em psicoterapia é um dos mais complexos temas a ser considerados, porque diz respeito não só ao cliente como ao psicoterapeuta. Questões como: "O que é indicar? O que é dizer: você tem indicação para psicoterapia? Qual? Com quem? Quais são os critérios determinantes?" formam um conjunto de situações a ser seriamente pesquisadas.

Dizer que alguém tem indicação para fazer psicoterapia significa dizer que ele (ela) está agindo disfuncionalmente e que, caso não se submeta a um processo psicoterapêutico, sua estabilidade psíquica, emocional e até físico-corporal poderá estar sob perigo.

Pretendo neste capítulo fugir de qualquer tipo de informação que aprisione o cliente ou o psicoterapeuta. Tentarei apresentar, numa perspectiva fenomenológico--existencial, o caminho mais direto e funcional para chegarmos à indicação, a qual surge de uma situação concreta e sinaliza um psicodiagnóstico processual, no sentido de dizer ao cliente que ele está indicado para a psicoterapia.

Independentemente das técnicas usadas, o processo psicoterapêutico é de tal modo sutil que ele se entremeia pelas "fendas" da personalidade da pessoa, produzindo modificações que, por vezes, nem mesmo o cliente chega a perceber. É natural que ocorram mudanças no processo psicoterapêutico, embora não se possa prevê-las nem muito menos garanti-las, pois o sucesso ou não de uma psicoterapia está em íntima relação com o movimento interno de cada um, com a técnica usada, com uma concepção de pessoa e de mundo que vai além do *setting* terapêutico, tanto da parte do cliente quanto do psicoterapeuta.

O psicoterapeuta sabe que a decisão do cliente de passar por um processo psicoterapêutico é, muitas vezes, precedida por um longo período de dúvidas, incerteza e ambiguidade, pois as pessoas intuem que esse processo pode se transformar em um momento decisivo de sua vida. Elas também intuem que a psicoterapia é um recurso de tal modo abrangente e ativo que ninguém que se submeta a esse procedimento pode, de fato, dizer que nada de novo aconteceu em sua vida.

O processo de psicoterapia começa muito antes do momento em que alguém se decide a fazê-la. O cliente, antes de começar seu tratamento, já vive um clima de psicoterapia, pedindo informações sobre pessoas e técnicas, se angustia ante o desconhecido que está por vir, aspira e teme modificações no seu estilo de vida.

A duração da psicoterapia e seus resultados estão diretamente ligados às necessidades imediatas da pessoa, a uma vontade decidida de solucionar seus problemas, a uma possível ou provável resposta do meio onde vive, bem como a motivações que a levam a se entregar sem reservas a um processo de procura de um equilíbrio interior, de um bem-estar, de mudança e talvez de cura.

Como em tudo, também em psicoterapia a vontade e o empenho de solucionar os problemas, de buscar conscientemente novos caminhos não podem ser subestimados e nada pode substituí-los – nem mesmo, talvez, a genialidade de um psicoterapeuta.

Psicoterapia é um processo de engajamento pessoal pelo qual a visão de mundo e de pessoa de um cliente, os valores por ele vividos são revistos, analisados, vivenciados, recuperados, abandonados. Tudo isso está na balança e deve ser medido, pesado e contado pelo psicoterapeuta ao decidir assumir o processo psicoterapêutico de alguém.

Esse processo de busca costuma ser doloroso e difícil, pois, como no parto, não existe psicoterapia sem dor. A estrada do autoconhecimento, do contato transformador consigo e com o mundo, da recriação de um jeito novo de ser e de acontecer longa, árdua, de difícil acesso. Esse é um lado da medalha.

Existe o outro lado. O processo psicoterapêutico proporciona ao cliente momentos de profundo contato consigo mesmo, momentos de intensa alegria, de ternura, de sensação de posse da pessoa que se é, de um constituir-se pela apropriação de qualidades que antes pareciam perdidas. Não fossem esses momentos, a psicoterapia se tornaria impossível, pois a alegria de se ver amanhã mais gente, mais inteiro, é maior do que a dor da perda de sintomas que, em algum momento, foram a única saída encontrada para sobreviver.

A psicoterapia nasce da relação entre cliente e psicoterapeuta, nasce da presença, isto é, da experiência e da vivência amorosa entre duas totalidades em ação, do encontro real, produtor de sentido entre duas pessoas, do cuidado de um pelo outro, da confirmação pela fuga do Isso e pela busca do Tu presente em todas as pessoas.

A psicoterapia é uma autêntica expressão do contato, palavra que une e transforma as relações, modifica qualitativamente novas variáveis que surgem do campo, no espaço vital humano-mundano da pessoa.

O *setting* psicoterapêutico é extremamente sensível, nada é neutro de significado numa psicoterapia em ação. O fato de o psicoterapeuta ser homem ou mulher, novo ou velho, bonito ou feio, de usar uma técnica analítica ou fenomenológico--existencial e até a ornamentação desse espaço vão influenciar o andamento do processo psicoterapêutico. Nada escapa à capacidade interpretativa do cliente e do psicoterapeuta, pois tudo passa pela sua subjetividade, tudo acontece dentro de um contexto cultural que, às vezes, é intuído de forma clara, outras, não. A relação é, assim, um processo vivenciado entre duas pessoas e está em íntima dependência do "que" e do "como" totais, fenomenológicos, presentes e atuantes no ato psicoterapêutico, como um desdobramento das possibilidades de mudança presentes no campo.

Na prática, o psicoterapeuta aceita os clientes que o procuram. Marca horários e preço sem muitas vezes se perguntar, mesmo durante o processo psicoterapêutico, se ele é ou não a pessoa mais adequada para ser psicoterapeuta daquela pessoa, pois nem todo cliente é indicado para todo psicoterapeuta, bem como nem toda técnica é indicada para todo tipo de sintoma. Não estar atento a esse fato que pareceria óbvio, mas não é, pode explicar o porquê de muitas psicoterapias fracassadas.

Assim como o psicodiagnóstico, também a indicação é processual. O psicodiagnóstico não é a síntese de duas ou três sessões, mas cada sessão é e envolve um psicodiagnóstico, porque a psicoterapia é movimento, não é nada estática. Assim também a indicação é feita a cada sessão, no sentido de que nenhuma indicação de ir por esse ou aquele caminho está pronta, terminada. A indicação não visa apenas o aqui-agora do cliente, ela é relacional, visa um horizonte a partir do qual psicoterapeuta e cliente se orientam à procura de novas estradas.

Feitas essas importantes observações, apresento alguns tópicos que compõem o processo de indicação. Farei uma divisão didática para facilitar a exposição dos temas, os quais tem muito que ver um com o outro, ficando difícil separá-los.

Tipo de pessoa/cliente

As pessoas diferem umas das outras e embora isso seja óbvio não levamos essas diferenças a sério. Se, porém, não se presta atenção a esse fato, o processo psicoterapêutico corre o risco de não avançar devidamente.

Quando falo em "tipo de pessoa/cliente", refiro-me ao fato de ser homem ou mulher, novo ou velho, bonito ou feio, rico ou pobre, culto ou inculto, religioso ou ateu, de direita ou de esquerda, negro ou branco...

À primeira vista, parece improvável que tais distinções possam interferir na prática clínica. Tudo, entretanto, se reveste de significação e seu significado influencia o modo como as pessoas veem o mundo e transacionam com ele, pois, como em tudo, também em psicoterapia a neutralidade absoluta é um mito.

Tudo no mundo, na existência leva a esse encontro com o outro, qualquer que ele seja, coloca o observador no campo da intersubjetividade, no mundo misterioso das diferenças subjetivas, por meio das quais se alimenta o processo psicoterapêutico.

Essa caracterização diz respeito não só ao cliente, mas também ao psicoterapeuta, ou seja, ao modo como ele é visto e experienciado pelo cliente.

Não é sem razão que certos clientes preferem um homem a uma mulher, um psicoterapeuta mais velho a um mais novo. Esses elementos, na sua simplicidade, escondem mais complexidade do que se pode imaginar da parte do cliente. Essas variáveis têm muito que ver com o mundo interno do observador e com o modo como as pessoas introjetam a realidade externa e a projetam no dia a dia de suas vivências.

Dado que o sucesso de um processo psicoterapêutico passa, necessariamente, pela qualidade da relação cliente-psicoterapeuta-mundo, *uma questão fundamental teórico-prática a ser posta é: essa pessoa está ou não indicada para se submeter a um processo psicoterapêutico? Não é sem razão que uso o verbo está e não é.*

Todas as pessoas que o desejarem podem submeter-se a um processo psicoterapêutico, sobretudo dentro de uma visão ampla de que a psicoterapia é prevenção primária, é treinamento, é desenvolvimento de habilidades, de percepção e de potencialidades. *Psicoterapia não é só para doentes, mas também para eles.* Todas as pessoas estão, em princípio, indicadas para experienciar e vivenciar um processo de psicoterapia, mas nem todas as pessoas estão, aqui-agora, indicadas para se submeter a um processo psicoterapêutico.

A psicoterapia se assenta num tripé: relação cliente consigo mesmo, relação cliente-psicoterapeuta, relação cliente-psicoterapeuta-mundo.

O cliente deve ser visto pelo psicoterapeuta como um todo, como uma unidade mente-corpo-mundo, pois não é o sintoma que vai ser tratado, mas a pessoa do cliente. É a partir dessa perspectiva que podemos indicar ou não a psicoterapia.

Devemos verificar o sistema de equilíbrio mente-corpo-mundo vivido pelo cliente no momento em que ele se propõe a iniciar a psicoterapia, pois, quando o sistema de equilibração de uma pessoa está em harmonia com o ambiente, uma harmonia dinâmica e criativa, e não existe tensão no campo – apesar do que foi dito sobre a psicoterapia como prevenção primária –, pode-se pensar que um processo psicoterapêutico propriamente dito possa ser contraindicado, *porque nem tudo que é bom é também necessariamente útil.*

Digo "propriamente dito" porque, embora seja mais raro, aparecem clientes que dizem não sentir nada de diferente ou de grave, mas que querem se passar a limpo, dar uma olhada preventiva à própria saúde, porque não querem adoecer para só depois procurar um profissional. Existem também aqueles que se sentem bem, dizem que não precisam mais da psicoterapia, mas querem continuar, porque aquele *setting* é o único lugar no mundo no qual eles podem se mostrar assim como são, dizer o que querem, aconselhar-se, na certeza de que serão respeitados nos seus posicionamentos.

Por vezes, o cliente vive, na sua relação com ele próprio e com o mundo, um equilíbrio instável, para usar uma expressão lewiniana. Nesses casos, é importante verificar o que é melhor: manter uma situação que não é ideal, mas, no conjunto, é satisfatória e, então, contraindicar a psicoterapia; ou correr o risco de lidar com certa instabilidade, na expectativa de dar suporte ao cliente para que ele possa lidar consigo e com o mundo de maneira mais criativa e menos dolorosa.

O problema é: até que ponto se deve tocar em uma situação psicoemocional frágil, embora permanente e suportável, criando uma situação nova que corresponda às necessidades básicas de vida da pessoa sem a segurança de um suporte interno? Até que ponto podemos (técnica e arte) transmitir à pessoa instrumentos, força, energia para lidar com um novo estilo de vida a partir de uma percepção real de seu potencial, e não de uma mera perspectiva nossa?

A psicoterapia lida com a realidade do cliente assim como ela é, não é um instrumento mágico, muito menos milagroso. Esquecer que, não obstante a boa vontade, a pessoa humana tem limites no querer e no seu poder pessoal, é desconhecer as verdadeiras dimensões de um encontro humano.

De modo geral, e, *grosso modo*, recorrem à psicoterapia três tipos de cliente:

1. *Pessoas com os chamados problemas existenciais:* são aquelas que têm tudo para ser felizes, para estar bem com a vida, mas não estão. Falta-lhes sentido para si mesmos e na sua relação com os outros, pessoa-mundo. Queixam-se dos desencontros que a vida lhes trouxe, sentem-se desestimulados, não encontram sentido no que fazem, fazem perguntas para as quais têm resposta ou não podem ser respondidas, sentem-se fora das coisas e não conseguem identificar o "dentro" de si próprios, queixam-se de solidão e de uma angústia não identificada, são grandes inacabados, vivem do resto das coisas que não conseguiram terminar. Talvez, bem lá atrás, incorporaram valores, sentimentos, mágoas, raivas infantis que não puderam digerir e agora, anos depois, o silêncio reativo daquela época está apresentando a conta. São movidos pela ambiguidade, por uma espécie de dessensibilização, pela dúvida e muito pelo medo de se arriscar. Nesses funciona, sobretudo, a função id do self.

2. *Um segundo grupo é constituído das pessoas ditas neuróticas:* são aquelas que lidam mal com o evidente, com o óbvio. Olham e não veem, ouvem e não escutam, tocam e não sentem, cheiram e não apreciam. Não conseguem convencer a si mesmas da realidade que se apresenta ante seus olhos. Também estas são uma multidão. Percebem a realidade, mas lidam mal com ela. Falta-lhes o sentido do óbvio, da relação de força com seu poder pessoal. Têm dificuldade de entrar em contato com os próprios limites, com suas fronteiras de pensar e de agir. São obsessivas, fóbicas, apresentam problemas na área da afetividade, da sexualidade, vivem tensionadas. Correm de um lado para outro, lidando mal com a realidade que veem, mas não percebem. Apresentam, muitas vezes, problemas psicossomáticos. Talvez, bem lá atrás, introjetaram mandatos: seja bom, gentil, perdoe, saiba esperar... E aí se perderam de si mesmas, não sabem distinguir o sim do não e trocam um pelo outro. Mobilizam-se, mas não agem. São movidos pelo medo, pela culpa e pela mágoa. Nestas funciona, sobretudo, a função eu do self.

3. *Um terceiro grupo é constituído dos chamados psicóticos:* são aqueles que estão divididos ao meio ou se dividiram ao meio. Uma parte de si mesmos "desconhece" a outra, como dois universos em que um "nada tem que ver" com o outro. Para eles, é doloroso suportar a própria totalidade, por isso, num ajustamento criativo, embora disfuncional, tentam manter a própria integridade, se divi-

dindo em mais de um, se constituindo em muitos outros e se apropriando sobretudo de um, aquele que melhor pode salvá-lo do outro ou dos outros que não são ele. Confundem realidade com fantasia. Vastas zonas de sua personalidade já se tornaram praticamente irrecuperáveis. Em outros, apenas uma parte, um aspecto de sua personalidade está dividido, permitindo-lhes funcionar com relativo equilíbrio, não obstante as dificuldades apresentadas na sua relação organismo-ambiente. Talvez, bem lá atrás, incorporaram, internalizaram e introjetaram mensagem não claras, emoções que "desceram goela abaixo", não próprias, disseram-lhes que eles não poderiam ser eles e aí, com um pezinho no orgânico, o quadro se completa. São movidos pela incerteza da certeza, pelo desalento, por um desconforto e por uma desesperança crônicos. Não obstante penso que, em algum lugar, têm profunda consciência de si mesmos. Nestes funciona, sobretudo, a função superego do self.

De modo geral, as psicoterapias lidam bem com os dois primeiros grupos, fazendo restrições ao terceiro grupo, que precisa, de início, ser tratado medicamentosamente para, em seguida, ser atendido em psicoterapia.

Um psicótico grave, uma pessoa em depressão profunda, um borderline precisam antes de tudo de um atendimento medicamentoso a fim de que possa adquirir certo equilíbrio para, só então, se submeter a um tratamento psicológico, pois a psicoterapia com tensões, com sofrimento, com ambiguidades, com fixação em processos antigos é, antecipadamente, um processo fadado ao fracasso.

Além dessas considerações teóricas, coloco, de maneira muito sintética, outras questões práticas que poderiam contraindicar, ao menos nesse momento, o início do processo psicoterapêutico.

Eis algumas dessas precondições:

O cliente deve estar experimentando um mínimo de satisfação na sua relação consigo próprio e com o mundo. Deve desejar, querer, de fato, sua equilibração. Deve possuir capacidade de empenho e não uma disposição passageira. Deve possuir, no mínimo, um relativo contato com a realidade e a capacidade de contato emotivo numa relação interpessoal. Deve possuir uma relativa estabilidade de caráter, uma potencial capacidade de conquistar um profundo conhecimento de si próprio. Deve possuir uma fundamental consciência do eu e, pelo menos, um mínimo de desenvolvimento do supereu. Uma inteligência não inferior à média. Suficiente flexibilidade para aumentar ou diminuir suas tensões próprias e lidar com elas de maneira criativa. Um potencial valor social. Uma visão de si próprio e do mundo na relação com a cultura circunjacente a suas exigências. Segundo alguns autores, deve possuir um mínimo de distúrbios sexuais. (Ribeiro, 1981, p. 115)

Examinando essas precondições, podemos ter a sensação de que uma pessoa nesse estado não precisaria de mais um processo para ajudá-la. Seria algo assim: "mais que isto atrapalha". Na verdade, esse conjunto de condições é resultado e síntese do pensamento de diversos autores no que diz respeito à indicação para psicoterapia. É como se tais condições fossem figura de uma situação que esconde, no fundo, uma situação mais grave. Vê-se que esse posicionamento está ligado a um conceito interpretativo de psicoterapia que passa mais pela visão de mundo e de pessoa do psicoterapeuta do que pela tentativa de compreender a experiência do cliente.

A perspectiva fenomenológico-existencial, diferentemente, vê o cliente como uma unidade de relação pessoa-cliente-mundo-psicoterapeuta, numa dimensão relacional. Entende o cliente como pessoa e não como sintoma, que, numa visão de campo, vê o *setting* psicoterapêutico como um campo/espaço vital no qual variáveis psicológicas se confundem com variáveis não psicológicas. Não trabalha com hipóteses, nenhuma hipótese é feita, nenhuma gênese é procurada, simplesmente vê o outro/pessoa/cliente como um dado, no seu aqui-agora, e o que acontecer será determinado pelo encontro do cliente com o psicoterapeuta, naquele tempo e naquele espaço.

Tipo de psicoterapeuta

O psicoterapeuta é o outro lado da indicação e, mais que ninguém, deve ser competente, perspicaz e profundo conhecedor de si mesmo, de seus sentimentos e afetos, de sua capacidade científica e técnica, de sua visão do mundo e de pessoa. Os resultados de um trabalho de indicação em psicoterapia passam mais pela competência do profissional do que pelo desejo de mudança de seu cliente, que se entrega, confiante, às suas mãos, muitas vezes sem saber nada a seu respeito.

Fico perplexo com a capacidade de algumas pessoas de se abrir totalmente, de vencer barreiras aparentemente intransponíveis. Mais do que seus problemas, se entregam ao psicoterapeuta. Muitas vezes, ao final de uma primeira sessão em que tenho a sensação de que o cliente me entregou sua alma por inteiro sem me conhecer, de graça, eu lhe agradeço e digo a ele que espero corresponder à sua confiança.

Assim, não basta sair da universidade para se dizer psicoterapeuta, não basta ter passado por um processo de psicoterapia para se dizer psicoterapeuta, não basta ter feito um treinamento, uma pós-graduação para se dizer um profissional competente, embora esses elementos sejam de fundamental importância.

O psicoterapeuta é uma pessoa: eis a questão. Ser psicoterapeuta é uma construção paciente, cotidiana, de pesquisa, de estudo. Pode exigir anos de estudo e cuidados consigo mesmo, e mesmo depois de muito andar não se pode dizer que se está pronto. Sem essa preparação, entretanto, não se chegará ao lugar em que o outro o espera para um encontro de duas pessoas que se incluem uma na outra, na expectativa de perguntas e respostas que permitirão a ambos olhar um para o outro e dizer: valeu a pena.

Muitas das considerações feitas sobre o tipo de cliente são também aplicáveis ao tipo de psicoterapeuta, uma vez que os pontos nodais para uma indicação, bem como para se compreender o processo psicoterapêutico, são o cliente, o psicoterapeuta e a relação de ambos entre si e com o mundo à sua volta.

Entro em alguns detalhes que, à semelhança do que acontece com o cliente, pode também acontecer com o psicoterapeuta, por exemplo, no que se refere às suas "preferências".

É todo um mundo de experiências ligadas, sem dúvida, a fatores culturais que, de algum modo, estão presentes no nosso trabalho e nele interferem, tornando significativo o problema da indicação nos moldes em que aqui está sendo apresentada.

Podemos chamar esses elementos de filigranas da psicoterapia, por meio das quais a ciência, a técnica e a arte do psicoterapeuta formulam perguntas sobre problemas ligados à natureza do desenvolvimento da psicoterapia, bem como ligados à sua própria realidade existencial.

O psicoterapeuta precisa prestar atenção a esses dados – que, na realidade, são processos contratransferenciais que atuam, positiva ou negativamente na relação cliente-psicoterapeuta. Essa chave do processo de indicação para psicoterapia não nasce apenas da observação do cliente, mas também de quem o observa, pois a indicação emerge no campo e do campo, no qual cliente e psicoterapeuta são os principais personagens.

Um psicoterapeuta mal resolvido psicologicamente, com crises internas de identidade, provavelmente trabalhará mal com gente velha, negra, pobre, religiosa, com orientação sexual diferente. Pessoas assim terão muita dificuldade de trabalhar como psicoterapeutas, pois se sentirão limitadas, presas em um trabalho que, por natureza, deve ser fluido, espontâneo, solto.

O psicoterapeuta não é perfeito, experiencia dificuldades como qualquer um, mas é necessário que ele conheça seus limites, localize as áreas de maior conflito de sua personalidade, para que seu mundo interior de valores ou vivências não interfira negativamente em um processo para o qual ele está, inclusive, sendo pago.

Na prática, acontece que os psicoterapeutas estão indicados ou se indicam para todos os tipos de cliente. Uma consciência, porém, dos próprios limites é essencial para a criação de um relacionamento fecundo e produtivo, sem o qual o encontro não se dá.

Além de problemas práticos e facilmente percebidos pelo psicoterapeuta, existem aqueles mais sutis, que pertencem a uma área mais desconhecida da personalidade. Não é sem razão que Sigmund Freud deu tanta importância ao problema da contratransferência no processo de análise.

Com esse ou com outro nome, a contratransferência está presente em todas as psicoterapias e pode interferir no processo psicoterapêutico. Sua análise é, sem dúvida alguma, o único caminho lógico e produtivo que o psicoterapeuta encontra para compreender momentos difíceis por ele experienciados no processo psicoterapêutico e para impedir que sua relação resvale por caminhos que não conduzem o cliente a um encontro real consigo próprio.

O psicoterapeuta vem sendo considerado, como se disse antes, um dos fatores de mudança por excelência. Essa mudança, porém, não é mágica. Não basta estar diante de um psicoterapeuta para que alguém se cure. Se tal é sua influência no processo psicoterapêutico, é importante que seu agir esteja limpo, transparente, cristalino na relação. Se sua comunicação estiver contaminada pelos defeitos de seu mundo interior, certamente o processo psicoterapêutico sofrerá. Mais uma vez, é o próprio psicoterapeuta que deve se autoindicar ou não em cada caso.

É da natureza do psicoterapeuta ser um profissional qualificado para lidar com as pessoas, com a saúde da população, como um instrumento, um veículo de cuidado e de cura, embora, como indivíduo, possa ou não ser indicado, escolhido para lidar com pessoas concretas.

Tipo de técnica

A abordagem, o método, a técnica a ser usados se constituem em um dos pontos-chave no processo de indicação, porque este é um trabalho feito a duas mãos. Não basta saber que o psicoterapeuta é inteligente e capaz para uma indicação correta, *é importante também que as primeiras sessões sejam de reconhecimento dos dois campos que ambos percorrerão.* Como fazer isso vai depender da arte e da habilidade do profissional, que, sem entrar necessariamente na natureza do processo psicoterapêutico enquanto tal, informa ao cliente o básico sobre si e sua abordagem, para que ele possa saber onde se encontra.

Assim como o psicoterapeuta precisa conhecer um mínimo do cliente, de sua queixa fundamental para se localizar diante dele, também o cliente precisa conhecer um mínimo do psicoterapeuta, da técnica por ele usada e algumas condições em que a psicoterapia será realizada. A prática clínica mostra que muitas psicoterapias se interrompem logo no começo porque, sem um mínimo de informação, o cliente vive um quadro de insegurança e de ansiedade, terminando por abandonar um processo apenas iniciado e, na maioria das vezes, imensamente desejado.

Observo que as abordagens analíticas, por estarem embasadas em outros campos teóricos, não se enquadram no modelo antes descrito.

Cito, entre tantas, três tipos de abordagem ou técnica, lembrando que essa distinção é mais didática, pois na prática é difícil trabalhar apenas com um desses aspectos: 1) Psicoterapias que lidam mais com a palavra, com a linguagem, sendo por assim dizer mais cognitivas, mentais; 2) Psicoterapias que lidam mais com o corpo, sendo por assim dizer mais ligadas a movimentos, à ação; 3) Psicoterapias que lidam com situações sociais, com comunidades, com relações operacionais entre organismo-ambiente.

Não posso definir onde uma dessas técnicas começa e a outra termina, pois em todas estão presentes palavra, corpo, movimento, ambiente.

A pessoa humana se apresenta como inteira, uma totalidade em funcionamento, uma unidade integrada e, ao mesmo tempo, em permanente movimento, portanto em mudança. Não se pode, a nenhum título, dicotomizá-la ou dicotomizar-se.

Apresento, então, três caminhos, que não subsistem por si sós, mas existem em função de diferentes tipos humanos. As metodologias estão aí não para que as pessoas se encaixem nelas, mas para ver se elas se encaixam nas necessidades das pessoas.

O psicoterapeuta é, assim, o guardião das pessoas e não das técnicas que ele usa e que, sozinhas, não servem a nada.

Psicoterapias que usam prioritariamente a palavra: psicoterapias de base analítica, correntes psicodinâmicas de análise

Essa abordagem vê a pessoa humana num contínuo de relação causa-efeito. O passado contém, explica o presente e é a base para se compreender a pessoa hoje. Procuram-se lá as causas do que hoje acontece. Tais técnicas lidam normalmente com processos transferenciais, que adquirem, no contexto do tratamento, especial significação.

A palavra é o instrumento que vincula analista e cliente. O corpo e suas expressões estão em um segundo plano. Significa que a ênfase é dada à palavra e ao sistema verbal de comunicação do cliente. Pela análise do conteúdo implícito nas palavras, espera-se descobrir mecanismos de defesa nele presentes e como corrigi-los. O corpo, nessas psicoterapias, permanece praticamente na periferia da situação. Trata-se, portanto, de uma psicoterapia da palavra e pela palavra, a qual explica – e de certo modo encerra – a verdade de que o analista precisa para compreender e ajudar o cliente.

É difícil dizer quando ou em que circunstâncias pessoas são mais indicadas para determinado tipo de psicoterapia, pois, se é verdade que o sistema de comunicação de uma pessoa pode revelar seu mundo interior, também é verdade que este mundo interior está em íntima dependência do mundo em que ela vive e, por isso, seria preciso observar o cliente como um todo na sua relação com o ambiente. Isso explica por que, muitas vezes, o psicoterapeuta é um excelente profissional, um especialista em observar dada metodologia ou técnica de trabalho e, no entanto, a terapia não funciona com aquela determinada pessoa.

Um cliente em quem predomina o cognitivo, que lida com dificuldade com suas emoções, não as percebendo, mas antes falando sobre elas, poderia, em princípio, estar indicado para esse tipo de psicoterapia.

Participando, no entanto, de uma técnica que basicamente só usa a palavra, o cliente, em vez de corrigir seu sistema de comunicação, pode encontrar um aliado, um reforço.

O psicoterapeuta deve estar atento ao seu método de trabalho e ao jeito de funcionar seu e da pessoa, para que a psicoterapia não se transforme num grande cansaço, num dispêndio inútil de energia, quando o mais adequado seria encaminhar o cliente para ser tratado com outra metodologia e/ou com outra pessoa que tivesse mais habilidade para lidar com esse tipo de situação.

Psicoterapias que trabalham o corpo e/ou com o corpo

Estas podem ser incluídas no grande campo das psicoterapias não verbais. Citemos algumas: bioenergética, rolfing, também chamado de "integração postural", Gestalt--terapia, análise transacional, psicodrama.

A palavra, enquanto linguagem, é parte de qualquer forma de psicoterapia. Nessas psicoterapias, entretanto, o foco é posto na expressão corporal, nos sentimentos, afetos, emoções, no corpo, na ação, no intercâmbio entre palavra e movimento, na experiência e vivência do aqui-agora. A linguagem do corpo, como expressão de totalidade-relação--pessoa-mundo, é trabalhada, mais do que a linguagem da palavra.

Dentre as técnicas citadas, fazemos uma subdistinção entre as que trabalham prioritariamente o corpo, como a bioenergética e o rolfing, e as que trabalham, prioritariamente, a pessoa como um todo, por meio de sentimentos, pensamentos, ação e linguagem, ou seja, o corpo como uma totalidade significativa, como a Gestalt-terapia, a análise transacional, o psicodrama.

Técnicas não verbais ajudam a pessoa a entrar em contato mais direto com a experiência do próprio corpo, pois trabalhar o corpo e com o corpo próprio poderá proporcionar à pessoa um encontro mais pleno consigo mesma, no sentido de se apropriar da sensação de ter um corpo e através dele se constituir de modo diferente.

É difícil estabelecer os limites que caracterizam as diversas possibilidades das psicoterapias ditas corporais, bem como as ditas cognitivas ou pela fala, por isso talvez seja mais adequado dizer que, por exemplo, bioenergética e rolfing são processos que usam prioritariamente técnicas não verbais, ao passo que Gestalt-terapia, análise transacional e psicodrama podem trabalhar indistintamente tanto a fala quanto as experiências corporais.

Como e quando indicar alguém para essas técnicas?

Indicar não é apontar e dizer à pessoa: vá. Esse lugar no qual cliente e técnica se encontram não está marcado, não pode ser estabelecido a priori. Assim como não existem doenças, mas doentes, também não existem técnicas, métodos à espera de que alguém entre na minha sala e se "revista" da minha técnica. Estar indicado para determinada técnica significa uma inclusão, uma imersão em uma metodologia já constituída, como alguém que se apropria de um figurino antes exposto à observação do público, mas que agora se torna objeto de uso de uma única pessoa.

É o cliente que encontra a técnica, e não a técnica que encontra o cliente. Ou, de modo diferente: as técnicas são feitas para atender aos clientes e não o contrário. É básico que o psicoterapeuta não tente lutar contra a corrente, impondo ao cliente sua técnica, aquela que ele conhece, pois o foco aqui é o cliente e não a sua técnica.

A indicação para determinado sistema em psicoterapia é sempre algo delicado, pois a complexidade humana é por demais ampla para ser compreendida por um único sistema. A eficácia do processo psicoterapêutico vai depender muito mais da competência, criatividade, fluidez e entrega do profissional ao seu trabalho do que propriamente da técnica por ele usada.

Talvez eu possa dizer, de maneira radical, que toda técnica é boa quando o profissional é bom e que não existem técnicas melhores do que outras, mas profissionais melhores que outros. Tudo vai depender do poder, do conhecimento, da arte, da apropriação amorosa que o profissional faça de sua técnica.

É importante desmistificar técnica e técnico em si mesmos. Na prática, embora técnica e técnico contem, o que normalmente produz, renova e transforma é a relação fecunda entre duas pessoas. Quando essa relação é amorosa, atenta e, além disso, usada de maneira apropriada, podemos nos preparar para encontros realmente eficazes e geradores de mudanças.

As psicoterapias, sem distinção, se propõem ser uma teoria da pessoa, um método de trabalho, não importando a sintomatologia a que pretendem servir. Nesse sentido, os psicoterapeutas deveriam, cada dia mais, encontrar respostas adequadas às situações que ele e seus clientes experienciam. O psicoterapeuta precisa encontrar respostas criativas e responsáveis para as situações que lhes são trazidas pelos seus clientes, por meio da pesquisa e de estudos aprofundados da própria natureza da psicoterapia.

Psicoterapias que lidam com a relação organismo-ambiente ou ecopsicoterapias

Na realidade, os limites entre essas três posturas não são claramente definidos: o trabalho do corpo, com o corpo e através do corpo supõe uma pessoa presente, entregue aos cuidados de um psicoterapeuta.

Estou tentando pontuar uma relação psicoterapeuta-cliente-mundo, cuja ênfase é dada, como um todo, à palavra, ao corpo, à relação organismo-ambiente. Falo de uma postura aberta, criativa e plena. Não basta saber que falamos, que temos corpo, é preciso que nos demos conta de que temos um corpo próprio que se realiza em um campo humano e que nosso campo comportamental está em íntima relação com nosso campo geográfico, para usar a expressão de Koffka.

Essa visão reproduz uma postura mais integrada, mais completa, não só da pessoa, mas de possíveis modelos do próprio processo psicoterapêutico. Ela não implica uma forma de psicoterapia em si, mas uma forma de apelo à psicoterapia em si. Quando vemos a pessoa como um todo em ação, nós a vemos no seu corpo total e, nesse sentido, a psicoterapia cria e adquire um sentido de integração entre as diversas realidades vividas na relação cliente-psicoterapeuta. Essa visão deveria estar presente não só em cada técnica como resultar em uma postura psicoterapêutica.

Em outras palavras, estou falando de competência, de suporte, de apoio, de empatia, que não podem faltar a nenhuma forma de psicoterapia, não importando seu método de trabalho, porque são elementos que constituem a natureza de uma técnica e nos remetem à essência que as define.

Proponho uma postura holística, uma visão integralizadora de elementos que constituem nossa realidade. Nossa psiquê não consegue mais acompanhar a velocidade do mundo. Crianças, adolescentes querem ser adultos e manuseiam os mesmos instrumentos de informação. A surpresa desapareceu do mundo. Tudo está às claras, por isso costumo dizer que, neste século, ou a *psicoterapia será holística ou não será*.

Trata-se, eu diria, de uma forma de psicoterapia centrada na relação eu-tu-mundo. Nós globalizamos o mundo, que funciona *online*. A internet, as redes sociais conectam as mais diferentes pessoas, a microtecnologia tornou possíveis novos tipos de contato, a informação socializou o conhecimento e vice-versa. Em minutos uma notícia percorre a Terra com a velocidade da luz, do som; o mundo se transformou num espetáculo de movimento, luz e som.

Nesse contexto, a indicação em psicoterapia adquire tons de transcendentalidade.

Parece-me que não se deveria falar de psicoterapias, mas em psicoterapeutas centrados na relação cliente-ambiente, como operadores de um novo modo de ser, pessoas a serviço de uma nova consciência e centradas em uma visão operativa de mundo e de pessoa. Precisamos superar o que temos visto: psicoterapias "contra" psicoterapias ou psicoterapeutas "contra" psicoterapeutas, criando um mundo centrado no poder entre eles e não no serviço a ser prestado, pois o poder do psicoterapeuta não lhe advém da técnica, mas do cliente que, em sua necessidade, lhe credita o poder de cuidar dele.

A indicação, portanto, é processual e não técnica, é individualizada e não fruto de senso comum – é, sobretudo, relacional.

Tipos de psicoterapia

Falo de psicoterapia individual e de grupo nas mais diversas abordagens, embora, neste contexto, eu me prenda à questão maior da indicação. Todas as pessoas, em princípio, poderiam fazer psicoterapia, que é um instrumento facilitador do autoconhecimento e não apenas um instrumento ou procedimento indicado para quem apresenta problemas disfuncionais.

Não se pode, entretanto e a priori, dizer quem é indicado para uma ou para outra. Também aqui o tipo de pessoa, o problema por ela apresentado, as circunstâncias em que ela vive e, sobretudo, seu sistema de comunicação devem ser analisados para que se faça uma boa indicação.

Psicoterapia de grupo

Somos grupais por natureza. Nascemos, crescemos, vivemos, funcionamos e até morremos em grupo. Mais do que nunca vivemos uma grupalidade imposta, não perguntada, não consentida, pois sentimos, fazemos, convivemos com coisas e pessoas absolutamente alheias ao nosso modo natural de ser.

A violência silenciosa da informação nos persegue de todos os lados, sem nenhuma possibilidade de processá-las, por isso vivemos uma epidemia de informações. Não temos mais sossego. O silêncio é privilégio de poucos.

Desprivatizamos o sujeito e globalizamos o mundo.

Os grupos humanos, lugar do encontro, da troca, do poder olhar o diferente, estão desaparecendo, estão se tornando um sintoma, uma síndrome que adoece e pede ajuda.

Por outro lado, o grupo psicoterapêutico, como dizia Foulkes, é uma miniatura do mundo e, por meio dele, revivemos nossos problemas básicos, pois há sempre ali uma vivência sendo experienciada através da qual podemos repensar nós mesmos e até encontrar soluções para nossos problemas.

Pensando no que eu disse antes e refletindo sobre o ensinamento de Foulkes, deparo com uma complicada reflexão. No mundo de hoje, existe uma desesperança generalizada, que se caracteriza pela antiga frase "Salve-se quem puder", como um grito desesperador, como se o individualismo gerasse uma zona de conforto e de segurança contra as ameaças que o grupo poderia simbolizar ou sugerir, como um mandato interno diante de nossa impotência e diante da potência do mundo, que segue impiedoso o seu destino. A prática clínica parece confirmar a ideia de que as pessoas temem os grupos, talvez qualquer tipo de grupo, pois tem sido difícil formar grupos de psicoterapia e aumenta consistentemente a procura por psicoterapias individuais, porque, parece, nesta o sujeito se sente protegido de possíveis perigos que o grupo poderia representar.

Por outro lado, e exatamente por isso, vejo o grupo psicoterapêutico como um dos poucos e talvez o mais eficiente lugar para curar a ferida aberta pelo individualismo, pelo medo do outro, pelo vazio existencial – tônica comum nestes tempos de pós-modernidade.

A experiência de grupo é normalmente mais dolorosa que aquela individual, pois exige uma entrega ao desconhecido, exige um perder-se na experiência do outro, exige observar diversos horizontes de possíveis modelos de pessoas que, também como ela, se sentem perdidas, mas é através dessa mesma incerteza, dessa mesma dor, dessa entrega amorosa ao desconhecido que muitos aprendem a se rever, a se passar a limpo e a ver o mundo com olhos mais claros e menos contaminados.

No grupo, a pessoa com dificuldade de contato aprende a se soltar mais, aquela dominada pelo medo pode se dar mais liberdade para falar, para criar, para se comunicar, porque a energia de vida presente num grupo é fecunda, é criadora, é transformadora. O suporte que o grupo dá aos seus membros é certamente maior e mais rico do que aquele dado pelo psicoterapeuta ao seu cliente individual.

Ao se transformar em um fator psicoterapêutico de mudança e cura, eficiente, abrangente, real e mais próximo da realidade, o grupo permite a cada um de seus membros se apropriar de si mesmo e a se constituir no mundo como uma pessoa aberta para acolher suas mudanças e lhe dar respostas mais adequadas às suas necessidades.

Pela multiplicidade de pessoas que compõem um grupo, pelas situações existenciais ou problemas que trazem sem poder resolvê-los, pela história de vida de cada um, pela coragem que se requer para se expor, se abrir diante de pessoas jamais vistas, pela esperança de encontrar respostas a perguntas jamais feitas, pelas pisadas tão diferentes para percorrer o caminho do outro, o grupo se transforma hoje numa das poucas esperanças que o homem moderno encontra para, entre tantas promessas, caminhos, seduções que, em princípio, não levam a nenhum lugar, se encontrar consigo mesmo.

Psicoterapia individual

A psicoterapia individual é um momento único, privilegiadíssimo de presença, de encontro, de cuidado, de inclusão, de confirmação de diferenças entre duas pessoas, constituindo um raro e transformador momento de contato.

O modelo individual é bidirecional, por isso a situação, embora produtora de mudanças, algumas de cura, apresenta recursos diferentes das do grupo na razão das necessidades pessoais, da própria diferença entre as pessoas, dos recursos operacionais do profissional.

Talvez se possa dizer que existem tantos tipos de momento de psicoterapia quantas são as pessoas que nos procuram. Não existe uma sessão parecida com a outra, existem, entretanto, se me é possível fazer essa afirmação, três grandes grupos de clientes: aqueles que praticamente usam mais a cabeça, o raciocínio, a fala; aqueles que revelam suas mais íntimas e complexas situações através de sentimentos, afetos, emoções, do corpo, enfim; aqueles, e talvez sejam os mais numerosos, cuja vida é um reflexo da confluência entre o fora e o dentro, ora vivida com tranquilidade ora com disfunções emocionais.

É difícil dizer se um cliente cerebrotônico é mais indicado para uma técnica verbal do que para uma não verbal, se um cliente viscerotônico é mais indicado para uma não verbal do que para uma verbal, se um autoecotônico pode se servir das duas com bons resultados.

Parece que o contraste técnico-experiencial poderia facilitar o trabalho interno da própria mudança, ou seja: clientes que usam demasiadamente o raciocínio podem se beneficiar mais de uma técnica não verbal, clientes muito emotivo-afetivos podem se beneficiar mais de uma técnica verbal e clientes voltados, ao mesmo tempo, para si e para o ambiente podem se beneficiar tanto de uma como de outra ou das duas ao mesmo tempo.

Mas também aqui posso falar de um duplo perigo: clientes com tendência à intelectualização podem ver reforçada sua posição se estiverem se submetendo a uma técnica verbal, e, de outro lado, ser levados à resistência caso estejam sendo submetidos a técnicas mais corpóreas, não verbais. O mesmo raciocínio pode ser feito em se tratando de clientes mais propensos a viver mais ao nível das emoções.

Essa ambiguidade tem seus riscos, sendo inevitável. Somente o psicoterapeuta, vendo o cliente como um todo, no campo, terá condições de indicar uma técnica adequada à sua sintomatologia e ao comportamento que ele vive e expressa, ou indicá-lo primeiro a um tratamento medicamentoso para que ele possa se recuperar para só então ser submetido a um tratamento psicoterápico. Afinal, dependendo da situação de uma pessoa com ego muito prejudicado, a psicoterapia, apenas, não terá alcance, não conseguirá fazer um trabalho que dê resultados reais.

O psicótico, sem ajuda medicamentosa, permanece, infelizmente, em terra de ninguém – a começar, ao que parece, pela sua própria. Na verdade, estou longe de entender o ser de um psicótico. Às vezes, me sinto tão perto e outras tão longe dele. Vi centenas de olhos me olhando, nos encontramos em mil lugares diferentes, e em todos vi um raio de esperança, que talvez viesse daquele lugar que só eles conhecem e que guardam com extremo cuidado. Muitas vezes, senti que eles me levavam até a porta desse lugar e eu não sabia como entrar. Vi delírios, alucinações acontecerem à minha frente, comigo, através de mim, vi em todas elas uma lógica "absurda", talvez a lógica da própria verdade que eu não conseguia decifrar. Vi a angústia, o desespero de muitos, buscando, desesperadamente se encontrar com eles próprios para poder largá-los, deixá-los nas minhas mãos. Entendi que o psicótico não precisa ser entendido, mas aceito, respeitado, amado. Talvez esse seja o único caminho de uma possível mudança. Talvez eles nem queiram mudar, mas apenas ficar em paz. Mantive diálogos profundíssimos com muitos deles em pleno delírio, sorrimos, às vezes choramos. Saíram muitos do consultório delirando (eu sempre vou até a porta para me despedir dos meus clientes), e eu tinha a sensação que eles estavam em paz com eles, comigo – e eu também estava.

Métodos e técnicas nos aproximam deles, mas não chegam, de fato, até eles. Partindo, porém, do fato de que uma relação consciente, amorosa, é um poderoso fator de mudança e, portanto, psicoterapêutico, acredito que qualquer das técnicas, comumente usadas poderá abordá-los e ajudá-los com sucesso, sobretudo nos casos em que o psicótico não esteja em estado antigo e grave, quando apenas a psiquiatria poderá de fato ajudá-lo.

Indicar ou não indicar para grupo ou para individual vai depender, no entanto, de cada caso em particular. O importante é que o psicoterapeuta perceba a linha central do comportamento do cliente, perceba seu movimento existencial dentro da atmosfera em que ele vive e permita que esse movimento e que essa energia fluam o mais espontaneamente possível.

O homem moderno vive acorrentado a si mesmo, às estruturas que o cercam. A psicoterapia é um encontro com a vida, no seu sentido mais pleno. Compete ao psicoterapeuta, em cada caso, examinar o que é melhor para a pessoa que o procura e aceitá-la – ou encaminhá-la, quando percebe não ser ele, sua técnica, sua arte as mais indicadas para esse cliente, permitindo-lhe também estar no lugar mais certo e útil para ele. Isso não é apenas uma questão formal de ética, mas um pressuposto da própria natureza da psicoterapia.

A ciência psicoterapêutica deve permanentemente ser confirmada não só pela prática, mas pela teoria. Psicoterapias sem fundamentação sistemática correm um risco ainda maior: aquele da improvisação, da criatividade pessoal separada do suporte crítico e científico. De outro lado, não basta estar apoiado na ortodoxia de uma técnica para estar tranquilo, mas é necessário que, nesse encontro, psicoterapeuta e cliente estejam todos no todo, pois o aqui-agora psicoterapêutico não é apenas um momento geográfico, mas encerra toda uma dimensão existencial que transcende a momentaneidade do ato ali vivenciado.

Costumo dizer que escolher um psicoterapeuta é algo mais complexo do que escolher um médico para uma cirurgia de alto risco. São tantos os dados que ocorrem para que a psicoterapia dê resultados reais, claros, que é necessária uma atuação vigilante, integradora por parte do profissional, se ele não quiser colocar em risco seu trabalho, apesar de todo o seu interesse, dedicação e competência.

Cada cliente é um mundo à parte, cada psicoterapeuta é outro mundo à parte, por isso nada está definido, garantido. O caminho entre eles tem de ser construído a cada instante, e isso exige uma reflexão séria sobre os ganhos ou não de qualquer psicoterapia iniciante, sabedores que somos de que se o caminho se faz caminhando; mais do isso, ele constrói o caminhante.

5 PROCESSOS DE MUDANÇA EM PSICOTERAPIA

> A ternura emerge do próprio ato de existir no mundo com os outros. Não existimos, co-existimos, con-vivemos e co-mungamos com as realidades mais imediatas. Sentimos nossa ligação fundamental com a totalidade do mundo. Esse sentimento é mais do que uma moção psicológica, é um modo de ser existencial que perpassa todo ser. (Boff, 1999, p. 118)

Tenho insistido, ao longo dos anos, na necessidade de uma reflexão crítica sobre métodos e técnicas em psicoterapia, sobretudo nestes tempos pós-modernos em que a própria percepção das pessoas sobre o que as coisas são ou não são as divide e as afasta umas das outras. Tenho a impressão de que se romperam os limites do que é certo ou errado, do que é verdade ou não. A lógica da conveniência e a conveniência da lógica se confundem. "Menores" de 18 anos assaltam, matam, roubam na certeza de que não serão punidos, porque "ainda não têm consciência" do que fazem... O salário de uma professora primária, sobretudo no interior do país, é o mínimo, enquanto jogadores de futebol ganham milhões por mês... O cinema, as novelas mostram o que de mais reservado a sexualidade carrega... e a lista das contradições é infinita.

Essas situações, entre milhares de outras, estão direta e indiretamente presentes em nosso consultório, fazendo parte da angústia humana, dos vazios existenciais que assustam as pessoas e que nossos clientes experienciam, vivenciam como resultado das mudanças nos processos do conviver humano.

O surgimento de centenas de técnicas ecléticas sem uma teoria de base lhes dê sustentação científica nos leva à necessidade de uma séria reflexão epistemológica sobre a natureza do processo psicoterápico em si mesmo, pois não basta uma atitude de benemerência que signifique querer curar, querer colocar os outros em contato consigo mesmos, querer fazer o bem, querer que se deem conta da própria realidade, sem uma fundamentação que garanta a integridade das pessoas e a continuidade de um processo humano em constante renovação.

Assim como a pessoa humana é um todo vivo em ação, uma configuração à procura da melhor forma, uma gestalt, assim os modos de abordá-la devem ter uma unidade interna e crítica, porque, do contrário, corremos o risco de informá-la sobre ela, mas não de fazê-la sentir-se una e unificada em si e com a realidade.

Psicoterapia é um momento de encontro com a própria realidade. Sabemos que nossa realidade só nos é acessível em parte. Do nascimento até a morte, caminhamos sem parar, ora conhecendo ora desconhecendo o caminho, ora nos movimentando impulsionados por forças em nós existentes e das quais nem sempre temos consciência. A realidade chega até nós como algo confuso, como que iluminada por um pisca-pisca em noite escura, ora se distinguindo da estrada, ora se perdendo na complexidade do desconhecido.

Nossa realidade é algo intangível, incomunicável, absolutamente pessoal, não delegável e, ao mesmo tempo, em permanente contato com o mundo exterior, o qual ela influencia e do qual recebe estímulos de permanente mudança.

Nossa singularidade, portanto, ao mesmo tempo que nos é algo próprio como seres humanos, fazendo-nos diversos e diferentes de toda uma outra realidade, é também um mito, porque, na procura permanente de nossa individualidade, deparamos com a multidão do não-nós presente e atuante a cada passo, em cada opção, em cada um de nossos processos de escolha.

Estar em psicoterapia é estar em contato com nossa ambivalência e dualidade interna, com um movimento extremamente fecundo que permite ao nosso ser atualizar-se, renovar-se permanentemente à procura de um equilíbrio estável, apesar de toda a nossa contingência.

A psicoterapia é uma forma de ampliação de consciência, de autoconhecimento, de crescimento, de aprendizagem. Não é apenas uma teoria e uma técnica para tratar de pessoas doentes, mas uma ação entre duas pessoas da qual resulta para ambas um maior envolvimento com a vida como um todo.

Psicoterapia é um método científico de abordar nossa humanidade ferida por desejos, por ações que superam nosso limite de suportabilidade. Supõe e exige um embasamento teórico, uma crítica científica de seus princípios através dos quais a realidade deve ser permanentemente interrogada, questionada a partir de um referencial teórico que lhe dê bases de referência. Se assim não for, corre o risco de transformar-se em um jogo interessante, mas perigoso.

Psicoterapia é uma técnica que usa os mais diferentes instrumentos, que são valiosos auxiliares no trabalho de contatar a pessoa humana, facilitando sua comunicação entre psicoterapeuta e cliente. São também um suporte, um apoio que ajuda o psicoterapeuta e o cliente a encontrar um modo mais didático e humano de entrar em contato com sua realidade adoecida.

Psicoterapia é também uma arte. Arte extremamente delicada, na qual a sensibilidade do artista-psicoterapeuta deve ser pautada por sua capacidade de perceber a realidade com inteligência e tato. Nossa capacidade criativa e criadora nos ajuda a ver além das palavras, a sentir além dos sintomas, além do próprio homem, porém sem jamais perdê-lo de vista, porque o cliente se constitui como nossa primeira preocupação.

Conceito de processo

Segundo o *Dicionário Aurélio da língua portuguesa*, processo vem do latim *"pro-cedere*: ir à frente, ação de adiantar-se, movimento para diante. Sequência contínua de fatos ou de operações que apresentam certa unidade ou que se reproduzem com certa regularidade".

No ser humano, movimento é existência, conceito que nos coloca em contato direto com a psicodinâmica da vida, em seu aspecto de transitoriedade/permanência e de mudança/estabilidade. O jogo da vida acontece e se faz nessa polaridade. Movimentar-se implica um caminhar contínuo da transitoriedade para a permanência e da permanência para a transitoriedade, processos que nunca terminam, e porque nunca acontecem em definitivo o ser humano é um ser em caminho, um ser em busca. Seu mal-estar, seu conflito ou sua "doença" estão justamente na inquietude própria de quem procura na verdade a certeza de si mesmo. Lidamos mal com o incompleto, com o imperfeito, com o inacabado, porque o instinto da perfeição, da busca de uma configuração plena, de uma totalidade viva e operante nos convoca a todo instante.

Existir ou existência vem do latim *ex+sistere*. *Sistere* significa parar, repousar. O prefixo *ex* remete a tirar, retirar algo de algo. *Ex-sistere* significa, assim, sair do repouso, do parar. Existência significa, portanto, movimento, mudança. Existir é estar em movimento, é um processo de dentro/de fora/de dentro. O que acontece dentro e o que acontece fora estão em íntima ligação. São lados de uma mesma realidade. Pode-se não saber como ou quanto, mas se sabe da influência direta de um sobre outro, modificando de forma dinâmica a realidade como um todo. Toda mudança é o resultado de uma relação operante ambiente-organismo-ambiente.

Esse movimento pode ser gerado do externo e do interno.

Chamo de movimento ou processo *ab extrínseco* estímulos que procedem da realidade externa da pessoa e afetam e modificam sua realidade interna. Eles são recebidos no e pelo organismo humano de maneira consciente/inconsciente, ou voluntária/involuntariamente. Muitas das nossas sensações são devidas à intromissão desses estímulos na pessoa, que os recebe de fora sem os processar, sem se defender deles – que, acumulados e transformados, terminam por afetar o equilíbrio geral de nossas estruturas de suporte.

Chamo de movimento *ab intrínseco,* estímulos que procedem, nascem no e do interior da pessoa, de um *dentro* do qual ela não tem consciência e operam como uma força misteriosa, aparentemente produzindo efeitos de cuja causa não se tem consciência. Quantas vezes somos tomados por sentimentos como o da ansiedade e dizemos a nós mesmos que não sabemos o que está acontecendo, porque aparentemente não está acontecendo nada que justifique o que estamos sentindo.

Conceito de mudança

Mudança é uma alteração em algo já constituído, é um movimento na direção de algo diferente, tendendo a ser transformador, mas com certo grau de permanência entre ambiente e organismo, produzindo uma alteração organísmica. O lugar da mudança e para a mudança pode variar dependendo do que muda, do que mudamos e de como isso ocorre. Mudança envolve sempre uma nova configuração, que pode ser provocada, produzida tanto por elementos "de fora" quanto por elementos "de dentro" em determinado campo, em determinado espaço e tempo, e pode ser espontânea, como aquelas mudanças das quais só nos apercebemos depois que aconteceram.

Em qualquer mudança, ocorrem tanto elementos de fora quanto de dentro. A mudança é de dentro quando os processos ocorrem a partir de si mesmos, independentemente da realidade externa que o corpo/objeto vive. A mudança é de dentro quando são processos internos, *per se,* próprios ao ser, no sentido de que um ser vivo só é vivo porque existem nele processos que lhe garantem o movimento de existir. Por exemplo, os pulmões estão em permanente mudança e, consequentemente, em movimento, o que lhes permite funcionar por si mesmos. Eles estão dentro de uma totalidade, de um corpo em ação, mas, como pulmões, funcionam de forma independente, exatamente por ser pulmões. O mesmo se pode dizer de questões da mente, psicológicas. Por exemplo, uma síndrome do pânico não se manteria se dentro do organismo não houvesse as condições para que ela existisse, que é o que estou chamando de processos *de dentro* ou *ab intrínsecos.*

A mudança é de fora quando produzida por elementos estranhos à fonte em mudança e com movimentos próprios. Quanto mais complexas as relações entre as partes que compõem o todo tanto mais complexo o processo de mudança; ou, ainda, a síntese resultante é tanto mais complexa quanto mais diversas forem as variáveis em questão. Os processos de fora procedem de fora, são internalizados na pessoa em mudança, resultando do encontro com o mundo exterior. Tais processos acontecem em dois níveis: consciente e não consciente. Em uns aspectos, o ser em mudança se percebe mudando, em outros, a mudança acontece independentemente da vontade de mudar da pessoa em mudança. É o que estou chamando de *processos de fora* ou *ab extrínsecos*.

É importante lembrar que tudo é movimento ou em tudo existe movimento. Uma pedra, uma planta, um animal, um homem são seres em movimento. O movimento espontâneo, entretanto, é próprio apenas do ser humano. O movimento animal, instintivo, é mais evoluído, aperfeiçoado do que aquele da planta, cujo movimento é praticamente o seu crescer. Na pedra, apenas o movimento atômico a faz existente e a conserva no ser.

Nesse sentido, o movimento *ab extrínseco* se compõe com o movimento do organismo humano, o qual ele modifica e em parte condiciona. A sincronicidade, a convergência entre esses movimentos é fundamental para a harmonia de um processo em curso. O corpo humano sofre a influência de ambos os processos, um que lhe é intrínseco e outro que lhe advém do ambiente, o que o coloca na posição de permanente mudança. Quanto mais interativo for o movimento fora de nós, porém em íntima conexão conosco, tanto mais complexa será a vivência experimentada.

Os processos internos, por sua vez, respondem a um movimento biopsicoexistencial. Eles ocorrem em níveis consciente e inconsciente, gerando e provocando mudanças em diferentes modos.

Em nível consciente, esses processos internos acontecem através de percepções, sentimentos, fantasias. Sem defini-los e tomando-os pelo que em geral significam, podemos afirmar que eles atuam profundamente no ser humano e a eles se deve creditar tanto grande parte da riqueza existencial em cada um de nós, bem como de nossas perdas e mal-entendidos. São chamados processos internos conscientes porque podem ser percebidos, ao menos, em parte, enquanto estão acontecendo, embora por isso mesmo nem sempre estão sob controle voluntário da vontade, dado que parte deles está sob a influência do inconsciente.

Em nível inconsciente, os processos internos acontecem através de movimentos desconhecidos, despercebidos, embora psicodinamicamente interligados, formando uma matriz de operações na qual cada elo é autônomo, embora influencie de maneira sistemática os demais, à maneira de subsistemas, sendo também por eles afetados.

O ser humano se processa como uma matriz interna, uma rede de comunicação intrapessoal por meio da qual recebe informações do mundo exterior, processando-as nos mais diferentes níveis e anexando-as à sua matriz pessoal, que é responsável, em última análise, por todas as modificações internas que ela opera.

Nossa visão de mundo, de pessoa está em íntima relação com essa matriz, que gera novos e constantes processos, que, por sua vez, serão compartícipes de novas mudanças. Esta matriz não é consciente, ela simplesmente é, existe e age.

O processo psicoterapêutico que procede da relação cliente-psicoterapeuta está intimamente ligado ao modo de funcionamento dessa matriz. O dar-se conta dessa matriz operacional, na qual cliente e psicoterapeuta se incluem, abre caminhos para uma percepção mais integrada da relação cliente-psicoterapeuta, abre caminhos para um encontro mais livre e criativo, dotando a relação psicoterapêutica de qualidades transformadoras.

O sistema intrapsíquico de comunicação consigo mesmo e o inter-relacional com o mundo constituem a base do processo de nossas significações existenciais, pois o modo como alguém entra em contato com o mundo é intimamente ligado ao modo como entra em contato consigo próprio. Assim, conhecer o modo de alguém contatar o mundo é o caminho mais certo para perceber como ele lida com sua própria matriz interna e que tipo de elos sua rede interna de comunicação mantém entre si e com a realidade externa.

O processo psicoterapêutico não visa modificar essa matriz interna, mas é, antes de tudo, uma tentativa de conhecer as injunções, os pactos – sobretudo inconscientes – dos elos dessa rede que, formando subsistemas, interferem no seu funcionamento global.

O processo psicoterapêutico surge e se define nessa fase de identificação da matriz interna. Identificar essa matriz é conhecer os subsistemas de que é composta. A ação não para no conhecer, mas esse é o primeiro passo da investigação para se passar à fase experiencial da psicoterapia, isto é, ao processo de desenvolvimento e reaprendizagem propriamente ditos.

A pessoa é potencialmente uma rede interna de comunicação, nascemos assim, ou seja, o próprio corpo já traz em si normas de comportamento orgânico e neurofisiológico que afetarão uma parte não menos importante, mas apenas tenuamente delineada: a psicológica. A junção dessas partes forma, por assim dizer, um "pro-jeto", um "pro-grama", um "pré-caminho" já concebido, sob certo modelo, a ser percorrido. Essa estrutura incipiente vai incorporando novas realidades, formando assim a matriz interna, que jamais estará de fato completa, por se tratar de uma realidade eminentemente dinâmica.

A psicoterapia, em si, não visa analisar estruturas ou caminhos percorridos na constituição dessa matriz interna mental, mas trabalhar o que a rede é aqui-agora e como funciona. Trata-se de uma ampliação de nossa consciência reflexa, de nosso self processual, embutido no eu sou eu, assim como sou. Somente a partir desse momento, desse encontro consigo mesmo, essa rede mental, desconhecida de nós mesmos, poderá ser pessoalmente iluminada e indicar novos caminhos. Nesse momento, o sistema de comunicação interno se torna inteligível e pode ser vivenciado, ou seja, a psicoterapia é um processo pelo qual alguém procura se apropriar de si próprio, ser senhor de sua realidade, ainda que esta seja experienciada como frágil e dolorosa.

Relação entre linguagem e palavra

Estamos falando de processos de mudança e em que circunstâncias estas ocorrem. Estou atento, sobretudo, à questão da mudança que ocorre através da psicoterapia, que é um processo de linguagem cujo significado tem tudo que ver com a questão da subjetividade tanto do cliente como do psicoterapeuta. Assim, me pareceu oportuno desenvolver um pouco a questão da linguagem, visando especificamente a questão da psicoterapia.

A linguagem, que é um meio de comunicação próprio do ser humano, torna a palavra inteligível. A linguagem veste a palavra, a qual não é apenas expressão do nosso pensamento, mas expressão de determinado modo de estar na vida. Feita de palavras cocriadoras de sentido, a linguagem é expressão e ressonância interna de cada um, embora as palavras nem sempre expressem toda a riqueza que a linguagem contém.

A linguagem falada, feita de palavras, é também um instrumento de mudança, porque a palavra é muito poderosa, cria significados, transporta o sentido de alguém para o outro, sendo por meio delas que as pessoas procuram ou pensam compreender-se umas às outras.

Nossas palavras refletem nossos referenciais, por isso pensamos que entendemos e compreendemos os outros. A comunicação, entretanto, é sujeita à questão da equivocidade, da univocidade e da analogicidade, que, pertencendo à própria natureza da linguagem, enviesa, muitas vezes, o que se comunicou com o que se queria comunicar.

A palavra é um componente de nosso sistema cognitivo, um veículo de nossos pensamentos, pois até quando pensamos a usamos para nos compreender. Existe, porém, uma diferença entre a palavra apenas pensada, reflexionada, e a palavra captada pela mente a partir de um dado externo. A palavra interna é reflexo de mim mesmo, tem minha marca, minha dimensão, é idêntica a mim mesmo, somos duas realidades unívocas, formamos um todo. A palavra que me chega de fora, ouvida, não é minha; sem ser propriamente intrusa, jamais terá minha dimensão. Está sujeita ao processo que toda linguagem comporta: a equivocidade e a analogicidade, porque escuto a palavra do outro através do sentido que eu lhe atribuo – e aí está a fonte de toda incomunicabilidade humana. Terá de ser reciclada, porque a palavra do outro é outra palavra com relação a mim. É uma produção dele, chega a mim já "com-prometida". Para entendê-la, para compreendê-la preciso de todo um quadro referencial meu e do outro através do qual nos aproximamos da realidade interna da palavra ouvida, falada e ainda não "traduzida" de fora.

Nossa linguagem interna, mais do que de palavras, é fruto de sensações, que não são abstrações no nível das ideias, mas experiências-respostas aos significados com os quais nossa própria realidade lida. Nesse sentido, minha linguagem interna gera minha palavra, a qual, por sua vez, dá sustentação à minha linguagem. Fora desse contexto de palavras que geram uma linguagem experienciada, nem eu posso saber até onde minha palavra falada é reflexo de minha linguagem interna ou se ela está sujeita a cair nas malhas da minha razão e ser objeto de confusão para seu próprio pensante.

Tenho consciência do nível de teorização a que estou me submetendo, por entender que o processo de mudança em psicoterapia está correlacionado com a questão da linguagem não como lógica de comunicação, mas como expressão de experiência humana entre duas pessoas, de tal modo que a mudança não se fará se a linguagem de um não se incluir na linguagem do outro – uma linguagem feita de palavras não como sons, mas como expressão viva de uma interação pessoa-pessoa.

Outro dia, veio ao meu consultório um senhor. Alto, corpo benfeito, advogado de sucesso, 65 anos. Estava acompanhado de três pessoas. No rosto, medo, ansiedade, voz "embolada", estava tomando sete remédios. Entrou num plano de aposentadoria, recebeu uma boa quantia e, passado um ano, começou a pensar o que faria quando o dinheiro acabasse. Não sabia o que fazer. Entrou em pânico... A lógica não convence o medo. Pensava perfeitamente bem, mas o pavor de ficar pobre, de passar fome era tanto que entrou em pânico, paralisado, não via saída, não tinha luz no fim do túnel. A força da evidência de que não via a realidade como um todo, mas apenas uma de suas partes não chegava à sua percepção. Ele me olhava, profundamente, me lia por dentro. Não falava comigo ou para mim, falava para ele mesmo, ele podia ouvi-lo, mas não escutá-lo. Eu tinha que fazer isso por ele, traduzir o olhar dele para ele. Sentia que, naquele momento, a única coisa que podia fazer era me comunicar com ele através do meu olhar. O olhar dele era a fala dele, a comunicação dele. O silêncio tomou conta de nosso olhar, e nosso olhar era a única linguagem possível.

Existem pessoas que concordam com tudo que se lhes diz sem uma reflexão sobre o dito. É como se seu quadro interno de referência fosse idêntico ao daquele que lhe fala. Existe nesse caso uma disfunção no modo como a compreensão se faz, porque há uma confluência na troca de mensagens de tal modo que a mudança não pode ser operada, pois para que a comunicação se faça é necessário um mínimo grau de diferenciação entre os comunicados.

Existem pessoas que sistematicamente distinguem qualquer comunicação que lhes é feita. Nunca negam, nunca concordam, elas distinguem, negociam o significado da palavra. Vivem uma permanente proflexão, isto é, sem um mínimo de oposição a concordância é impossível. Toda mensagem deve passar pelo crivo de sua crítica. Seu mundo é feito de analogias, nada é totalmente diferente e nada é totalmente igual. É como se seu mundo de analogias lhes permitisse ir apenas até certo ponto de sua compreensão da realidade, o que sempre dificulta o encontro de uma comunicação verdadeira e, assim, a mudança fica mais difícil, apesar de parecer que seria fácil. Nesse caso, uma mudança pode ocorrer, mas vai depender da capacidade do sujeito de receber o mundo de uma maneira mais fluida.

Existem pessoas que normalmente discordam do que lhes é dito. A realidade própria e a externa estão em desacordo, são equívocas, necessitando sempre ser conferidas. Uma mudança real, nesses casos, é mais difícil de acontecer e de explicar, porque, para que ela ocorra, é necessário um percurso criativo através de polaridades, através de posições/percepções em desacordo dentro da mesma e única pessoa, detendo-se lá onde sua sensação de sua verdade interna coincide com a verdade objetiva da coisa em si.

Este tríplice modelo de comportamento na comunicação obedece a regras internas da pessoa, as quais comandam seu sistema de subjetivação do que é adequado ou não ao mundo exterior.

Essa é uma das limitações do trabalho psicoterapêutico, pois embora a palavra seja um instrumento utilíssimo na compreensão do ser humano ela costuma esconder mais do que revela – e, às vezes, o pouco que ela esconde é mais significativo do que o que ela revela.

Essa reflexão nos leva a outra reflexão. A palavra e a linguagem verbais não são suficientes para uma total compreensão do ser humano quando este se encontra na posição de ter de ser entendido; por outro lado, o uso combinado da linguagem verbal e não verbal nos remete a outro parâmetro de compreensão das razões pelas quais a pessoa humana deva ser entendida como um todo no seu processo de comunicação.

O homem é um fenômeno, um ser aí, aqui-agora, passível de ser descrito, experimentado, de ser intuído pela consciência do observador, porque é uma significação, tem significado com vida e dinâmica próprias. Na sua significação, ele transcende a si mesmo. O seu significado vai além de sua significação.

O psicoterapeuta, às vezes, deixa o homem que está ali diante dele, concreto, de carne e osso, para lidar com um homem que está além do próprio homem, um homem que está nas suas ideias, concebido por ele a partir de seu olhar para o cliente; porém, nesse caso, ele não conseguirá ir muito longe se não lhe for claro que o homem em questão é o seu cliente que está diante dele e é seu objeto de percepção.

Como percebê-lo, de fato? Que luzes usar? Até que ponto descrevo, compreendo e interpreto o fenômeno homem, este homem, ou me posto diante do fenômeno humano homem como se ele fosse uma globalidade, como um universal, deixando de ver esse homem enquanto tal para vê-lo como reflexo de uma visão abstrata de ser humano?

O risco da psicoterapia tem sido lidar com o homem como um representante, como a encarnação de uma teoria de personalidade ou de dada psicopatologia ou lidar com pedaços, com restos existenciais, com configurações interrompidas que não nos permitem ver a pessoa como um todo integrado.

Descrever o fenômeno humano é percorrer com a pessoa detalhes de sua intimidade, do que ela significa para si mesma, sem se dar nenhuma conotação valorativa; compreender o fenômeno humano significa ter acesso, de algum modo, a sua totalidade existencial; interpretar o fenômeno humano significa ter descoberto os porquês e os para quês que constituem a pessoa humana como indivíduo singular, vendo-o como uma unidade compreensiva.

Tento entender o homem com base em pelo menos três dados. 1) Observação acurada, cuidadosa do sujeito enquanto tal, a partir de uma totalidade interna nele presente através da qual ele se apresenta ao mundo, independentemente de sua vontade; 2) Tento compreendê-lo a partir de meus parâmetros, dos meus pré-julgamentos; 3) Tento compreendê-lo com base em pressupostos científicos que criam uma relação de causa e efeito entre a ação do sujeito e causas desconhecidas que dariam origem ao seu jeito de ser.

A dicotomia mente e corpo operacionalizada significa usar a palavra ou usar o corpo na compreensão do homem. O homem, no entanto, é um todo, funcionando basicamente em dois níveis que nos fornecem dois momentos paralelos e interdependentes na sua compreensão: *a percepção sensorial e a intuição reflexiva.*

A mudança ocorre como uma provocação, porque temos ínsito em nós o desejo de mudar; ainda que não o percebamos, somos fascinados pela diferença, a desobediência faz parte de todo um processo de crescimento, é um processo de e na totalidade, ainda que ela aconteça a partir de um de seus subsistemas. Na prática, agir sobre a totalidade é mais difícil, porque ela é, como totalidade operante, inatingível em si própria. Nesse sentido, temos, ao mesmo tempo, uma visão longitudinal e horizontal do ser em mudança, porque seu aqui-agora reúne e sintetiza um processo de mudanças acontecido ao longo do tempo e do espaço.

Tem-se falado muito na linguagem do corpo e na necessidade de compreendê-la. O corpo é o óbvio, é o primeiro discurso, a primeira fala, que carrega em si milhares de outras falas. Lamentavelmente, porém, o óbvio não é direta e naturalmente compreensível. Vê-se o óbvio, mas não seu significado, e isso se deve, em parte, à "violência" com que o óbvio evidencia a si mesmo.

A linguagem do óbvio é estreitamente ligada ao que chamamos de percepção sensorial, que é um modo muito rico de entrar em contato com a realidade. O organismo humano reage sistemática e às vezes claramente diante de certos estímulos diferenciados: o coração bate mais forte, a respiração se altera, o suor aumenta etc. Isso significa que o organismo percebeu, já "viu" onde se encontra. Acontece, porém, que a mente desabituada e, ao mesmo tempo, controladora, não percebe a dimensão e a riqueza de tal informação organísmica. Em geral, quem percebe essas mudanças no organismo tenta controlá-las, fazê-las desaparecer o mais rápido possível, por medo de perder o controle (mental) da situação externa. Estamos falando também, em outras palavras, do que chamamos de comportamento molecular, do qual o sistema nervoso central está excluído. A percepção sensorial é assim um movimento interno por meio do qual o organismo como um todo, diante de determinado estímulo externo, reage, expressando uma modificação que, embora com o consenso da mente, independe de seu controle. Essas informações são preciosas, porque revelam uma linguagem do corpo a que a mente racional não tem acesso.

A intuição reflexiva é uma percepção mental do mundo exterior que o sujeito experiencia com uma consciência reflexa, uma espécie de awareness corporal, um dar-se conta, porque ela se dá na nossa relação com o mundo e, quase sempre, é transformadora. A intuição reflexiva é um instrumento normal de compreensão da realidade humana que, através de complicados processos intelectuais, a mente induz ou deduz da realidade circundante. O ser humano se revela criativo através, sobretudo, dessa intuição reflexiva.

Ambos os processos, percepção sensorial e intuição reflexiva, são instrumentos que facilitam a compreensão do fenômeno humano em virtude da relação que eles mantêm naturalmente entre si.

Meu corpo é a expressão visível de minha história, que, somada a milhões de outras história, proclama sua importância como instrumento de compreensão do processo da evolução humana e, consequentemente, das mudanças sofridas para que pudesse ter alcançado o nível de qualidade que tem hoje. Meu corpo conta toda a minha história, revela e oculta o que de mais significativo minha existência movimentou num contínuo processo que implica um único e inalienável processo de mudança. Por isso mente e corpo, sozinhos, não conseguem expressar-se como radiografia compreensiva da vida.

Não existem dois mundos, eu e o mundo. Eu sou o mundo em miniatura e o mundo sou eu em potencialidades. Não obstante, vivo como se o mundo existisse fora de mim, me impulsionasse, me mandasse mensagens contínuas, as quais tenho de decifrar.

O trabalho psicoterapêutico passa por esses lugares. Supõe inteligência, sensibilidade, competência que, juntas, nos oferecem tudo aquilo de que necessitamos para agir no mundo de forma ordenada e criativa.

Tenho, entretanto, de estar atento à minha temporalidade como ser do mundo, e isto me remete à minha limitação, o que significa que um fenômeno, por maiores que sejam as condições facilitadoras de chegar até ele, nunca será totalmente percebido. E essa é outra limitação do trabalho psicoterapêutico. O estatismo não é, em definitivo, uma das características do ser humano. Assim como ninguém nada duas vezes no mesmo rio, também nunca nos encontramos duas vezes com a mesma pessoa. Tudo é permanente mudança, tudo é um contínuo vir a ser. Existe, no entanto, algo no ser humano que é permanente, que lhe dá identidade e continuidade, que é o seu centro de conjunção e de unidade, que chamo de "eu". Mas algo em mim está em permanente movimento, à procura de uma finalização existencial, que chamo de *anseio de complementação integrativa.*

Vejo esses dois movimentos como processos contínuos de permanência e impermanência, de integração e mudança, ambos, no entanto, resultando num movimento de busca de equilibração permanente. É o movimento dialético da tese-antítese-síntese. Toda realidade desintegra, cria novas dimensões no antigo; integra, cria novas dimensões no novo – e assim o processo de vida continua, recriando-se de modo permanente.

Ao mesmo tempo que essa mobilidade assusta, pois parece tirar o tapete debaixo de nossos pés, orienta e acalma. Esse é um processo de vida, pois existir significa sair do parado, do fixo, significa estar em contínuo movimento à procura de uma configuração em cuja contemplação nos possamos sentir verdadeiramente humanos.

O psicoterapeuta está atento a esse movimento, entra nele e deixa que ele se faça, que construa o próprio caminho no seu tempo e no seu espaço, ajudando-o, pois, não obstante a fragilidade em que se encontram certos clientes, eles precisam apenas de uma presença consciente e afetuosa diante da qual se sintam com permissão e apoio para mudar e crescer.

Digo, pois, que o processo psicoterapêutico é um movimento interno de relação dentro-fora-dentro pelo qual a realidade se modifica psicodinamicamente, criando uma relação de forças equilibradoras, integrando-desintegrando-integrando em busca da unidade existencial – que contempla os planos físico, psíquico, social, espiritual e cósmico –, permitindo que, uma vez harmonizados esses planos, o cliente se reencontre consigo mesmo, em um autêntico estado de paz interior.

Nada, portanto, que acontece ao ser humano é neutro de significado. A posição cliente-psicoterapeuta é de tal modo operante, criadora e significativa que a ideia de neutralidade em psicoterapia me parece simplesmente fora de lugar. Além de o ato psicoterapêutico ser acompanhado de pormenores (sala, tipo de cadeira ou almofadas, ornamentação etc.), a própria pessoa do psicoterapeuta e aquela do cliente se revestem de especial significação tão logo um relacionamento se inicia.

A inclusão, o engajamento na vida do cliente é de tal natureza que se torna impossível estar ali sem memória, sem desejo, sem conhecimento. Todo um querer saber, toda uma vibração e energia com os quais deparamos nas primeiras sessões nos colocam, de início, o primeiro sinal de nosso engajamento e nos informam onde nos encontramos e talvez até que caminhos poderão se constituir na estrada que leva a uma completude na nossa relação pessoa-cliente-mundo.

Afinal de contas, qual é a diferença entre cliente e psicoterapeuta? Será aquela de que um tem poder e o outro não? Será aquela de que um é são e o outro doente? Que um sabe e outro não? A falta de um engajamento técnico, competente, sem deixar de lado o emocional tem levado muitas psicoterapias ao fracasso, ao insucesso.

No processo psicoterapêutico, ao mesmo tempo que sou mestre sou também discípulo; ao mesmo tempo que sou psicoterapeuta sou também cliente. O psicoterapeuta que jamais é cliente de seu cliente, que jamais é discípulo do seu discípulo não está entendendo nada, não está crescendo, pois é sendo discípulo e cliente que o psicoterapeuta se transforma em agente de uma mudança integrada, se transforma em resposta viva às inquietudes de quem o procura querendo paz, amor e trabalhar de maneira saudável e nutritiva.

Psicoterapia e mudança

Neste ponto, e com base em toda uma reflexão anterior, introduzo o discurso de mudança em psicoterapia, tentando estabelecer laços entre esses dois momentos que ocorrem ao mesmo tempo na experiência tanto do cliente como do psicoterapeuta.

Mudança é um movimento, é um processo que se opera nos mais variados níveis. Como na física e na química, também em psicologia podemos chamar de processo de mudança uma qualidade do ser através da qual ele se transforma, atual e permanentemente, sempre que uma nova realidade lhe é acrescentada.

A característica permanente do ser é ser um ente em mudança. É a qualidade da mudança que indica ao psicoterapeuta o rumo que o processo segue. Ambiente e organismo interagem sempre, produzindo uma relação de mudança organísmica a qual, por sua vez, no momento imediato se "prepara" para uma nova mudança, criando uma zona em antítese onde, de novo, ambiente e organismo, distinguindo-se, se preparam para uma nova síntese – e assim o processo caminha ininterruptamente. Um ser inclui, pois, permanentemente, um ente em mudança.

Essa mudança pode ser voluntária ou involuntária e acontece nos mais diversos níveis: biológico, social, psicológico, espiritual.

Uma *mudança voluntária* é desejada, é planejada, é seguida. Segue um referencial dentro ou fora de nós e obedece a passos concretos para sua realização. A vontade de emagrecer, o desejo de ser mais direto, podem ser considerados mudanças voluntárias. É importante notar, entretanto, que o fato de propor uma mudança não significa que todo o processo estará permanentemente sob controle da consciência. Quantas pessoas se preparam para uma plástica facial e, após a mudança, se encontram em permanente conflito com seu novo visual? Isso significa que, mesmo em um processo consciente, encontram-se variáveis que escapam ao controle da consciência.

A *mudança involuntária* pode acontecer em nível biológico, psicológico, social e espiritual através de um processo com metabolismo próprio a cada uma dessas dimensões humanas, independentemente do controle consciente da vontade. Podemos chamar também essa mudança involuntária de mudança não consciente, enquanto ela acontece para além do controle da vontade. Ela entra de mansinho, sem pedir licença, fazendo acontecer o que deve acontecer. Assim como um rio não sabe que está indo para o mar e chega lá, não se violenta, apenas se deixa acontecer, assim também os processos não voluntários seguem seu curso, porque obedecem a uma finalização harmônica interna para a qual todo organismo tende naturalmente.

A psicoterapia acontece nesses dois níveis. Processos voluntários ocorrem também através de processos involuntários e vice-versa. Isto não significa que a psicoterapia aconteça e se faça ao acaso. Ao contrário, para que se estabeleça um processo psicoterapêutico propriamente dito são necessárias muitas condições, entre elas a vontade decidida do cliente de crescer, de desenvolver suas potencialidades e do psicoterapeuta de estar ali incluído, presente, competente, junto na construção de, quem sabe, um novo modo de ser do cliente

Um processo de mudança em psicoterapia é algo de difícil visualização teórica pelo fato de conter variáveis que provêm de diferentes níveis de atuação. A prática clínica, no entanto, me sugere que o processo pode ser, fenomenologicamente, experienciado em quatro níveis: *experimental, experiencial, existencial e transcendental.*

O nível experimental corresponde a *que* o cliente vive em um dado momento e espaço, bem como à busca imediata de uma solução para o conflito experimentado, sendo que essa dificuldade aumenta porque o cliente a vive sem muitas vezes estabelecer uma lógica mental ou uma razão causa-efeito do que ele experimenta.

Nesse nível, a pessoa vive a concretude da dor e do sofrimento, da angústia e da dúvida, às vezes sem a esperança de uma solução rápida. O cliente vive essa situação como um impasse, como uma polaridade, como um conflito resultante do não se sentir onde ele realmente está. São momentos de ambiguidade e de impotência, em que o cliente pode se sentir diante de um inimigo cujas armas ele não conhece, mas sabe ser poderosas. Sabe que tem de solucionar o conflito que experiencia, que o caminho é feito através do confronto, e nessas circunstâncias pode ter a sensação de não saber como solucionar o que tanto o incomoda.

Essas sensações são, ao mesmo tempo, poderosas fontes indutoras da mudança, embora sejam também um complexo e crucial momento de impasse. Nesses momentos, nossa psiquê arregimenta suas forças de mudança, convoca-as para se apresentarem em toda sua plenitude. É um momento crucial do contato consigo e com o mundo do ajustamento criativo, da ruptura com qualquer forma de relação complementar disfuncional.

Esse é o momento fundamental do suporte, da presença firme e amiga do psicoterapeuta. Se o salto para a mudança se faz nesse aqui-agora, nosso cliente entrou no campo da esperança criadora da mudança.

Nesse nível, a pessoa aciona seu *sistema motor*, isto é, ela se movimenta, age e interage, trabalhando sobretudo com a ampliação de sua percepção, de sua aprendizagem, e com soluções viáveis de seus problemas.

Essa expectativa de um amanhã diferente é uma poderosíssima força de mudança. É uma energia de vida, como um misto de poder e mística, de magia e realidade. Ela promana de uma consciência real, às vezes porém não clara, do próprio poder pessoal, mas que, quando bem trabalhada, pode se transformar numa grande força e suporte para mudança.

O nível experiencial corresponde a *como* a pessoa vivencia *o que* ela está experimentando, sobretudo em momentos em que sente que "tem de" mudar. É uma descida ao escuro, ao mistério que se esconde em nossa subjetividade, quase sempre provocado pela ansiedade do que poderá ser. Nesse nível, a pessoa trabalha com o *sistema sensório--afetivo*, isto é, com emoções, sentimentos, afetos, às vezes os mais ameaçadores. A pergunta que não cala é: afinal quem sou eu, de onde vim, para onde vou, o que fazer comigo, aqui-agora, que tento descobrir minha identidade?

Essa fase da psicoterapia costuma vir acompanhada de raiva generalizada, de medo, de culpa, de desapontamento pelo que foi... Embora existam perspectivas à frente, o momento atual, em virtude das fortes emoções que suscita, é confuso, e o cliente sente que chegou a hora de descer ao fundo do poço para de lá retornar com mais clareza e mais poder pessoal sobre sua vida. Descer ao fundo do poço significa abandonar o imaginário, fantasias " salvadoras" para uma realidade que pode ser cruel, mas com certeza libertadora.

Nesses momentos, a atuação do psicoterapeuta deve ser clara, efetiva, afetiva e de suporte.

Estas colocações tentam revelar a própria natureza da psicoterapia, seu campo de ação, embora a psicoterapia tenha como uma de suas marcas o fato de não poder ser definida claramente, pois ela é um processo, um movimento que acontece e sucede entre duas pessoas cujas fronteiras não estão claramente definidas.

O nível existencial é o nível dos valores, das certezas e verdades "estabelecidas", em que o instante ocorre através de um *"para que"* cheio de perguntas e com poucas respostas.

Para que tudo isso, vale a pena, que sentido tem tido isso, pode ser mais simples, sou livre, existe mesmo? Sou, quero, posso, devo, sou parceiro do destino?

Essas perguntas sem respostas claras, definidas, nos remetem a uma sensação de vazio existencial. Esse sentido de vazio e de que ainda existem coisas a adquirir constituem nosso conflito existencial básico. Que sentido tem minha existência, afinal de contas, qual é a essência de tudo isso? Esse é um dos meus gritos e dos gritos existenciais de grande parte da humanidade. Esse grito produz vida; sua ausência, morte.

Esse processo encerra na temporalidade e na espacialidade humanas a questão maior da qualidade de vida e o espaço que pode ocupar nela. A pessoa humana procura sem cessar, é incansável na sua busca e, talvez, procura tanto mais quanto mais percebe que a resposta não está contida na pergunta.

Existe em todo ser humano uma predisposição à mudança. O homem aspira ao ideal da felicidade. Ele sempre imagina que amanhã será melhor que hoje, que estará mais inteiro e mais liberto de sua prisão de estar condenado a ser livre. O nível existencial responde às demandas do *sistema cognitivo*, através do qual a pessoa usa preferencialmente o raciocínio e a memória como instrumentos de mudança.

O nível transcendental ocorre quando os três níveis anteriores se encontram harmonizados. É o nível da graça, como diz Martin Buber. Nele, nem o tempo nem o espaço contam, trata-se de um tempo sem tempo, simplesmente tempo vivido, em que nossa subjetividade não escolhe mais o sentido das coisas a ser vivenciadas. O sentido, nesse caso, nos é dado, flui naturalmente, porque nasce de camadas mentais já trabalhadas, elaboradas, de configurações totalizadoras. É o momento da mudança, da cura – que, talvez, até já tenha ocorrido sem que a pessoa se desse conta. Corresponde à busca constante da própria felicidade, da própria completude, da própria terminação. É o nível dos valores, mas que agora não se nos impõem, são simplesmente vividos. É o tempo do resgate, do amanhecer ou do entardecer harmoniosos, quem sabe?! É o tempo da saúde.

Nesses quatro níveis se encontram também quatro das dimensões fundamentais da existência humana. A fusão deles constitui a unidade, a globalidade do ser humano, enquanto território em que cliente e psicoterapeuta encontram seus próprios mapas para se organizar na corrida em busca de mudanças existenciais, como também possíveis alertas para o próprio processo psicoterapêutico.

Estar em processo de mudança significa estar à procura do ponto zero, do ponto de equilíbrio inicial, ainda que esse movimento, que se opera além da vontade, possa passar ou estar desapercebido. O ponto zero é onde se está, de fato, agora. Não temos acesso ao ponto zero de ontem. Procurar o equilíbrio inicial não significa ter hoje o que se teve ao nascer, mas ser hoje o que realmente se é. De resto, é impossível experienciar o passado, como tal, hoje. O passado é apenas uma lembrança. Ele é irrepetível, porque ninguém pisa duas vezes o mesmo caminho.

Psicoterapia é um processo de tomada de posse do que se é e do que se tem. Dentro da mutabilidade natural do ser, a psicoterapia é um processo permanente de contato com o aqui-agora, um contato pré-reflexivo antes de todo, de abandono do pré-sabido, de abandono de certeza arrogantes que não nos levam a lugar nenhum.

Nesse contexto, o psicoterapeuta deve ter clareza de qual é o seu papel, pois, de um lado, sua atuação é necessária para ajudar o processo psicoterapêutico a evoluir, a encontrar seu próprio significado; de outro, acontecem mudanças que estão além do seu saber, do seu "controle", embora acontecendo em função da relação estabelecida entre ele e o cliente. Assim, existem mudanças em estreita ligação com procedimentos psicoterapêuticos e mudanças decorrentes da combinação de subsistemas internos, vontade, memória, fantasia, interagindo no sentido de produzir equilíbrio/mudança no sistema total, respondendo a uma autoecorregulação interior que visa complementar o próprio sistema de funcionamento humano.

Onde fica, então, o fato inegável da desorganização, da doença e até da destruição comum nas pessoas?

O ser humano não tende naturalmente à doença, ele adoece; não tende à destruição, se destrói, pois o mal não existe em si, como uma entidade *a se*, o mal é privação do bem; o bem existe em si, como uma substância, ao passo que o mal existe como acidente. Esses dados que apontam para certa autodestruição do ser em virtude de sua forma exterior negativa podem, entretanto, se tornar momentos luminosos de percepção da própria realidade ferida. Eles fazem parte de uma espécie de confusão existencial que precede o autêntico conhecimento, embora, às vezes, este não seja atingido, dada a própria limitação do ser humano quando se encontra diante de mudanças cujo oposto se consolidou, ao longo dos anos, por intermédio da dor e do sofrimento.

Diante dessa limitação humana e metodológica podemos perguntar: quem muda quem? Quem se muda? Muda-se de onde para onde? Muda-se o quê? Muda-se para quê?

Se eu pudesse responder a essas perguntas, teria a mais perfeita descrição e definição do homem – e, nesse caso, talvez a psicoterapia fosse desnecessária. Tais questões constituem a preocupação permanente do processo psicoterapêutico, não só porque questionam a própria natureza da psicoterapia como o próprio sentido do ser humano no mundo.

Esses pressupostos nos levam ao discurso sobre o normal e o patológico, sobre o próprio sentido da psicoterapia e da cura, sobre identidade e expectativa, sobre autonomia e heteronomia, sobre liberdade e cultura, enfim, sobre o significado do ser aí no mundo.

O processo psicoterapêutico caminha necessariamente nessa polaridade, acontecendo numa relação permanente dentro-fora-dentro. Não se pode fazer psicoterapia sem considerar a própria contradição que esta encerra em si mesma com relação aos processos antes referidos.

Mudanças acontecem dentro e fora da psicoterapia, mas para onde se deve caminhar? O que é o normal e o que é o patológico? Colocar acento na identidade ou na expectativa, na autonomia ou na heteronomia, na liberdade ou na cultura? Apenas para nos referirmos a esses elementos como pontos de partida ou de chegada.

Na realidade, a pergunta é: o que é uma pessoa normal ou quando uma pessoa pode ser dita normal, o que é ser humano, qual é o seu sentido. De outro lado, a pergunta pode ser: o que é uma doença, uma doença é uma doença, uma doença é um problema ou é uma solução, o que são os sintomas, o que são as disfunções emocionais, psíquicas?

Somente a partir de uma específica visão de mundo e de pessoa poderíamos formular uma teoria do sujeito e por conseguinte um método de psicoterapia. Se a tarefa de definir o homem e uma metodologia de abordá-lo são extremamente difíceis, mais ainda será a de definir a natureza e o campo da psicoterapia, seus objetivos e sua utilidade.

Depois de percorrer um longo caminho, parece que voltei ao ponto inicial da definição do homem e da ciência psicoterapêutica, mas, após esta reflexão, acredito poder também dizer que qualquer forma de psicoterapia contém, pelo menos, quatro pontos: 1) O cliente concreto, isto é, suas necessidades, seus anseios, o modo como se vê no mundo, o modo como pensa realizar-se para se complementar como ser humano, um ente concreto feliz e realizado; 2) O psicoterapeuta, isto é, o modo como ele pessoalmente se encontra no mundo, sua capacidade e abertura para responder às perguntas que a vida e as pessoas lhe apresentam; 3) A probabilidade suposta de que esse encontro seja viável, de que cliente e psicoterapeuta possam se escutar, se entender, caminhar juntos, desenvolver uma cumplicidade que lhes permita confluir de maneira nutritiva; 4) O mundo, isto é, que possam estar no mundo o tempo todo para depois retornar a ele, levando o que é seu e deixando para trás o que não lhes pertenceu.

Em outras palavras, psicoterapia, longe de ser aplicação inteligente de uma técnica embasada em uma teoria do homem, é uma relação viva, uma relação-resposta em conjunto, agora, da procura permanente e angustiosa de um momento de compreensão e fortalecimento de si mesmo com um Outro qualificado e disponível para perfazer com ele o caminho que ele iniciou e, por alguma razão, não consegue terminar.

A psicoterapia parte do cliente e nele e através dele adquire sentido. Sendo um processo a dois, o cliente é a figura, é ele quem indica o caminho, muitas vezes de maneira inconsciente. O psicoterapeuta vê com os olhos do cliente, sente com o seu coração e pensa com sua mente o modo de percorrer o mesmo caminho sem perturbar, sem esquecer, sem violentar a sabedoria do organismo do cliente na sua busca de uma autocompreensão reguladora. O psicoterapeuta, tanto como o cliente, está o tempo todo em um sutil e criativo processo de psicoterapia. Se ele se exclui, a psicoterapia não acontece.

Psicoterapia é, portanto, um processo de mudança a dois, o qual, por meio da informação e da compreensão recíprocas de fatos existenciais, leva ao autoconhecimento, conduzindo a um maior fortalecimento do eu e a um consequente desenvolvimento das potencialidades pessoais, a uma percepção mais consciente e engajada, a uma nova aprendizagem no manejo da própria realidade e do modo mais adequado de realizá-la.

6 A ENTREVISTA PSICOLÓGICA

> Nenhuma época acumulou conhecimentos tão numerosos e tão diversos sobre o homem como a nossa. Nenhuma época conseguiu apresentar seu saber acerca do homem sob uma forma que nos afete tanto. Nenhuma época conseguiu tornar esse saber tão acessível. Mas também nenhuma outra época soube menos o que é o homem. (Heidegger, 1953, p. 226)

A entrevista psicológica é, de maneira simples, o corpo e a alma do processo psicoterapêutico. Corpo porque supõe uma estrutura funcional que seria definida por *o que* é uma entrevista, sendo a alma o *como* a entrevista se desenvolve no sentido do melhor resultado. Ela se constitui no instrumento-chave do processo. Muito se tem escrito sobre sua natureza, seu desenvolvimento, suas técnicas e sua importância, sobretudo como instrumento que se coloca a partir do psicoterapeuta e do cliente.

Entrevistar implica sempre certo nível de dificuldade, dado que a pessoa humana, na sua complexidade, é um ser surpresa, um ser interrogado e que interroga, incapaz de ser contido ou avaliado dentro de um sistema predeterminado, por mais sofisticado que pareça. Sempre que duas pessoas interagem, em qualquer situação, surge uma série de fenômenos psicodinâmicos, fruto de percepções e fantasias que elas experienciam entre si e interferem na própria natureza e essência do que imaginamos ser uma entrevista.

Essa situação se torna mais complexa e delicada numa entrevista psicoterapêutica quando consideramos as questões da intencionalidade, as situações de identificação introjetiva e projetiva que ocorrem entre entrevistador e entrevistado, os mecanismos próprios da simbologia transferencial, as expectativas e esperanças presentes, o modo de ser e de se expressar de cada um e o modo como cliente e psicoterapeuta lidam com a própria realidade diante da subjetividade humana presente sempre que a pessoa quer ultrapassar os limites da própria objetividade.

A situação se torna mais difícil nas primeiras entrevistas, pois estas desempenham um papel decisivo no desenvolvimento do processo psicoterapêutico, no sentido de que tendem a influenciá-lo em todo o seu desenrolar. As percepções, fantasias, os sentimentos e as expectativas do cliente em face da presença e da ação do psicoterapeuta exercem um papel importante no desenvolvimento de novas aprendizagens, de um estilo novo de vida, de uma diferente percepção de seu mundo interior, de atitudes externas que passará a assumir para responder e corresponder ao andamento do processo psicoterapêutico.

Quero esclarecer que, nesse contexto, estou indo além do que chamamos de entrevista para escolha ou aceitação do cliente, também chamada de "a primeira sessão" com o cliente. Chamo também de entrevista toda e qualquer sessão que se seguirá a esta primeira sessão, pois toda sessão é uma entrevista, palavra que vem do latim inter videre, *isto é, ver entre.*

A psicoterapia é um momento de encontro real entre duas pessoas reais, no qual uma relação formal se constitui como processo psicoterapêutico e não como simples encontro, ainda que qualificado, entre um profissional e um cliente. Essas duas pessoas sabem quem elas são, a que serve estar sentadas uma diante da outra; por isso, de certo modo, os papéis estão preestabelecidos.

Falo de um paradigma diferente, de uma visão e de uma postura fenomenológicas da entrevista, o que significa sobretudo abrir mão de um poder dito terapêutico em favor de uma postura de contato, de cuidado, de simplicidade, de calor, de reciprocidade, descritas como facilitadoras do crescimento do cliente.

Natureza da entrevista

Quando digo *natureza* da entrevista, estou considerando dois aspectos: o que é entrevista e como o entrevistar acontece. Nesse contexto, entendo e compreendo o termo "entrevista" no sentido de ser o primeiro passo de uma relação entre psicoterapeuta e cliente e de todo um processo que faz da entrevista seu fundamental instrumento de trabalho.

Diversas definições tentam caracterizar a natureza da entrevista: "uma forma especial de conversação", "um método sistemático para penetrar na vida do outro, na sua intimidade", "um olhar fenomenológico a partir do outro como horizonte", "um diálogo cuidadoso entre duas pessoas no qual uma solicita ao outro caminhar com ela um pedaço do caminho e conhecer suas dificuldades para ser ajudada".

Lodi (1974, p. 49), citando Sullivan, diz:

A entrevista é uma situação de comunicação antes de tudo vocal, num grupo de duas pessoas mais ou menos voluntariamente integradas, numa base de relacionamento progressivo cliente-perito, com o propósito de elucidar padrões de vida característicos da pessoa do cliente, padrões estes que considera particularmente perturbadores ou valiosos, de cuja revelação o perito espera certo benefício.

Em outras palavras: a entrevista é um processo de entrega psicoemocional entre duas pessoas baseado num sistema de comunicação entre cliente e psicoterapeuta no qual o cliente revela aspectos íntimos de sua vida, percebidos como perturbadores de seu equilíbrio afetivo-emocional, e espera, por meio do processo psicoterapêutico, readquirir seu bem-estar e normalidade.

Constituem o material mais comum das entrevistas grandes temas humanos como processos de comunicação da pessoa consigo mesma e com o mundo, sua situação afetivo-emocional e psicossocial com cuja origem a pessoa não consegue se conectar, a impotência diante de situações aparentemente simples, dificuldades de lidar com o evidente, a própria dinâmica da entrevista.

A operacionalização de uma entrevista poderá seguir diferentes caminhos:

1. Aquele *psicométrico*, baseado em testes, pesquisas, controle estatístico-matemático. Nesse enfoque psicométrico, o entrevistador manterá sua postura básica de encontro, usando, porém, uma série de instrumentos predeterminados não só como forma de contato, mas como instrumento de conhecimento. O entrevistador dificilmente conseguirá aprofundar a relação em si, permanecendo o encontro mais formal e informativo do que criativo e transformador.

2. Aquele *psicodinâmico*, baseado em um psicodiagnóstico da personalidade, construído por meio de testes projetivos e da análise das forças internas mentais que formam os diversos focos neuróticos do cliente. Nesse enfoque psicodinâmico, a relação poderá ser mais aprofundada, pois o entrevistador conta com mais espaço para fazer perguntas e conduzir a situação de maneira livre. A situação perde um pouco do aqui e agora, por estar mais baseada no passado como explicação do presente, e se volta para uma relação tipo causa-efeito, linear, essencialista, na qual a subjetividade tanto do cliente quanto do psico-

terapeuta poderão dificultar uma maior fluidez da comunicação e sua concretude.

3. Aquele *antropológico e político-social*, baseado sobretudo nos processos neuróticos causados pela relação pessoa-ambiente, ou seja, pela psicopatologia da cultura como ocasião ou causa dos distúrbios do indivíduo. Nesse enfoque antropológico, a entrevista caminha para utilizar toda uma relação ambiente-organismo na compreensão da comunicação. Todos os dados são úteis e importantes, ainda que aqui e agora não se saiba para onde caminham. A entrevista ganha em soltura, fluidez e, ao mesmo tempo, torna-se mais complexa, exigindo prática do entrevistador para analisar e compreender os dados.

4. Aquele *fenomenológico*, baseado na observação cuidadosa dos dados cliente-mundo que se oferecem à consciência do psicoterapeuta e no qual o cliente descreve a própria realidade sem nenhuma interferência interpretativa ou explicativa do psicoterapeuta. Nesse enfoque fenomenológico, o cliente descreve seus sintomas livremente. O psicoterapeuta se mantém numa postura horizontal, existencialista, sem criar nexos entre o passado e o presente, ajuda o cliente a se situar, de preferência no aqui-agora, não adianta nenhum psicodiagnóstico, está mais atento aos processos que mantêm o sintoma funcionando do que ao próprio sintoma.

Quanto à entrevista inicial, o psicoterapeuta deve estar atento a todas as informações, ainda que naquele momento elas não pareçam importantes ou não façam muito sentido. Tais informações devem ser guardadas, memorizadas cuidadosamente, pois no seu devido lugar mostrarão que não foram dadas sem motivo. Trata-se da apresentação do campo geobiológico do cliente, isto é, de sua geografia humana, de onde nascem seus problemas e suas soluções.

Na construção desse primeiro momento, um dos elementos-chave é o sentido simbólico verbal usado pelo cliente. Frequentemente sua comunicação não é sincronizada, existem defasagens tanto psíquicas como corpóreas entre a realidade vivida por ele e a realidade enquanto um dado de realidade. Fantasia e realidade se confundem, quadros distorcidos da realidade do cliente aparecem como fazendo e tendo sentido. Muitas sensações corpóreas – como taquicardia, sudorese, respiração alterada, pequeninos tremores, sensação de "abafamento", fruto de um medo de não saber onde de fato se encontra – ajudam a camuflar e a revelar a vivência do cliente, naquela primeira entrevista.

Rara é a pessoa que diz exatamente aquilo que pensa; é guiado pelo pudor, pela diplomacia e pelo tato em ser conspícuo a respeito de seus pensamentos íntimos sobre pessoas e coisas. A conversa do paciente com o médico não é diferente, conserva muita coisa de sua vida íntima escondida, embora o médico lhe peça explicitamente que lhe mostre esta vida interior. Isto levanta um problema: o conhecimento das fantasias de uma pessoa é essencial à compreensão de seu funcionamento mental e, ainda assim, a pessoa tem a tendência a subtrair exatamente esta informação essencial. (Nemiah, 1976, p. 44)

O cliente pode, num primeiro momento, atrair a atenção do psicoterapeuta para um problema que, na realidade, é periférico. Somente após algumas entrevistas é que percebemos o real núcleo que sustenta sua neurose e como para lá convergem suas emoções, seus medos, suas programações neuróticas.

A primeira entrevista – e as entrevistas em geral – deve transmitir ao cliente a sensação de que ele está no comando, o que acontecerá na medida em que o psicoterapeuta passe para ele a sensação ou a certeza de que ele, psicoterapeuta, está ali entregue realmente a serviço do cliente. Essa atitude visa corrigir os problemas antes apontados. Tal comportamento do cliente é sua defesa natural ante a premência real, e como tal sentida por ele, de ter de falar. Acrescente-se que é sempre mais fácil falar de problemas físicos, sociais que abrir a própria intimidade a um desconhecido, ainda que qualificado para ouvi-lo.

Alguns clientes, conscientes ou não, são capazes de se silenciar meses a fio sobre um problema que os angustia. As causas disso podem ser diversas. Por vezes, é a própria angústia do cliente que o impede de falar; por vezes, é a necessidade de um maior suporte da parte do psicoterapeuta, que se mantém numa postura fria, técnica; outras vezes ainda é a própria ignorância da necessidade de colocar tudo, mesmo aquilo que lhe parece sem importância; outras vezes, cliente e psicoterapeuta se encontram em campos muito diferentes, incluindo emoções, cultura, interesses, embora aparentemente estejam usando a mesma linguagem; outras vezes ainda, e não raro, os medos do psicoterapeuta captados pelo cliente o fazem silenciar.

O cliente entra numa proteção silenciosa do psicoterapeuta, parte por medo de perdê-lo e parte porque não sabe como agir. Encontrar-se em campos diversos é, em geral, resultado de um contato fundado na expectativa, na fantasia de ambos e não na realidade que, por vezes, não consegue vir à tona devido aos medos que costumam acompanhar esses primeiros momentos do processo de psicoterapia. Essa situação normalmente dura pouco, mas depende da habilidade e da prática do psicoterapeuta.

Como diz Heidegger, muitas vezes a essência das coisas se revela exatamente onde parece ocultar-se. Estar em psicoterapia é um aprendizado como vivência e como técnica em si, sendo necessário, por vezes, que se "ensine" ao cliente o que é uma psicoterapia e como ela funciona.

Psicoterapia é um processo delicado, uma ação que reúne duas realidades humanas num movimento inter e intrarrelacional, aqui vista como uma totalidade sentida, percebida e em constante redimensionamento, em expansão.

Esse processo se acentua na razão em que o cliente se sinta livre para falar do quê, do como, do para que e do quando de seus movimentos. À medida que ele expõe livremente seu problema, a tendência, com o relaxar das defesas, é caminhar da periferia para o centro. Ele, de certo modo, vive também a técnica da associação livre de ideias, o que facilita comunicar e comunicar-se sempre e mais em profundidade.

O psicoterapeuta deve estar atento a uma série de variáveis que podem interferir no seu procedimento e até conduzi-lo a um distanciamento emocional com relação ao que está acontecendo. Falhas de memória, processos emocionais, os próprios vícios da linguagem alertam o psicoterapeuta a procurar uma visão o mais possível abrangente do comportamento do cliente e não permanecer preso apenas à sua comunicação verbal – porque se, como diz Foulkes, a palavra é o mais nobre meio de comunicação, "o mundo real", diz David Katz, "é muito mais complexo, colorido, fluido e multidimensional do que as pálidas palavras ou sinais simplificados usados para conduzir o significado".

A própria intervenção verbal do psicoterapeuta, seja perguntando seja analisando, também está sujeita a uma série de equívocos, porque talvez seja fruto de sua curiosidade, de sua ansiedade, da sua necessidade de se sentir seguro; nesses casos, ele equivocadamente provoca revelações, comunicações que o entrevistado não faria, ao menos naquele momento; ao perguntar, ele pode interromper a espontaneidade da comunicação, informar ao cliente aquilo que chamou sua atenção, aquilo que nos pareceu mais importante, provocando uma dificuldade maior na construção de um caminho apenas começado.

Um cliente com muitas defesas pode, não só na primeira entrevista como nas restantes, romper seu silêncio para falar algo que ele pensa agradar ao psicoterapeuta. A ansiedade que certos silêncios provocam na primeira entrevista é sempre melhor que perguntas tendentes apenas a diminuir essa ansiedade.

A entrevista pode desenvolver-se sob muitas modalidades, mas existem pelo menos quatro elementos presentes em todas elas, que veremos no tópico a seguir.

Componentes da entrevista

A base

A entrevista parte basicamente de duas informações: o motivo e o desenvolvimento da queixa, o tema e a necessidade que ela não revela no primeiro momento.

O cliente em geral chega e diz: "Vim aqui porque ando muito ansioso", "Não sei o que fazer da vida", "Meu pai morreu e não consigo superar a situação" – e milhares de outras situações.

Após algumas afirmações desse tipo, o cliente começa – por si mesmo ou ajudado pelo psicoterapeuta – a contar sua história, ou seja, o que aconteceu antes, o que está acontecendo agora, como está conseguindo sobreviver, para onde pretende ir e, finalmente, porque precisou de ajuda.

Essa é uma fase de escuta, quase sempre acompanhada de dúvidas, medo, angústia. É importante que o cliente se sinta livre para falar do que quer, como sabe e como quer. É um primeiro desnudar-se, sendo fundamental que ele o faça dentro de seu próprio movimento e de seus próprios limites, pois quanto mais ele se sentir livre, respeitado e acolhido pelo psicoterapeuta mais ele deixará suas defesas, as ditas resistências, para se entregar à melhor solução de seus problemas existenciais.

O psicoterapeuta pode interromper para clarear dúvidas, conhecer novos pontos de tensão etc., mas este é, sobretudo, um momento do cliente. Curiosidades ou necessidades pessoais do psicoterapeuta de querer saber mais, de ajudar, podem ser sentidas pelo cliente como uma violência, o que talvez provoque um fechamento no seu processo de comunicação, sendo desastroso no início de uma psicoterapia.

A fluidez e espontaneidade do psicoterapeuta facilitam iguais comportamentos no cliente, criando condições para que ele possa se perceber como uma totalidade viva na sua relação consigo e com o mundo.

Os primeiros momentos de uma entrevista são fundamentais no estabelecimento de uma boa relação. Desse momento inicial vai depender o sucesso de todo o processo psicoterapêutico. Nesse flash, nesse instantâneo do olhar, da voz, das mãos que se cumprimentam existem milhares de movimentos, de verdadeiros processos à cata de se saber onde, de fato, se está. Ali nascem, quase por encanto, a confiança, a simpatia, a entrega – e dificilmente essas primeiras percepções mudam.

A função

A função da entrevista é estabelecer um diálogo em que a confiança recíproca possa se tornar uma garantia do cuidado que deve existir entre psicoterapeuta e cliente e fornecer elementos básicos para operacionalizar o processo de mudança do cliente, sejam esses elementos internos ou externos ao processo.

Como eu disse, a pessoa será mais bem entendida na razão em que o profissional a perceba como uma totalidade viva, não bastando conhecer sintomas e queixas para se iniciar um verdadeiro trabalho de psicoterapia.

Imerso em um espaço vital humano unificado, em um campo fenomenológico no qual a relação pessoa-ambiente se torna o ponto de partida para se começar com segurança o processo psicoterapêutico, o cliente reage negativamente à percepção de que está sendo visto como uma totalidade fragmentada, indiferenciada nas suas partes, embora não saiba o que fazer com essa percepção. Ele está lidando, direta e indiretamente, com estímulos múltiplos; por isso, num segundo momento, percebe sua totalidade como um fundo e busca nas partes as respostas imediatas de que tem necessidade.

A função da entrevista é compreender a relação entre essas partes existenciais dicotomizadas em um campo vivencial no qual o sintoma se sobrepõe a uma totalidade fragmentada. Essa discriminação é tanto mais necessária quanto da compreensão dessa justaposição ou superposição de conteúdos existenciais traumáticos depende a orientação que o processo seguirá. Sabemos que as primeiras informações do cliente sobre sua queixa não correspondem à necessidade básica de suas necessidades. Às vezes por ignorância, às vezes por medo, às vezes por resistências compreensíveis, o cliente fala de tudo menos daquilo que, no fundo, ele *sabe constituir sua principal queixa.*

O psicoterapeuta sabe que esperar pelo tempo do cliente o ajuda a desbloquear-se, sobretudo quando ele, o psicoterapeuta, percebe que o cliente, imerso na dúvida, na confusão, na impotência, pode "esconder" coisas, consciente ou inconscientemente, das quais ele tem medo e, de outro lado, revelar ao cliente suas manobras internas para "esconder suas coisas", ou interpretar intempestivamente pode ser uma forma de violência que, percebida – e sobretudo sentida – pelo cliente, fará que ele se feche.

A entrevista visa desvelar, "des-ocultar" o cliente de si mesmo e do psicoterapeuta, separar os temas das necessidades, pois atrás de cada tema trazido pelo cliente se esconde uma necessidade vital, assim como atrás de toda figura existe um fundo, atrás de toda comunicação existe um comunicado. É função da entrevista perceber, discriminar esse duplo movimento intrínseco ao processo psicoterapêutico. Isto será mais bem objetivado se o cliente for sempre considerado como um todo, ou seja, na sua íntima relação com o ambiente fora dele.

A finalidade

A entrevista inicial, como as que se seguem, são instrumentos que facilitam o processo de mudança, uma maior e mais aberta percepção de si mesmo e do mundo, o bem-estar do cliente e, talvez, a própria cura. Por intermédio da entrevista, a relação se inicia, progride e se consolida, tornando-se um canal através do qual escoam atitudes, comportamentos, ações que conduzem a uma relação de maior qualidade da pessoa consigo mesma e com o mundo. Deve, pois, ser vivida de maneira solta, fluida, natural e espontânea, porque expressa um momento importante vivido, entre quatro paredes, pelo psicoterapeuta e pelo cliente em busca do verdadeiro sentido para uma situação nova de vida.

A finalidade do processo psicoterapêutico é habilitar o cliente a visualizar, talvez até a confrontar-se com um processo de mudança, sendo a entrevista um dos instrumentos que poderão levá-lo a realizar esse projeto.

A psicoterapia não visa, por natureza, a cura, mas a mudança – mudança que, muitas vezes, conduz à cura. Curar alguém significa restituir-lhe uma totalidade que se desfez, significa retornar a uma autoecorregulação organísmica que ficou perdida em algum momento da vida da pessoa. Esse lugar é, agora, inatingível, até porque nada, nem mesmo o organismo, retorna por igual, por inteiro a algum lugar que foi, não importa por quais razões, abandonado.

Nesse sentido, o instrumento/entrevista se confunde com o processo/ psicoterapia, podendo atribuir a um os requisitos do outro: *fazer entrevista é fazer psicoterapia e fazer psicoterapia é fazer entrevista.*

A entrevista visa conduzir o cliente a um maior contato consigo mesmo e com o mundo, a um maior aprofundamento crítico na relação cliente-psicoterapeuta-mundo, visa clarear, dar consciência, aliviar tensões e, sobretudo, fortalecer o cliente para opções mais conscientes, coerentes com o momento atual que ele vive.

O modelo

O modelo da entrevista varia consideravelmente, pois depende de fatores como técnica, tipo de problema, estilo do psicoterapeuta e até do tipo de cliente.

O modelo de uma entrevista em psicoterapia de base analítica será certamente diverso do de uma entrevista em Gestalt-terapia ou bioenergética. Enquanto a primeira, dados os pressupostos em que se baseia, é uma situação estruturada (uso de divã, paciente e psicoterapeuta assentados em cadeiras convencionais etc.), as outras, pelas mesmas razões, supõem um *setting* não estruturado, podendo usar almofadas, sentar-se no chão etc. Tais diferenças são fundamentais, têm uma razão de ser, afetam o campo geobiológico do cliente, pois elas, sub-repticiamente, implicam "uma teoria de fundo", uma teoria do homem, presentes na visão de mundo do profissional. Essas circunstâncias formam um ritual, têm a finalidade de gerar um clima entre cliente e psicoterapeuta, facilitam um modelo de relacionamento com o mundo e afetam seu comportamento e o do cliente.

Na *técnica psicanalítica*, a figura do psicoterapeuta é vivenciada como uma figura de poder, nebulosa, foco de projeção e introjeção, sendo natural, portanto, que o próprio *setting* e, consequentemente, a técnica, resguardem e apoiem sua atitude, pois o processo da psicoterapia é extremamente sensível a essas variáveis. De outro lado, *a postura fenomenológico-existencial* é mais situada no visível, no aqui-agora, mais numa relação paritária do que em uma teoria formal. O *setting* e a postura psicoterapeuta--cliente refletem tal posicionamento através de uma situação mais natural, fluida, espontânea.

Não existe um modelo previsto de entrevistas, existem entrevistas em ação, em dado campo ou espaço vital humano unificado, no qual ocorrem tanto variáveis psicológicas – que dizem respeito ao psicoterapeuta, como seus sentimentos, sensações, emoções e afetos –, quanto variáveis não psicológicas – que emanam do ambiente, como a sala, um carro, o calor. Tais variáveis constituem os elementos que apontam para qual direção deve andar a entrevista. Essa situação psicoterapêutica é tão dinâmica que mesmo entre uma sessão e outra com o mesmo cliente, às vezes com o mesmo tema, a atmosfera da sessão muda, porque a realidade nunca é idêntica para duas pessoas. Não se pode prefixar nada, não se devem fazer antecipações, mas deixar que a realidade cliente-mundo-psicoterapeuta, como um grande campo unificado, dite os modos como a entrevista deva ocorrer.

Nesse sentido, são as coisas que têm poder sobre nós e não o contrário, e poder e saber ouvi-las torna a realidade mais inteligível.

Tipos de entrevista

Quanto à postura, as entrevistas podem ser conduzidas sob dois modelos clássicos: a entrevista diretiva e a não diretiva.

Na entrevista diretiva, o psicoterapeuta é figura, é como um diretor de orquestra, a letra da música não é dele, mas a interpretação, sim. Trabalha numa relação causa e efeito, na qual o sintoma assume importância fundamental na direção ou nos rumos que a entrevista possa tomar. O cliente, em geral, permanece mais passivo, como que delegando ao psicoterapeuta falar e pensar em seu nome. O psicoterapeuta assume um papel de autoridade, de quem sabe, conhece o caminho e, de algum modo, se responsabiliza por ele.

Nesses casos, a insistência ou a postura de autoridade do psicoterapeuta podem levar o cliente a recorrer a uma série de mecanismos de defesa, pois ele pode se sentir invadido, acuado e, muitas vezes, despreparado para responder, recorrendo assim a meios inconscientes ou até conscientes para fugir da obrigação de uma resposta que ele não pode ou não quer dar.

Na entrevista não diretiva, o psicoterapeuta se limita a estruturar a situação, a esclarecê-la, ajudando o cliente a se tornar consciente do problema. Trata-se de uma situação centrada na pessoa do cliente e na relação entre ambos, pessoa-pessoa. A descoberta ou a vivência dos temas ou necessidades segue um caminho livre e responsável. O psicoterapeuta é apenas um facilitador do processo. Alguém que através do apoio, da presença, do cuidado, do suporte e da própria atitude centrada permite ao cliente repensar-se sem tantos conflitos e ansiedades. O cliente vivencia o psicoterapeuta como pessoa, como amigo, como igual, embora diferenciado.

Quanto ao *plano cronológico*, a entrevista apresenta duas direções. Lewin lembra que não existe o passado, o presente, o futuro como tempos isolados, o que transformaria o tempo em *duração* e não em *vivência*. Na verdade, diz ele, existe *uma unidade de tempo*, chamada presente, no qual o passado se coloca como lembrança e o futuro como preocupação.

Observo que essa divisão tem fins didáticos, para facilitar nossa percepção do comportamento do psicoterapeuta.

1) A entrevista parte da situação presente, em um enfoque fenomenológico, sendo conduzida com base na compreensão e na experiência imediata do cliente, no resgate de um sentido que está ali presente. "Não" se interessa, formal e diretamente pelo passado. Procura-se conhecer tudo do aqui-agora do cliente, nucleando fatos, dados mais significativos, e, sem perder a perspectiva de uma visão globalizante do cliente, se concentra em uma visão mais factual da sua problemática atual. Não se procura formalmente uma relação de causa e efeito, ou seja, não buscamos, em princípio, a gênese do problema tratado.

Chamo essa entrevista de *entrevista horizontal globalizante*, de cunho fenomenológico-existencial, em que a situação do cliente recebe sentido a partir do presente e não do passado, ou seja, numa visão de que o presente explica o passado e não o contrário, e em que o psicoterapeuta trabalha mais com o processo que mantém o sintoma do que com o próprio sintoma. Essa atitude pode ser mais rica e mais natural, mas tem o inconveniente de perder pormenores importantes do passado que poderiam influenciar o presente, bem como pode impedir o psicoterapeuta de ter uma visão de conjunto da realidade.

Esse tipo de entrevista exige que o entrevistador seja hábil, sobretudo em separar o joio do trigo – que, quando pequenos, são muito parecidos. Em psicoterapia, não faz diferença trabalhar o joio ou o trigo, mas se deve saber qual é um e qual é outro. Nesse tipo de entrevista, aparecem informações paralelas, conectadas com o passado da pessoa e significativas, cujo significado deve ser diligentemente observado e, de algum modo, "armazenado" pelo entrevistador. Ele retornará a esse significado oportunamente.

2) Pode-se conduzir a entrevista dentro de uma perspectiva histórica, que chamo de *entrevista vertical globalizante*.

Nesse modelo histórico, procura-se conhecer a vida do cliente numa dupla direção, começando do passado, isto é, da infância até o presente *ou* na direção oposta, do presente até a infância.

O psicoterapeuta pode ser um pouco diretivo, pedindo, na medida em que julgar necessário, esclarecimentos de pontos obscuros do relato do cliente.

No plano temático, o psicoterapeuta, escutada a história do cliente, procura distinguir, esclarecer os grandes pilares desse relato. O cliente é encorajado a falar livre e espontaneamente, sem nenhuma censura. O psicoterapeuta se restringe a dizer o necessário, criando condições favoráveis a um desenrolar da entrevista mais fácil e criativo.

O cliente apresenta necessidades claras e também camufladas. A doença esconde um tema existencial. O processo psicoterapêutico caminha por meandros vários. O psicoterapeuta localiza sua atenção sobre pontos que considera importantes e trabalha ativamente esses focos, sem excluir os periféricos, para constituir uma visão mais convergente deles. Não obstante a diversidade dos subtemas trazidos na entrevista, o psicoterapeuta deve procurar sempre sentir o que está em foco, agora, como o grande tema da vida do indivíduo.

Deve também estar atento ao fato de que, muitas vezes, o cliente apresenta, levado pelo medo de entrar em contato mais direto com sua realidade, conflitos sérios mas periféricos, sobretudo se percebe que o psicoterapeuta manifesta interesse em conhecer melhor determinadas áreas de sua personalidade. Ele sabe que deve falar, mas nem por isso deixa de sentir-se ameaçado. A perspectiva de uma autêntica liberdade interior amedronta o cliente diante da necessidade de assumir certas responsabilidades. O refúgio na doença é, por vezes, provocado pelo medo da responsabilidade por uma opção nova ou pelo medo de um trabalho árduo consigo e com os outros.

Entrevista e motivação

Outro elemento a ser verificado é a motivação do cliente. Este, antes de decidir a procurar um especialista, desenvolveu, em nível consciente e sob pressão do inconsciente, uma série de reflexões a favor e contra a psicoterapia.

Deixando de lado motivações secundárias, podemos acreditar que, quando o cliente resolve procurar ajuda, ele está sentindo pressões intoleráveis que seu "eu" não consegue mais controlar. A entrevista sinaliza um movimento externo e consciente de alarme.

A pressão interna que sente de libertar-se de seu conflito, a necessidade de se libertar como meio catártico e o conhecimento da extensão e da gravidade de seu problema funcionam como motivos decisivos para procurar ajuda.

Esses motivos, no entanto, podem ser acompanhados de motivos secundários: curiosidade de saber como funciona uma psicoterapia, oportunidade de dizer o que pensa sem punição moral, manifestar livremente as próprias opiniões. Em sujeitos reprimidos, essas situações funcionam como motivações de alto valor indutor.

Alguns clientes se deixam levar, num primeiro momento, pela fama e pela importância do psicoterapeuta. Alguns são levados pelo desejo de entrar em contato com um personagem que creem importante, poderoso, carismático mesmo.

Sabemos que para muitos a fascinação que o psicoterapeuta exerce sobre as pessoas é qualquer coisa que chega ao mágico. Entrar em contato com ele é entrar em contato com o homem que "conhece a mente e revela pensamentos ocultos".

Apesar da necessidade sempre mais constante de psicoterapeutas, dada a situação generalizada de conflitos próprios de nossa época, para algumas pessoas é chique submeter-se a uma análise cara, enquanto outros fogem sistematicamente de qualquer situação semelhante, seja para conservar sua intimidade, seja pelo medo de ser vistos como tendo problemas mentais. A motivação da entrevista está também sujeita a elementos externos à problemática pessoal, qual seja, o relacionamento social do psicoterapeuta e do cliente com seu meio social.

Essas motivações funcionam em diversos níveis, consciente, inconsciente, social, cultural etc. A análise desses níveis nos conduzirá quase sempre a uma percepção mais real da situação do cliente. Usando a linguagem de Kurt Lewin, o cliente se encontra num campo psicológico no qual recebe pressões de todos os lados. Essas forças se somam, se dividem, se multiplicam, assumindo as mais variadas características e propriedades. A análise das propriedades desse campo nos permite compreender melhor o comportamento do indivíduo.

As motivações estão intimamente ligadas às necessidades básicas do indivíduo. Quanto mais essas necessidades são fortes e pedem urgência na sua satisfação, tanto mais as motivações podem ser identificadas. Essas necessidades fazem parte de um campo em que o meio geográfico e o comportamental se unem para criar um único meio, o psicológico – arena onde as necessidades travam suas batalhas provocadas pelas motivações mais diversas.

Acredito que lembrar alguns princípios ligados à motivação nos ajuda a ampliar o nosso discurso.

1. O comportamento humano é dirigido por metas. 2. Quando uma necessidade ou desejo de satisfazer essa necessidade se liga a uma meta específica na qual ele vê uma forma de satisfazer a necessidade, geram-se no indivíduo forças que o movem na direção de cumprir essa meta. 3. A combinação da meta com a necessidade constituem motivo forte para o agir do cliente. 4. O comportamento ocorre quando o indivíduo consegue um caminho que leva à meta. 5. Frequentemente, há mais de um caminho aparente para a realização de uma meta, de um objetivo. 6. Os caminhos divergem ou se multiplicam na razão direta da capacidade da pessoa de satisfazer suas metas. 7. O caminho a ser escolhido dependerá do grau de satisfação e das barreiras que o indivíduo percebe ao atravessá-lo. 8. As percepções são individuais. As pessoas veem as coisas de modo diferente, e o que se vê depende da vida e experiência de cada um. 9. As diferenças individuais de percepção podem ser entendidas em termos do campo psicológico de cada um e em termos das necessidades e metas de cada pessoa. 10. Toda nova situação é percebida como parte da experiência anterior. O processo da percepção envolve uma distorção, de modo a torná-la congruente com a nossa experiência ou expectativa pessoal. 11. A tensão é proveniente das forças interiores agindo em direções opostas. Como os sentimentos e a tensão são desagradáveis, eles geram uma motivação para resolver a indecisão e aliviar a tensão. (Lodi, 1974, p. 36)

Conhecer as motivações de alguém é conhecer suas necessidades e vice-versa.

Uma das finalidades da entrevista é conhecer as necessidades do cliente, perceber-lhe os furos ou buracos da personalidade, como dizia Fritz Perls; conhecer as motivações é, em geral, nos pôr a caminho de satisfazê-las. Para tanto, é necessário ir ao encontro delas, oferecendo ao cliente o suporte necessário para superá-las.

Com base nesses princípios, o psicoterapeuta deverá estar atento a toda forma de comunicação que o cliente possa usar, para que ele não seja induzido a fazer um diagnóstico que, por falta de objetividade, o leve a comportamentos defasados da realidade do cliente.

Deve ter, portanto, uma visão o mais possível completa das motivações do cliente, do aspecto psicodinâmico de sua história psicoclínica, bem como das condições de vida que leva no momento da entrevista. Tais informações formam um quadro no qual ele se baseia para iniciar o tratamento.

A entrevista, seja ela inicial ou não, se apoia nas seguintes variáveis: o cliente, o psicoterapeuta, a relação de ambos e a relação de ambos com o mundo, ou seja, com o ambiente do qual nasce sua história. A psicoterapia baseada só no cliente, só no ambiente ou só no psicoterapeuta carece de realidade e termina por alimentar uma ilusão, a ilusão do autoengano. Esses pilares geram e condicionam a ação psicoterapêutica. A entrevista nasce dessa complexa conjugação de forças-variáveis e a reflete. A entrevista só tem sentido se, através dela, cliente e psicoterapeuta estiverem em íntima sintonia com essa realidade como um todo.

Completando o aspecto motivacional, podemos indicar algumas áreas importantes a ser examinadas:

1. O reconhecimento do caráter psicológico dos seus distúrbios. 2. A capacidade de introspecção e sua disposição para transmitir com honestidade o que possa conhecer de si próprio. 3. O desejo de compreender a atitude de participação ativa na busca. 4. A disposição para experimentar, para tentar mudanças. 5. A esperança de que o tratamento alcance resultados positivos. 6. A disposição de realizar certos sacrifícios para alcançar tais resultados. (Fiorini, 1976, p. 67)

O aspecto psicodinâmico da entrevista é uma tentativa de ver com mais clareza o mundo interior do cliente. Aí existem forças que interagem, muitas vezes forças desconhecidas do entrevistado, criando uma situação de conflito contra a qual ele se debate inerte, porque está preso por fios que o prendem e o imobilizam. Os sintomas são o grito de socorro que a própria natureza produz numa tentativa de autopreservar-se. A mente neurótica funciona como um radar de alta sensibilidade, captando os mais variados estímulos sem, no entanto, conseguir traduzi-los ou traduzindo-os de modo impróprio.

Para conhecer essa psicodinâmica, é preciso analisar a visão do mundo e de pessoa do cliente, sua relação com o mundo que o cerca no que se refere a trabalho, estudo, família, triunfos, fracassos, doenças, áreas afetiva, emocional e sexual. Assim, é preciso ter uma visão do cliente como um todo, pois é a totalidade que é significante e não suas partes.

Chamo de entrevista inicial não necessariamente o espaço de uma primeira hora, na qual cliente e psicoterapeuta se olham e se conferem, mas aqueles encontros iniciais necessários para se fazer um diagnóstico da situação do cliente.

Devo ainda dizer que nem todas as psicoterapias se preocupam em obter esses dados de início. Espera-se que surjam com o andamento do tratamento.

As psicoterapias breves e aquelas de base analítica se preocupam mais com seme-lhantes processos. Nas psicoterapias de base analítica, esse processo decorre natural-mente. O psicoterapeuta não pressiona o paciente no sentido de conhecer todos os elementos sobre os quais trabalhará, mas espera conhecê-los, se não numa primeira entrevista, em algumas, nas quais, ao lado da busca etiológica e nosológica de seus pro-blemas, ele concomitantemente instala um autêntico processo psicoterapêutico.

Nas primeiras entrevistas, alguns elementos práticos devem ser discutidos, tais co-mo horário, pagamento, local da entrevista, relação cliente-familiares, sigilo, ética da relação, fatores externos que poderão influenciar positiva ou negativamente o trata-mento.

Técnica da entrevista

"As técnicas da entrevista são aquele conjunto de regras práticas, indicadas pela experiência e pelas pesquisas, as quais tendem a garantir a liberdade de decisão do clien-te e aquela ajuda de intervenção por parte do psicólogo, na dinâmica do encontro psi-cólogo-sujeito" (Meer, 1970, p. 82).

Toda pessoa que procura um psicoterapeuta tem alguma situação inacabada, nova ou velha, simples ou grave, que tem significado especial; trata-se de algo que o desajus-ta, o frustra e ele não pode resolver sozinho.

Nessa situação, a pessoa recorre a mecanismos de defesa como meio de enfrentar sua ansiedade, assumindo atitudes que tentam defender seu "eu" de uma possível desa-gregação.

Como dizem Krech e Crutchfield,

O "eu" é a mais importante estrutura do campo psicológico e, em algumas circunstâncias, é a mais forte. Ele tem, portanto, um papel significativo na determinação deste campo. A natureza das relações do "eu" com as outras partes do campo psicológico – outros objetos, pessoas, grupos, organizações – é de importância crítica para se entender a percepção que o indivíduo tem sobre a conexão destes vários objetos, indivíduos ou grupos.

Existem situações complexas, fontes de angústia, de medos, que, de algum modo, refletem necessidades profundas a que o indivíduo, por insegurança, não está disposto a renunciar e vão fazendo o fundo de um processo que assume a forma, a figura de situações de conflito.

Poderíamos resumir assim essas necessidades: l) necessidade de ser tratado como indivíduo e não como um tipo ou uma categoria; 2) necessidade de ser tratado como pessoa que tem um valor absoluto, com uma dignidade inata; 3) necessidade de exprimir os próprios sentimentos, que podem ser positivos ou negativos, de medo, de insegurança; 4) necessidade de compreensão e simpatia; 5) necessidade de não ser julgado por causa de suas dificuldades; 6) necessidade de ser tratado como pessoa livre, tendo direito às próprias escolhas (Colagiovanni, 1959).

A atitude do psicoterapeuta nessas circunstâncias deve ser de profundo respeito, compreensão e sabedoria, inspirando no cliente a segurança e a tranquilidade próprios de quem não se deixa influenciar emocionalmente pelos problemas dos outros, mas que com humildade, técnica e inteligência se coloca a serviço do outro, dando-lhe esperança de resolver sua situação.

O psicoterapeuta, consciente de que também ele vive situações complexas, às vezes muito semelhantes às vividas por seu cliente, deve estar atento às suas sensações, emoções, percepções para não cair em erros que poderão intervir na natureza da situação.

Erros de percepção são comuns. Somos frequentemente levados a ver nos outros o que em nós é figura, somos levados a buscar nos outros respostas às nossas próprias perguntas internas.

Além dessa "predisposição" ao erro, comum a todos os mortais, o psicoterapeuta está sujeito a erros de situação, dos quais passamos a enumerar alguns:

1. Efeito de exclusão: atitude que consiste em querer julgar a personalidade total do indivíduo com base em um traço apenas sentido por ele como importante ou não, como agradável ou desagradável. 2. Erro lógico: atitude que consiste em querer fazer ilações de traços

observados com aqueles não observados, ou seja, associar situações não verificadas com situações verificadas. Trata-se de um procedimento indutivo diante das percepções havidas. 3. Efeito de indulgência: atitude que consiste em dar um alto valor a esses traços psicológicos ou a situações psicológicas e baixo valor a outros traços em áreas diferentes da personalidade ou da pessoa, não percebendo a pessoa como um todo. 4. Influência do preconceito: atitude que consiste em julgar o cliente com base em sua primeira impressão, pela aparência física, cor, tom de voz, modos rudes ou suaves, facilidade ou dificuldade de comunicação, bem como por preconceitos sociais, políticos, religiosos etc. 5. Ouvir sem escutar: atitude pela qual o psicoterapeuta ouve sem transformar a comunicação do cliente em linguagem própria. (Meer, 1970, p. 84)

Relembro ainda algumas posturas que não só dificultam a comunicação do cliente como facilitam o erro do psicoterapeuta: impaciência, desinteresse, cansaço, falta de sensibilidade e outras atitudes que, por respeito ao cliente e à ética, devem ser evitadas.

Passamos, em seguida, a indicar mais elementos práticos na condução da entrevista.

Perguntas do psicoterapeuta e suas respostas na entrevista

Um elemento bastante delicado é a arte de ouvir, perguntar e responder às perguntas. Em geral o cliente vem disposto a falar daquilo que mais direta e conscientemente o preocupa. Nem sempre o material colocado representa o problema real, mesmo porque a interferência inconsciente dos mecanismos de autoecorregulação organísmica, ou mecanismos de defesa do eu impedem uma comunicação aberta e total, bem como o cliente, na sua ansiedade, pode falar de coisas que de fato não levam de imediato a um psicodiagnóstico processual. O psicoterapeuta verá nessa atitude do cliente sua dificuldade em entrar em contato consigo mesmo, com o outro, com o mundo, o que já é uma grande fonte de informação.

Certas situações em que o psicoterapeuta percebe conteúdos importantes não colocados induzem o psicoterapeuta ansioso, perfeccionista, a fazer perguntas, embora ele devesse assumir uma atitude mais silenciosa e passiva.

O psicoterapeuta faz perguntas por muitas razões: para esclarecer uma comunicação filtrada, para conhecer um elemento novo, para estabelecer relação causal entre afirmações diversas, para ajudar a memória do cliente, para interpretar dados não claros, por curiosidade ou ansiedade, para quebrar o silêncio etc.

Qualquer que seja sua pergunta, deve fazê-la com palavras simples, pensamentos claros, familiares ao cliente, evitando confundi-lo com termos técnicos que para ele nada significam, embora possa usar maneiras diversas de chegar até ele, dependendo das características de sua personalidade e do tipo de cliente que tem diante de si. A um cliente deprimido, tímido, convém fazer perguntas diferentes das que se fará a um proativo, ansioso e angustiado falador.

Perguntar é sempre uma técnica que varia de cliente para cliente. O que, o como, o para quê, quando e até por que perguntar dependem da acuidade perceptiva do psicoterapeuta, variando de circunstância para circunstância. O importante é não fazer perguntas apenas para solucionar um problema de ansiedade pessoal, diante, sobretudo, de um prolongado silêncio do cliente ou de uma colocação aparentemente sem saída.

As perguntas do psicoterapeuta para o cliente devem ser feitas calmamente, em tom suave, sem manifestar curiosidade, de maneira compreensiva, sem ambiguidade, para que o cliente não se sinta ameaçado pela pergunta. Toda vez que ele se sente invadido além do necessário ou que a pergunta possa revelar-lhe aspectos para os quais não se encontra emocionalmente preparado ele se retrai, se tranca e se defende.

O psicoterapeuta pode usar *perguntas do tipo aberto ou indireto*, como "Você está sentindo alguma coisa, você quer dizer alguma coisa" em vez de "O que você está sentindo, o que você quer dizer". O cliente se sente mais livre para responder às primeiras por serem colocações mais abrangentes. Sentindo-se num campo mais amplo, o cliente se protege de sua ansiedade de "ter de" responder, indo para "eu quero" responder e termina por chegar àquele "lugar" que mais lhe causa sofrimento sem se sentir coagido.

Por vezes, ele usa *perguntas do tipo fechado ou direto*, que "obrigam" o cliente a responder o que se perguntou, por exemplo: "Como anda sua vida sexual?" Esse tipo de pergunta apresenta muitos problemas e poucas vantagens. Talvez, e *dependendo de como o campo psicológico está ocorrendo e sendo vivido pelo cliente*, tal tipo de pergunta convém mais a clientes ansiosos, maníacos, extrovertidos, que costumam viver na periferia dos próprios sentimentos, porque tal tipo de pergunta os *ajudaria* a entrar mais facilmente em contato com estes.

A pergunta é um meio e um instrumento de trabalho. Perguntar menos pode ser mais útil que perguntar mais. Quando não se sabe o que perguntar, o melhor é ficar calado, pois o cliente jamais se perde de si mesmo por completo. Quando o psicoterapeuta não sabe onde o cliente está, o próprio cliente sabe; basta esperar e ele mostrará a saída. O psicoterapeuta pode não saber onde ele, psicoterapeuta, está, mas o cliente sabe sempre onde ele, cliente, se encontra.

O importante é lembrar que a pessoa humana é e está normalmente inclinada a ajudar-se. Tal convicção leva também o psicoterapeuta a dar crédito à sabedoria do cliente – que, não obstante seu sofrimento, sabe melhor que ninguém onde realmente se encontra.

Lodi (1974, p. 21) menciona o que chama de perguntas em sequência, que podem ser assim divididas:

Extensão é o pedido de maior informação sobre algo que o paciente já afirmou. *Eco* é a repetição pelo entrevistador das palavras exatas do respondente com acento no final do trecho, a fim de conseguir complementação. *Clarificação* é um pedido de especificação ou elaboração maior da resposta que tinha ficado ambígua ou vaga. *Sumário* é uma pergunta que resume um trecho da resposta do candidato a fim de chamá-lo ao ponto que interessa ou de orientá-lo para uma nova etapa importante a seguir. *Confrontação* é uma pergunta que apresenta ao entrevistador uma inconsistência e solicita solução do caso. *Repetição* é uma pergunta que meramente se repete pela segunda vez, a fim de conduzir o entrevistado a uma resposta mais satisfatória. *Sugestão* é uma pergunta que conduz a uma resposta por sugeri-la ou trazê-la já no bojo da própria pergunta.

A entrevista, seja ela inicial ou já dentro do processo psicoterapêutico, se desenvolve como num jogo de xadrez, no qual psicoterapeuta e cliente são parceiros de uma interação processual única. Embora pensada com um roteiro previamente "organizado", ela acontecerá de forma única naquele campo específico, como no tabuleiro de xadrez, entre aquele psicoterapeuta e seu cliente. *Esse "jogo" interativo, mesmo considerando as "partidas anteriores" do psicoterapeuta e a experiência anterior dos "jogadores", é único, e todos os movimentos são organizados e se sucedem naquele instante, considerando o movimento anterior do outro parceiro, seja ele o cliente ou o psicoterapeuta.* Essa partida tem de ser considerada como um todo, como também na entrevista, onde tudo é considerado uma locomoção, uma mudança de campo, das formas de comunicação corporal manifestas pelo cliente – posição, roupa, tom de voz, interesse ou desinteresse, pontualidade, pressa por terminar a entrevista, atenção ou desatenção – à comunicação propriamente verbal.

O psicoterapeuta está atento às respostas do cliente, não só porque elas são produto de um contexto ambiental, cultural, social, afetivo e emocional, mas também porque nem sempre a comunicação encerra o comunicável, podendo o comunicado ser falseado pelas pressões do inconsciente, nos mais variados tipos de defesa.

O psicoterapeuta, como norma, supõe que o cliente está dizendo a verdade, pois tal suposição é básica para uma comunicação autêntica, embora essa verdade possa aparecer de formas diferentes. O cliente pode não dizer toda a verdade, dizê-la com restrições e de modo superficial, misturá-la com outro material menos ansiógeno, separá-la do contexto neurotizante e mostrá-la como fonte primária e única de seu problema.

Pode dizer verdades outras, mas que não são aqueles sentimentos fonte de sua perturbação, pode propositadamente dar respostas ambivalentes, retardar dizer a verdade para o momento mais oportuno, dar respostas sem importância por não ter entendido a pergunta ou por achá-la ameaçadora ou fora de lugar. Pode, por fim, não respondê-la por vergonha ou medo, usando expressões faciais como sorriso, silêncio, abaixar a cabeça, chorar etc.

*Tenho uma cliente jovem, 17 anos, cabelos pretos e longos, pele alva, rosto bem desenhado. O batom vermelho chama a atenção para o desenho de seus lábios. Alta, 1,75 metro. Tem presença. Uma irmã menor. Diz formalmente que não gosta do pai, retrógrado, e que filho **não tem** de gostar dos pais. Não gosta de universidade pública, porque é só para ricos. Ela é rica. Muito inteligente e perspicaz. Ama uma fala com conteúdos paradoxais. Quando concordo, ela discorda. Quando discordo, cria um novo argumento. Na última sessão, chegou, me beijou (sempre me beija e me abraça na saída, sendo sempre gentil e carinhosa), sentou-se, jogou seus longos cabelos para o lado, me olhou, deu um ligeiro e suave sorriso e me disse "oi!" e começou a olhar as mãos e a estalar cuidadosamente os dedos. Ficou em silêncio por uma hora. E eu também (minha sessão é de uma hora). Levantou-se, me abraçou mais apertado do que das outras vezes, me sorriu e deixou a sala.*

Na realidade, o cliente não "tem de", ele simplesmente acontece como acontece e o jeito como ele acontece é a melhor informação que o entrevistador pode ter. Na realidade, interessa mais observá-lo como um todo do que nos seus pormenores, e talvez colhamos melhores informações sobre ele vendo *como* ele fala e *como* age do que vendo o *que* ele fala ou faz.

O setting terapêutico

Tenho afirmado que tudo na entrevista tem importância e que nada é neutro de significado. Mesmo coisas aparentemente sem importância são vistas e analisadas pela subjetividade de quem olha, que atribui a esses detalhes um sentido que lhe é familiar.

Tenho em minha sala três quadros em papiro legítimo que trouxe de uma minha viagem ao Cairo. Tenho também um móvel que, hoje, parece um grande oratório e nele coloco presentes que meus clientes me têm dado ao longo dos anos. Tenho um crucifixo. Talvez não signifique nada... Embora para mim não esteja ali por uma questão de cultura. Enfim, tenho ali de tudo um pouco, de "terços" católicos trazidos de famosos santuários a símbolos religiosos do extremo Oriente, corujas, símbolos do candomblé e mais. Na primeira entrevista, muitos clientes usam um olho para olhar para mim e outro para olhar discretamente para meu "oratório". Um pouco para se certificar do lugar onde ele se encontra e também para "sacar" possíveis hábitos meus. Meu con-

PSICOTERAPIA – TEORIAS E TÉCNICAS PSICOTERÁPICAS **195**

sultório é um espaço com algumas divisões internas, o que levanta a curiosidade do cliente de saber onde ele está. Já ouvi, entre outras, muitas perguntas do tipo: "O senhor é religioso?" Tudo mesmo faz sentido para nosso cliente, sentido que jamais imaginaríamos.

Algumas observações gerais: a sala da entrevista não deve ser muito grande nem muito pequena, mas ser de tal modo que o cliente não se encontre perdido pelas dimensões do ambiente nem sufocado pela pequenez. A sala deve ser quanto possível silenciosa e de tal modo feita que o cliente se sinta confortável. A iluminação deve ser neutra e bem repartida, evitando efeitos de luz que possam provocar ansiedade. A discrição e o silêncio do local também devem ser olhados, pois a muitos clientes incomoda o fato de irem a um consultório localizado em lugar sem privacidade ou em prédios de muito movimento ou barulho.

Quanto à decoração, existe bastante divergência entre os autores. Alguns são de opinião que a sala deve ser bem decorada e rica em estímulos, enquanto outros afirmam que a sala deve ser sobriamente decorada, evitando requintes de luxo e de comodidade.

A cadeira do cliente poderá ser diferente da do psicoterapeuta, se isso fizer sentido para ele. Uma cadeira mais cômoda, tipo poltrona, pode facilitar uma postura mais relaxada do cliente.

A sala de um psicanalista com certeza será diferente da sala de um gestaltista, de um rogeriano. *Entendo que o consultório é um dos instrumentos de trabalho do psicoterapeuta, devendo oferecer a ele e ao cliente uma atmosfera acolhedora que facilite a comunicação entre ambos.* Através dele pode-se imaginar quem é e como funciona o seu "dono". O consultório é uma expressão do estilo e de um modo de estar no mundo do psicoterapeuta.

Hoje, com o uso de sistemas como Gestalt-terapia, análise transacional e terapias corporais, o consultório tradicional tem passado por modificações significativas. O uso de cadeiras, de tapetes e de almofadas torna a sala mais livre, mais solta, e consequentemente o *setting* representa e expressa outro estilo e outra atmosfera psicoterapêutica. Uma situação mais solta pode favorecer um relacionamento mais solto.

É muito útil uma mesinha de centro, que funciona como ponto neutro de olhar e onde também se pode colocar algum objeto ou ornamentação.

A presença de mais de uma cadeira, formando um conjunto, poderá ser necessária sobretudo quando o psicoterapeuta trabalha com casais ou família.

O registro da sessão

O psicoterapeuta deve anotar suas sessões. Estou convencido de que muitas psicoterapias duram mais do que o necessário porque o profissional não se recorda do que aconteceu na sessão passada e assim temas importantíssimos se perdem ao longo do processo; não se forma aquela corrente cujos anéis estão interligados um no outro. Observo que o cliente se surpreende prazerosamente quando percebe que o psicoterapeuta retorna a um tema da sessão anterior, perguntando como ele o elaborou durante a semana.

O uso de aparelhos como gravador, câmera, meios eletrônicos e outros do mesmo gênero, dependendo do caso, pode ter uma finalidade didática e pessoal para um maior aprofundamento do caso. Esses meios só poderão ser usados com o conhecimento e consentimento do cliente, pois *saber* que se está sendo gravado torna a situação mais clara e menos persecutória e o cliente poderá sentir esses recursos como meios de aprofundar seu caso e solucioná-lo mais facilmente.

Não estou seguro, como sempre afirmei, de que as anotações da entrevista deverão ser feitas só e imediatamente após a entrevista, mesmo que se possam perder alguns elementos. Sempre aduzi que as anotações, durante a sessão, cortam o contato direto com o cliente, sobretudo o não verbal, são motivo de distração e informam ao cliente sobre o que na sua fala interessa ao psicoterapeuta, tornando a situação menos natural.

Sem retirar essas observações, acredito que em certos casos, sobretudo quando se trata de uma temática densa, com relações de causa e efeito difíceis de ser estabelecidas e em que o psicoterapeuta "sabe" que não conseguirá reter na memória certos dados, poderá, desde que o faça com naturalidade, fazer algumas anotações sem ter que dizer nada ao cliente, pois este está vendo que ele está anotando.

Requisitos do psicoterapeuta como entrevistador

O cliente sente, vê, pensa a figura do psicoterapeuta como fundamental para a evolução de seu processo de mudança. O seu modo de ser influi decididamente na espontaneidade da comunicação. A reação do cliente varia de acordo com o modo pelo qual o psicoterapeuta é percebido – se austero, autoritário, simples, humilde, delicado, atencioso, competente.

Poderíamos elencar, com autores como Forloni, Nahoum e Meschieri, uma síntese de atributos gerais que, segundo eles, farão toda diferença, tais como: tato, sensibilidade, paciência, perseverança, saber escutar mais do que falar, espírito de observação, senso crítico, dotes particulares de comunicação e intuição, cordialidade, amabilidade no tom da voz, na mímica sem desaprovação, capacidade de focalizar o problema central, espírito de isenção, sinceridade, sensibilidade para ressaltar os lados positivos do cliente, boa memória, não dar conselhos assumindo a responsabilidade por decisões em lugar do cliente, rapidez de raciocínio, percepção da psicodinâmica, visão aberta dos problemas da existência, em particular os morais, serenidade, capacidade de inspirar confiança, saber ser jovial ou mais sério.

Caso o psicoterapeuta identifique sintomas orgânicos graves, deve orientar o cliente a verificar todas as possibilidades de uma explicação médica da situação antes de ver nos sintomas uma linguagem psicopatológica. Se se tratar de crianças e adolescentes, comunicar-se com os pais ou responsáveis. Deve ficar claro que a psicoterapia, por si só, é muitas vezes impotente para atender certos casos com resultados positivos e esperados.

Por questões técnico-científicas, éticas, muitos casos precisam passar por uma revisão neuropsiquiátrica e, concomitantemente, por tratamento medicamentoso para só então indicar atendimento psicológico.

É difícil sugerir que requisitos seriam ideais para um psicoterapeuta, sobretudo porque as exigências variam de caso para caso; de outro lado, uma lista esgotante poderá parecer algo utópico, não realizável na prática.

Penso que a qualidade básica de quem entrevista é a capacidade de reunir em si um senso básico de liberdade e de responsabilidade que permitirá a ele se colocar consciente e com competência na relação de maneira espontânea e criativa.

Foulkes, sobre quem fiz meu mestrado e doutorado (ele morava em Londres), me dizia: "Nunca fale de você com seus pacientes, exceto quando tiver a intuição de que falar sobre você com certeza será de grande proveito para ele". O psicoterapeuta não fala de seus problemas pessoais com o cliente. Esporadicamente poderá fazê-lo, sentindo que tal atitude ajudará de fato o cliente a rever-se, a se localizar no mundo de maneira mais criativa e pessoal.

Além dessas qualidades morais, o processo de iniciação do cliente para vivenciar seu processo de mudança, talvez de cura, vai exigir do psicoterapeuta algumas outras condições, que podem ser esquematicamente assim resumidas:

- *Estabelecer um rapport saudável e objetivo com o cliente*

O psicoterapeuta deve receber e aceitar o cliente assim como este se apresenta na sua relação com ele: com suas atitudes positivas ou negativas, com seus preconceitos, convicções, erros, culpas, modo de amar ou odiar. Sua função é escutar sem interferir, é caminhar com ele sem oferecer nenhum caminho, é apoiar, é entrar em um autêntico contato afetivo.

Nessa fase do encontro, é difícil fazer ver ao cliente aquilo que ele é ou pensa, ou procurar ajudá-lo a defender esta ou aquela posição, ou tentar modificá-lo. A postura é de não condenar, de não se escandalizar, de não se surpreender, mas de respeitar o cliente, escutando-o. Somente assim o cliente, já torturado com julgamentos seus e dos outros, encontrará aquela liberdade de se desnudar psicologicamente, deixando barreiras que impedem seu diálogo interior consigo e com o mundo.

- *Aceitar o cliente*

Aceitar o cliente não significa acolhê-lo materialmente. É uma atitude interna pela qual o psicoterapeuta aceita o cliente com seus erros, defeitos, qualidades boas ou menos boas, com suas tendências positivas ou negativas. É desnecessário lembrar rejeições que partem de questões como cor, beleza, raça, religião etc.

Não importa quem o cliente é para o psicoterapeuta, importa o que ele sente, pensa, faz e fala de si mesmo, pois a máxima qualidade de alguém é ser pessoa, ser gente, sentir-se indivíduo com sua individualidade e singularidade próprias e assim ser recebido.

Tal atitude não significa que o psicoterapeuta concorde com todas as posições do cliente, mas apenas que ele deve percebê-lo na sua singularidade, recebê-lo com compreensão e olhá-lo com amor.

É comum clientes pedirem "licença", "permissão" ao psicoterapeuta para praticar atos, adotar hábitos que objetivamente possam lhe parecer não adequados por razões subjetivas e até práticas. *O cliente pode perguntar: o senhor acha que devo comprar esta casa, que devo namorar esta garota, que devo me separar, que devo trocar de médico?* Se o psicoterapeuta se sente ansioso ou julga que sua resposta, em tais casos, não é adequada ao momento que o cliente vive, não se adéqua a uma previsibilidade de sucesso e tal atitude se torna conflitante, ele deve dividir com o cliente o que se passa com ele, colocando sua posição de modo claro, sem constrangê-lo nem julgá-lo.

A questão se torna mais complicada quando, depois de um longo tempo de reflexão, de tentar saber o que é melhor, o cliente diz: "Então, doutor, estou chegando à conclusão de que me devo separar, penso que meu casamento acabou, d'agora para frente é dar murro em ponta de faca, minha insistência em salvar esse casamento não vai dar em nada, o que o senhor acha?"

Caminhamos juntos, discutimos a longo o assunto, de algum modo sofremos procurando a melhor solução... Se eu não tenho dúvidas de que, depois de uma longa e séria caminhada, a minha sensação é também que esse casamento acabou e que continuar é perdurar um sofrimento inútil, eu digo: "Concordo com você, seu casamento acabou, parece que a separação é a melhor saída. Se você resolver se separar, você não está sendo irresponsável, pois fez o seu melhor para que esse casamento continuasse. A decisão final é sua e você tem o meu apoio".

Vejo como abandono, para não dizer falta ética, ter caminhado com um cliente por longos períodos, ter "discutido" com ele as melhores saídas e quando ele, com base em toda uma situação vivida a dois, decide tomar uma posição, o psicoterapeuta se afasta, não dá opinião e diz que a decisão é responsabilidade dele.

- *Escutar e saber escutar.*

Numa entrevista, é importante que o psicoterapeuta esteja livre de preocupações que interfiram no processo. É preferível desmarcar uma entrevista quando sente que não está bem, que está cansado, que não conseguirá estar atento.

Escutar é um processo interativo. A boca pode estar calada e a expressão mímica falando, por isso é preciso não apenas ouvir, mas saber escutar, o que significa estar atento às reações não verbalizadas, aos comportamentos não expressos mas que transmitem mensagem, às vezes mais intensamente que as palavras.

É preciso deixar o cliente falar livremente, não interrompê-lo, fazê-lo sentir que queremos escutá-lo, não polemizar. Fazer perguntas para encorajá-lo, esclarecer conteúdos.

- *Ajudar o cliente a contar suas dificuldades.*

Apesar da necessidade que o cliente sente de falar para se ver livre dos seus conflitos, ele precisa de ajuda, pois, se falar de certos problemas comuns pode ser difícil, muito mais será falar de situações das quais ele próprio não tem clareza, sobretudo quando se entra no terreno da sexualidade, da culpa, de relacionamentos complicados.

Isso significa que o psicoterapeuta deve ser capaz não só de ouvi-lo com paciência e acuidade, mas também de ajudá-lo ativamente a falar de seu problema e de si mesmo de maneira pertinente. Deve ajudá-lo a desenvolver situações assustadoras, a clarificar certos fatos com os quais ele não se sente confortável e até a colocar outros à parte quando isso parecer o mais adequado.

Essa atitude será facilitada naturalmente pela empatia do psicoterapeuta, isto é, por sua capacidade de sentir, de vivenciar em si a dimensão do problema do cliente.

Sullivan chama de "distorção parataxica" o fato de o cliente fazer uma série de fantasias com relação à intimidade e ao modo de ser do psicoterapeuta. Ele, muitas vezes, tentará pautar seu próprio comportamento e sua comunicação com base nas percepções que tem do psicoterapeuta e no modo como ele o imagina.

Ajudar o cliente se torna uma necessidade, porque as pessoas têm dificuldade de pedir ajuda, sentem-se humilhadas quando não conseguem resolver sozinhas seus problemas e, muitas vezes, são ameaçadas por ditos populares, como "A palavra que sai de tua boca não retorna mais" ou, como se diz em Hamlet, "Dá a todo homem o teu ouvido, mas a poucos a tua voz".

Para terminar, citamos Penlason (*apud* Lodi, 1974, p. 56), que resume os conceitos principais que o entrevistador deve ter em mente quando procura entender alguém.

1. O indivíduo é um ser humano que funciona e é condicionado pelo ambiente e pelas suas experiências anteriores. 2. As necessidades emocionais têm prioridade sobre a razão. O comportamento humano é sistemático, dirigido a um propósito e responde a necessidades internas profundas. 3. O comportamento pode ser entendido apenas em termos de aceitação emocional e intelectual. 4. O comportamento pode ser um sintoma da desordem da própria sociedade, como também uma falha em ajustar-se a ela. 5. Resultados construtivos e duradouros advêm de experiências satisfatórias e bem-sucedidas. 6. Há uma tendência para ser aquilo que os outros consideram que somos. 7. Uma pessoa não pode atingir suas potencialidades a menos que suas necessidades físicas e emocionais sejam atendidas. 8. As ideias só se tornam ativas quando carregadas de desejos e necessidades profundas do indivíduo. 9. A modificação do comportamento acontece quando as limitações da realidade são enfrentadas.

O psicoterapeuta é um companheiro de viagem. Descer do trem um pouco antes do término da viagem, para que o restante seja feito só pelo cliente, pode ser muitas vezes sinal de sabedoria.

A entrevista, seja inicial ou dentro do processo, é o instrumento pelo qual cliente e psicoterapeuta encontram uma linguagem comum, um sentimento comum e uma comum visão do mundo. Ela não visa mudar, transformar o cliente; é, antes, um processo a dois, um procedimento em que o cliente pode se rever, se comprometer, mudar de rota, se reconhecer como pessoa e se orientar no sentido de ser e estar no mundo de maneira harmoniosa e nutritiva.

7 PSICODIAGNÓSTICO CLÍNICO PROCESSUAL

Há homens cuja dimensão de pessoa é tão preponderante que se podem chamar de pessoas, e outros cuja dimensão de egoísmo é tão preponderante que se pode lhes atribuir o nome de egóticos. Entre aqueles e estes se desenrola a verdadeira história. (Buber, apud Von Zuben, 2003)

O psicodiagnóstico é resultado de elementos de ciência, de técnica e de arte. É, de certa maneira, uma redução fenomenológica cuja essência é a tentativa de descobrir, junto com o cliente, sua estrutura de personalidade, quem ele é, o sentido de sua vida e, se for o caso, onde esse sentido foi interrompido.

O psicodiagnóstico é um momento instigador para o psicoterapeuta, dado que implica compreender a dinâmica da vida de seu cliente e é um momento vital para ele, porque visa produzir nele uma maior segurança na condução e na compreensão do seu comportamento.

Quando feito formalmente, obedece não só a passos e fases tecnicamente previstas como resulta também da visão e da compreensão da prática clínica do psicoterapeuta.

O psicodiagnóstico nasce, conjuntamente, da necessidade objetiva de um cliente de saber o que está acontecendo com ele e da necessidade de um profissional de formular uma compreensão real da situação do cliente a partir dos dados colhidos. A necessidade de ter clareza, de não poder errar, leva o psicoterapeuta a uma situação de ansiedade e até de angústia diante de sua responsabilidade de perceber e de compreender o comportamento do cliente.

Seus instrumentos de avaliação são impotentes para fornecer uma compreensão adequada e totalizante do comportamento humano, ainda quando foram bem escolhidos e bem aplicados. Restará sempre uma margem de risco, que somente a arte pessoal e criativa do psicoterapeuta será capaz de suprir.

Na realidade, nada substitui um paciente e longo trabalho de observação, investigação e exploração quando se quer compreender o ser humano em profundidade. Para além disso, a espontaneidade e a humildade do psicoterapeuta constituem condições fundamentais para uma relação de sucesso.

A certeza é algo inatingível quando se trata da compreensão do ser humano. Se assim não fora, não existiriam tantas teorias da personalidade tentando explicar e compreender o homem. Procedemos por aproximação, por analogia, buscando sempre a totalidade que produz uma *awareness* emocionada, lugar de onde se pode partir com mais segurança à procura do outro.

O ser humano é um sistema, uma configuração, uma gestalt cuja totalidade é feita de partes organizadas, unificadas, indivisíveis. Ele é uma totalidade em contínuo apelo para se totalizar de fato, sobretudo existencialmente, pois onde quer que ele toque toca tudo à sua volta, por onde quer que ele comece tudo se desvenda por inteiro, por isso é preciso estar inteiro, em união e comunhão com ele para poder tocá-lo.

Nesse sentido, o psicodiagnóstico é uma função de relação, de contato, e surge ou vai surgindo de um paciente e cuidadoso encontro psicoterapeuta-cliente. Tal encontro é uma construção, não está pronto, não surge do nada, muito menos de uma simples compreensão estatística de um instrumento qualquer, por mais sofisticado que seja. É nesse contexto de encontro e de relação que a estrutura de personalidade do outro vai surgindo, vai emergindo, vai se constituindo na mente e na consciência do psicoterapeuta. É também nesse contexto que o fenômeno humano vai se desvelando e a essência do indivíduo, única e singular, se define e se singulariza.

Psicodiagnóstico significa, pura e simplesmente, leitura da alma. Por natureza, será sempre algo inacabado. É apenas uma indicação de probabilidade, um caminho a ser palmilhado cuidadosamente, no qual a criatividade do psicoterapeuta, unida a uma crítica severa e científica da realidade total, completa o quadro e permite que ele se defina. O psicodiagnóstico revela um lado permanente do outro e talvez oculte aquele seu lado dinâmico, submetido ao um contínuo vir a ser e no qual o atualizar-se passa a ser o outro lado permanente da mudança.

A pessoa humana é mudança a cada momento do seu descobrir-se, do seu encontrar-se, do seu "des-velar", do seu "des-ocultar-se", o que a torna inigualável e singularmente complexa.

Filosofia do psicodiagnóstico

Todo ato humano é intencional e está sempre à cata de atribuir significados à realidade, nasce na e da consciência, não opera no vazio; é sempre consciência de alguma coisa, visa alguma coisa sempre.

Assim, a chamada neutralidade do psicoterapeuta é um mito ou um método, mas não uma realidade. Precisa saber onde está para saber para onde vai – ou, como diz Joel Martin, "todo diálogo parte de algum lugar".

Se os olhos veem, se os ouvidos ouvem, se o corpo sente, a consciência está, necessariamente, em busca de uma totalidade e, portanto, não operando "com segundas intenções". Ela não sabe exatamente o seu saber, mas sabe que o seu saber sabe alguma coisa e que este saber poderá levá-la ao lugar do conhecido.

Assim, o psicoterapeuta pode antever o caminho, perceber, quase por intuição, onde o cliente está, embora, do ponto de vista técnico, ele deva se prevenir no sentido de não avançar nenhuma hipótese, a não ser que o dado lhe seja dado claramente.

Existe algo em nós, sobretudo após anos de prática clínica, que encurta caminhos, que nos revela o *como* unir polos diferentes, fazer pontes que nos surpreendem e que chamo de *psicodiagnóstico interior*. É uma mistura de ciência e sabedoria, de técnica e arte, de experiência e vivência, contra a qual a neutralidade subjetiva do psicoterapeuta se debate inutilmente. Não posso não ter ideias, não posso não acreditar totalmente nelas, mas posso e devo esperar que uma observação mais acurada da realidade, como um todo, me ensine se meu caminho interior é verdadeiro e talvez único. Essa postura eu chamo de *neutralidade objetiva*.

O psicodiagnóstico é fruto de um corte importante no já sabido, no já dito ou previsto, ele nos remete à primeira camada do ser, lá onde nada nos pode ajudar senão uma posição de estar com, de escuta do ser, à espera de que ele se revele a partir dele. O ser sai da clandestinidade quando passamos a olhá-lo não esperando nada dele. Ele só se revela a quem se abre para recebê-lo. Só assim nos é dado compreender melhor a dinâmica do indivíduo para lhe dar suporte para caminhar, livre e responsavelmente, para uma utilização mais pronta e eficaz de seus próprios recursos.

O determinismo psicológico afirma uma relação linear entre a causa e seu efeito, uma previsibilidade do comportamento, o passado contendo e explicando o presente, deixando a pessoa entregue a forças com as quais dificilmente poderá lutar. Nesse contexto, o tema do determinismo psicológico se torna de fundamental importância para compreender o psicodiagnóstico no que se refere à classificação estrutural do comportamento humano.

Determinismo, de maneira simples, significa que o homem está predeterminado a ser e a agir sempre de determinada maneira. Nesse caso, o psicodiagnóstico seria tão somente a revelação de uma sentença com trânsito em julgado, à espera de ser cumprida. Ele registraria o que foi, o que é e o que será. Nessa visão míope, não haverá nenhum lugar para a liberdade e muito menos para opções de mudança.

A evidência tem demonstrado o contrário, que o homem é capaz da mudança, que a pessoa humana tem relativa liberdade de gerar pensamentos próprios e novos e de mudar, pois a pessoa humana é um projeto se atualizando a cada momento.

A função do psicodiagnóstico processual é colocar a pessoa/cliente diante de seu próprio horizonte, de suas próprias possibilidades, de se olhar, se reconhecer, se programar, indicar, apontar, descobrir esse preciso momento do seu projeto, mostrar como se chegou até ali e possibilitar descobrir caminhos ou maneiras novas de continuar lidando com a própria perspectiva de vida de maneira criativa e gratificante.

O psicodiagnóstico não fecha, abre, não visa mostrar doenças, mas saúde. Mais do que o lado negativo, ele revela o lado positivo das pessoas. Se o psicodiagnóstico é uma leitura, deve ser uma leitura da totalidade existencial e do sentido da pessoa, de tal modo que ela possa lidar com esperanças concretas de mudança a partir do bom e do bem que estão ali, nele, nela, disponíveis, à espera de ser prontamente mobilizados.

Nossos instrumentos de medida, de modo geral, revelam e apontam o que de menos bom existe nas pessoas, calando-se a respeito do que é a vida e do viver produtivamente. Essas medidas estruturadas pouco ajudam, pois têm o viés perverso de ver o que de mais negativo a realidade humana contém, esquecendo-se de que 1% de algo bom, quando bem utilizado, terá mais efeito do que milhares de instrumentos dirigidos no sentido de debelar o negativo.

Se não consigo perceber a pessoa que está diante de mim como um todo, na sua relação com o mundo, em um campo no qual variáveis dependentes e independentes atuam nela das maneiras mais diferentes, de pouco ou de nada valerá um instrumental – por mais sofisticado que seja – que não capta, que não consegue revelar ou colocar o pesquisador em contato com o mundo misterioso do seu cliente. Se eu não souber me usar adequadamente como meu instrumento de trabalho, minha falta de percepção, minha incapacidade de seguir um caso não desaparecerão diante de resultados medidos.

Uma ressalva importante: essa minha fala, essas minhas colocações não significam que testes psicológicos, exames neurológicos, radiografias e outros instrumentos técnicos de diagnós-

tico sejam inúteis ou de pouca valia e devam ser dispensados. Ao contrário, eles podem ser excelentes instrumentos auxiliares e, às vezes, fundamentais para que o psicólogo tenha uma dimensão real das condições de saúde física e mental de seus clientes. Só a psicoterapia, sem a ajuda esclarecedora de exames auxiliares não psicológicos, não tem, muitas vezes, condições de caminhar e de produzir bons resultados. Uso argumento semelhante para dizer ao médico, ao clínico geral e/ou a outros especialistas, como o neurologista e até o psiquiatra, que sem a ajuda competente da psicologia eles provavelmente não conseguirão alcançar seus objetivos. Uma visão interdisciplinar e, hoje, transdisciplinar é a única saída real para uma ética de atendimento aos nossos clientes em comum.

Na realidade, o que prepara um excelente psicodiagnóstico são sólidos conceitos, pesquisas atuais na área da infância, adolescência, psicopatologia, além de uma formação sólida do próprio psicoterapeuta – que é o seu próprio e melhor instrumento de trabalho. Embora tenhamos, às vezes, de realizar o psicodiagnóstico formalmente, nós o estamos fazendo a cada instante, a cada contato com nossos clientes.

O psicodiagnóstico se coloca entre uma explicação e uma descrição. Explicar significa apontar elementos externos ao objeto observado ou em análise, significa descrever elementos da coisa em si, é um olhar que olha para fora e, de algum modo, não contamina a consciência de quem explica. Explicar é se colocar fora do objeto explicado para poder vê-lo melhor. *Descrever* é chamar o objeto a uma análise de sentido à consciência. É passar da coisa em si (por exemplo, do sintoma em si) para o em si da coisa, ou seja, para além do observado, onde a compreensão acontece. A compreensão é algo além da explicação, ela nasce da descrição. Quando se descreve, a compreensão dos elementos soltos, das partes constitutivas do todo, se faz significativa por si mesma, enquanto compreender implica a reunião de elementos diversos e vários, à procura de uma visão global e dinâmica. É nesse lugar que o psicodiagnóstico acontece.

De certo modo, o explicar pertence ao cliente enquanto ele se desvela, se autoexplicando; e o descrever pertence ao psicoterapeuta, enquanto induz do visto, do escutado a compreensão do dado, que é uma forma de consciência da realidade. Esta, por sua vez, pertence a ambos, porque, embora de modo diferente, ambos se encontram no mesmo campo.

A explicação e a descrição procedem do mesmo campo, de um mesmo espaço vital unificado e dizem respeito, ao mesmo tempo, ao cliente e ao psicoterapeuta, enquanto o psicodiagnóstico acontece em função da relação cliente-psicoterapeuta, estando ambos imersos no processo um do outro.

A compreensão do dado (cliente-sintoma no mundo) deve ser, ao mesmo tempo, efetiva e afetiva, sendo difícil chegar a uma compreensão real apenas através do agir e do pensar, sem que o emocional esteja envolvido de modo direto.

O psicodiagnóstico acontece como um processo, isto é, como um modo, um caminho, um conjunto de normas, gerando um sentido para fora, por isso ele é, ao mesmo tempo, uma revelação, a "des-ocultação" de um intrincado processo mental, por meio do qual o cliente sai da "clandestinagem" para a luz, em que ele, e não mais o sintoma, começa a ser visto de verdade.

No sentido técnico, o psicodiagnóstico é resultado de vários instrumentos, podendo-se utilizar testes, entrevistas, técnicas variadas – como coleta de dados – que ajudam na compreensão do comportamento do cliente ou de um grupo. Num primeiro momento, o psicodiagnóstico revela, mostra algo desconhecido, mas não necessariamente leva à compreensão do dado, do sintoma, da pessoa. Por ora, é apenas um instrumento processado que produziu um resultado para o qual foi programado. São dados isolados que só farão sentido quando colocados um ao lado do outro para, por intermédio de uma visão, de uma leitura teórica, identificar os mecanismos internos que fazem a pessoa se sentir, pensar, agir e falar como está.

Num segundo momento, o psicodiagnóstico deixa de ser um instrumento técnico e passa a ser o resultado de um processo complexo de compreensão do comportamento humano. Não é nem pode ser uma simples enumeração, mais ou menos coerente, de disfunções, transtornos ou qualidades de alguém.

Diagnosticar significa apontar relações psicodinâmicas, às vezes do tipo causa-efeito; significa revelar sintomas e seu significado dentro de uma totalidade humana, vivida por alguém e que leva à percepção de um centro responsável pela unidade fundamental do comportamento chamada self e/ou eu e/ou personalidade, ainda que esta esteja funcionando disfuncionalmente.

Mesmo os chamados problemas existenciais, de difícil compreensão, dado que em geral envolvem situações múltiplas e inacabadas, vêm de um roteiro interno à pessoa, de uma trilha, fruto de uma lógica existencial da qual, de algum modo, esses problemas emanam e para o qual convergem, num sistema de retroalimentação.

Psicodiagnosticar, como processo, significa identificar no mínimo dois centros de convergência: um centro de sentido, para o qual convergem e do qual emanam insegurança, medo, conflitos humanos de toda natureza: e outro do qual emanam e para o qual convergem igualmente qualidades, virtudes e força, como soluções que a sabedoria do organismo produz e estão sempre a serviço da pessoa humana.

Um CID não é um psicodiagnóstico, ele fala de um sintoma ou de uma síndrome que expressa sintomas, uma parte disfuncional dentro de um todo que, de algum modo, está perdendo sua organização, sua articulação entre as partes, sua indivisibilidade. Um CID é um diagnóstico estrutural, uma pálida fotografia de uma parte da pessoa sem mostrar o restante dela, desconectando mente e corpo, ou é um ou é outro.

Fazer um psicodiagnóstico significa compreender e mostrar como atitudes, emoções, carências, presenças e ausências se estruturam e resultam em determinado quadro, disfuncional ou não. Ele rompe a dicotomia do CID em mente e corpo para mente-corpo, indicando uma totalidade processual como fundo e uma de suas partes como algo adoecido, precisando de um olhar cuidadoso e diferente.

Fazer psicodiagnóstico é tentar refazer o caminho de alguém de volta para casa. Para tanto, não bastam testes e entrevistas, mas é preciso psicoterapeuta e cliente inteiros na relação, pois o psicodiagnóstico é uma redução fenomenológica, um retorno à coisa mesma, ao em si da coisa, em que se tentou captar a essência existencial de um pessoa através da percepção de sua totalidade, único lugar capaz de fornecer à nossa consciência o verdadeiro significado de ser pessoa.

Um elemento-momento importante de nossa reflexão, que está presente nas entrelinhas ou nas linhas da confecção de um psicodiagnóstico, é a distinção entre a realidade em si e seus reflexos em nós, entre o que determina um comportamento e o seu significado.

Assim: uma rosa é uma rosa, mas depois que olhei para ela ela não é apenas uma rosa, mas uma rosa vista, olhada por mim. Meu olhar "muda" a natureza do objeto olhado. Olhar *a* rosa é diferente de olhar *para a* rosa. Quando olho *a* rosa, sou figura, a rosa é sujeito do meu olhar; quando olho *para a* rosa, ela é figura, no sentido de que roubou meu olhar, é ela que me olha, sou uma visada dela. Aparentemente trata-se de um mesmo e único olhar, mas de fato são vários "olhares" implicados nesse simples gesto de olhar.

Outro exemplo: faço uma observação delicada, difícil de ser escutada por uma pessoa. Na minha intenção, falei *com* ela, *para* ela ou *dela*, mas ela entendeu que falei *contra* ela. Aqui se coloca a complexa questão da intersubjetividade, isto é, o que faz que uma simples coisa ou palavra, presentes no mesmo campo, sejam vistos de maneira completamente diferente por duas pessoas também no mesmo campo? Respondo: *o sentido emocional que se atribui à realidade, pois a emoção modifica a percepção da realidade, como se olhássemos mais com o coração, com as emoções do que com o cérebro, com a mente, porque o sentido nunca está pronto, não é imposto, é encontrado.*

Outro exemplo: imaginemos um obsessivo-compulsivo. Ele tem e mantém uma série de atos, gestos que para ele são apenas atos, gestos, mas que nós chamamos de rituais; para ele aqueles atos são momentos ou caminhos para conseguir o que deseja, mas nós dizemos que são formas de controlar sua ansiedade, de se proteger contra sua fraqueza não reconhecida; ele parece lidar razoavelmente com seu comportamento, trabalhando e amando a seu jeito, mas nós dizemos que ele é neurótico. Ele não "sabe" nada de si próprio, mas nós "sabemos" tudo sobre ele. Ele é alguém sem poder, nós temos o poder.

Este é um momento crucial do psicodiagnóstico, pois, no fundo ou bem na beirada, como me dizia um cliente, estamos voltando à velha querela: o que é normal, o que é anormal, quando e onde algo é normal ou anormal e por quê?

Se esse impasse parece ser de difícil solução, de mais difícil solução é qualquer forma de psicodiagnosticar que pretenda ter um sentido acabado a respeito de alguém. Devemos levar em conta que o sentido e o significado que atribuímos a dada ação varia ou pode variar de pessoa para pessoa, de psicoterapeuta para psicoterapeuta, de cliente para cliente, de teoria para teoria, dependendo do campo em que se encontrem e das relações que nele se processam.

Se estamos num mare-magnum de possibilidades, de visões diferentes, a postura aconselhável é aquela da humildade, da prudência, do cuidado para que nossa opinião não cause danos, às vezes irreparáveis, à vida de nossos clientes. Afinal, do ponto de vista fenomenológico-existencial, até que se prove o contrário, ele é o melhor intérprete de si mesmo.

Se a interpretação dos dados e dos acontecimentos da vida biopsicossocioespiritual de alguém depende do sentido que este alguém lhe confere, se as coisas perdem, por vezes, seu intrínseco poder de se autorrevelar segundo sua própria natureza, se a verdade da coisa é diferente da verdade dessa mesma coisa vista pelo outro, se as pessoas falam diferentemente de uma única coisa, entendo que o psicodiagnóstico, para ser fiel a si mesmo, deverá ser elaborado com base em alguns pontos fundamentais:

1. Ver o cliente como uma totalidade na qual estão incluídos passado, presente e futuro como uma unidade têmporo-espacial.
2. Ver a pessoa como um acontecimento, pois cada pessoa é a sua própria história e essa história está toda, aqui-agora, presente.
3. Fazer e refazer a matriz individual e familiar do cliente. Onde ele vive, como vive, de onde vem, para onde vai, no seu contexto total.

4. Analisar sistematicamente seu sistema de comunicação consigo e com o mundo.

5. Estar atento ao modo como ele sente, pensa, faz e fala.

6. Verificar contínua e cuidadosamente como ele faz ou diz as coisas, mais do que o que ele faz ou diz.

7. Chamar o corpo em causa como melhor registro da vida de cada um.

Esses itens também dizem respeito ao psicoterapeuta, uma vez que ele não é um simples observador do processo, mas está incluído, pela própria natureza da relação psicoterapêutica, no processo de seu cliente. Nesse sentido, a relação se torna, por excelência, um elemento revelador.

Eu poderia aduzir outros elementos, mas o que quero deixar claro é que, se a realidade é confusa e não me fornece todos os elementos de que preciso, devo lidar com ela espontânea e criativamente, vendo-a e estudando-a como um todo, pois é através do todo que as partes se encontram e se fazem compreensíveis, sendo dele que elas recebem significado e função.

A realidade não é acessível ao simples olhar do observador. Nada é apenas o que vejo, o que toco. Pessoas, coisas, ideias são eles próprios e muito mais além. O que vemos, tocamos é infinitamente menor do que aquilo que a realidade nos poderia revelar.

O universo é um macrossistema. Tudo nele tem a significação que ele próprio lhe atribui, e mesmo assim existe nele algo que lhe escapa, de tão grande e especial que é. É como se ele fosse, ao mesmo tempo, sua realidade e seu reflexo. A realidade, de algum modo, está sob seu controle, é sua, mas seu reflexo, que é o além, se perde e se confunde com a própria realidade, porque ele não vê seu reflexo, nós o construímos na razão em que faça sentido para nós.

Assim, um sintoma não é só um sintoma. Tratá-lo como algo isolado é desconhecer que a pessoa humana é muito além de uma manifestação doentia, por mais clara que ela seja. **Um** *sintoma não é* **o** *sintoma, mas apenas uma das pequeninas manifestações de algo que surge de um complexo sistema humano e sofre enquanto tal, pois tudo que diz respeito às partes diz respeito ao todo. Nesse sentido, é todo o cliente e o cliente todo que está sob tratamento e não apenas sua queixa ou seu sintoma. Tratar só o sintoma é o mesmo que querer estudar movimentos de um peixe fora d'água ou a textura do coração fora de seu hábitat natural, o corpo humano.*

De certo modo, estamos voltando à discussão inicial sobre determinismo psicológico *versus* liberdade humana, quando se põe a pergunta: o que produz o quê – ou, talvez, quem produz o quê e como, quando e por quê.

Se o ser humano é ou está predeterminado a ser e a se comportar de dado modo, se ele não consegue se livrar de si mesmo, se está condenado a ser o que pretensamente não deseja ser, física, biológica e psicologicamente, que sentido têm suas ações, suas atitudes?

De outro lado, se o homem é um "condenado a ser livre", porque está ao mesmo tempo condenado a escolher e é de sua inteira responsabilidade tudo que ele faz, que sentido tem o mundo fora dele e para ele se sua liberdade cria uma relação mundana, neutra de qualquer significado, não o influenciando em nada?

A elaboração de um psicodiagnóstico esbarra nesse dilema, como em um processo dicotômico: de um lado, um determinismo causal que nos fornece dados aparentemente irrefutáveis; de outro lado, a certeza de que a percepção da realidade está muito aquém do que ela de fato revela.

Do ponto de vista filosófico, não temos muitas saídas, porque distinguir e tornar a distinguir, o que é próprio da filosofia, pode ser uma forma de radicalizar que nos permite chegar à coisa mesma, embora sabendo que o em si da coisa não nos é acessível.

Do ponto de vista acadêmico, a psicologia da Gestalt, através do isomorfismo, a teoria organísmica holística de Goldstein e a teoria do campo de Lewin nos fornecem dados para, do ponto de vista operacional e utilizando o método fenomenológico, superarmos a dicotomia filosófica antes discutida e adotarmos outra postura: a de afirmar que a pessoa humana é uma unidade (totalidade) psicofísica. Essa realidade fenomênica se revela mostrando sua aparência ora mais mente ora mais corpo, mas ambas totalmente presentes e atuantes uma na outra. Jamais, entretanto, chegaremos à decisão satisfatória sobre se o ser humano é liberdade ou condicionamento. A evidência do dia a dia nos diz que ele é livre e é condicionado, acentuando-se mais em uns a liberdade e em outros o condicionamento.

O psicodiagnóstico lida com a realidade visível, possível, com o que está acontecendo aqui-agora. Se ele abrange, de fato, todo o presente, tem tudo de que precisa para seguir seu curso. Nesse sentido, dizíamos que o psicodiagnóstico deve ser totalizante, ou seja, fruto de conteúdos passados e futuros e convergir para esse ponto do tempo e do espaço que se chama presente.

Um psicodiagnóstico, quer escrito em forma de laudo, quer pensado ou dito, é um acontecimento de total responsabilidade do psicoterapeuta, à semelhança de um mergulhador que, às vezes em águas escuras, às vezes em águas iluminadas pelos raios de sol, procura lá e cá ver a beleza desse mar e também onde esse mar se está fazendo mal, pois o psicodiagnóstico reflete um momento de incursão profunda na intimidade do outro cujo resultado, querendo ou não, tem implicações sérias na vida do cliente.

O valor desse seu gesto, dessa sua produção, desse seu nadar psicodiagnosticamente será tanto maior quanto mais ele observar, investigar, explorar e descrever esse oceano que é a pessoa humana e ainda, como um mergulhador profissional, respeitar ao máximo a natureza das águas por onde ele se locomove.

O psicodiagnóstico é um instrumento provisório, registra elementos antigos, estruturais e elementos novos que estão ali de passagem, como uma mistura sagrada que deve ser respeitada, como ser humano sempre em processo de mudança.

A pessoa humana é inatingível em sua totalidade, ficando o psicodiagnóstico como uma leitura do outro, como indicação de probabilidade, como um farol que, de quando em quando, manda um facho de luz, um rumo a ser seguido, sobretudo para os que não conhecem o caminho.

Penso, muitas vezes, que fazer um psicodiagnóstico é como ler um livro, um romance talvez, a história de uma alma, vamos passando as páginas, a história fica cada vez mais intrigante e, quando chegamos ao fim, achamos que o final da historia poderia ser diferente, o qual não é como imaginamos, embora tenhamos de aceitar o resultado.

Esse é um momento fugaz, pois o psicodiagnóstico é um conhecimento do outro em função do futuro, ou seja, um conjunto de informações que me permitem dizer onde o cliente se encontra, "prever" para onde poderá ir e também "prever" o desenvolver de uma situação – embora, como um horizonte, também o psicodiagnóstico me põe à prova, pois quanto mais dele eu me aproximo mais ele se transforma.

Para fugirmos ao determinismo psicológico de "previsão" do futuro, devemos dizer que também o prognóstico é uma forma frágil de lidar com o amanhã, restando-nos então a observação acurada, inteligente, cuidadosa da realidade do outro como um todo, assim como ela se manifesta agora. Assim, não obstante sua fragilidade, o que salva o sentido do psicodiagnóstico é sempre a perspectiva do prognóstico.

Antes de passar a uma parte mais prática do psicodiagnóstico, lembro que, como o psicoterapeuta está pessoalmente envolvido na sua elaboração, e como não consegue se livrar de si mesmo, coloca também ali todo o seu mundo de dúvidas e certezas na procura do conhecer o outro. Também sei que raramente conseguimos andar por caminhos que não sejam os já nossos, o que significa que a postura mental de quem faz um psicodiagnóstico deve ser de abertura, de acolhimento, de fluidez, espontaneidade e criatividade diante do diferente se não quiser que seu psicodiagnóstico seja um retrato de si mesmo.

Estruturação do psicodiagnóstico

Apesar de minha proposta de deixá-lo fluir o mais espontaneamente possível na relação cliente-psicoterapeuta, o psicodiagnóstico deve ter uma estrutura, isto é, precisa obedecer a algumas orientações que ajudem cliente e psicoterapeuta na compreensão do que ele se propõe, qual seja: utilizando um modelo ou um método científico de produção de conhecimento, fazer uma leitura da pessoa como um todo e não sair à cata de um sintoma que possa dizer em que "lugar" a pessoa se encontra.

O psicodiagnóstico, embora feito por pessoas competentes, nunca resulta igual. Qualquer produção nossa leva nossa marca, por mais sutil que seja. O homem não pode criar algo que teoricamente não está ao seu alcance. Qualquer produção será sempre imagem e semelhança sua.

O psicodiagnóstico de uma mesma pessoa feito, como hipótese, por um psicanalista, por um analista transacional, por um gestaltista mostrará, necessariamente, o viés teórico em que se embasa. Cada um desses profissionais, além de revelar no seu trabalho seu jeito de lidar com a realidade, usará uma linguagem correspondente à sua teoria de base e, até certo ponto, desenvolverá o trabalho do psicodiagnóstico a partir das ideias fundamentais da teoria que segue.

Um psicanalista estará mais atento à problemática edipiana do cliente, um analista transacional ao sistema de relação que o cliente estabeleceu com o mundo, um gestaltista ao funcionamento do cliente no seu expressar-se aqui-agora.

Nenhuma teoria da pessoa humana é teoria do homem como um todo, porque nenhuma concepção teórica da pessoa humana é necessariamente abrangente. Porém, considerando que toda teoria é uma expressão que nasce da cabeça do homem, é provável que, por caminhos diversos, uns mais rápidos, outros não, uns mais adequados, outros menos, chegássemos ao mesmo ponto central, porque na verdade todos os caminhos partem necessariamente do homem e a ele necessariamente conduzem.

Elemento importante para a estruturação do psicodiagnóstico é uma visão de conjunto, ou seja, é como se tivéssemos ante nossos olhos o mapa de uma cidade (a pessoa como um todo), com todas as suas ruelas, ruas e avenidas conduzindo ao coração da cidade (o sintoma), ou seja, ao centro de convergência onde a "vida" acontece com mais intensidade e onde também o tráfego é mais intenso.

Sabemos de rua e de cruzamentos, mas não sabemos o que acontece quando ruas se encontram, pois o encontro é sempre um momento novo, de criação, de diferenças. Nesse contexto de procura da totalidade se insere o psicodiagnóstico, como tentativa de compreender a realidade como um todo. Desejamos saber o que acontece quando uma rua cruza com uma avenida ou com uma ruela semiabandonada.

Na realidade, o que é um sintoma, o que é uma síndrome, por que aparece um sintoma que não "deveria existir" e que faz a pessoa mergulhar na dor e na confusão de sensações aparentemente sem nenhum sentido ou causa?

A teoria holística de Smuts, que nos trouxe os três mágicos princípios de Heráclito – *"tudo é um, tudo muda, tudo está ligado a tudo"* – nos ajuda a entender que nada que aconteça em um sistema é independente dos demais. Claro que sistemas mais próximos entre si sofrem mais diretamente qualquer estímulo ou ação que afete determinado ponto. É como uma pedra lançada em uma lagoa tranquila: no lugar onde a pedra cai, a água sofre diretamente a influência do impacto e os círculos concêntricos formados por ele são mais claros, mas sabemos que toda a lagoa foi mexida, ainda que em graus diversos.

Do ponto de vista prático, baseado no princípio de que tudo está ligado a tudo, em qualquer lugar que se comece um psicodiagnóstico, vai-se sempre atingir o alvo; às vezes mais diretamente, se começo pela praça central (usando ainda a analogia do mapa), às vezes mais demoradamente, se começo por uma ruela abandonada. O mesmo acontece no processo de deslocamento no sonho, no qual os elementos perdidos ou aparentemente sem importância costumam revelar a essência do conteúdo onírico que se esconde no detalhe.

Na confecção do psicodiagnóstico, o entrevistador poderá, em princípio, seguir diversos caminhos: o do corpo, o da mente, o do corpo-mente, o do ambiente, pois todos estes caminhos o levarão ao coração do problema, a pessoa humana. Baseados, por exemplo, na teoria holística, na teoria dos sistemas e na inter e intracomunicabilidade sistêmica, técnicas psicoterápicas que lidam com o corpo abandonam mais livremente a comunicação verbal do cliente para trabalhar um ponto tensionado do seu corpo, na certeza de que qualquer caminho que se use conduzirá ao ponto de conflito.

Lembro ainda outro fator importante: a *intuição* do psicoterapeuta na elaboração do psicodiagnóstico.

Fritz Perls costumava dizer que o gestalt-terapeuta é seu próprio instrumento, ou seja, mais do que de técnicas e livros ele precisa consultar a si mesmo como primeira fonte de informação.

Costumo dizer que cientistas se fazem nas bibliotecas e nos laboratórios e que o sábio se faz e acontece vivendo, pois existe uma sabedoria que nenhum livro produz e nenhuma escola ensina, mas que surge e se aperfeiçoa na e da observação paciente, espontânea e livre do cotidiano. Na verdade, a sabedoria é filha da liberdade e só se torna sábio aquele que aprendeu a ser livre.

Para mim, antes de mais nada, o psicoterapeuta precisa ser um sábio, um humilde servo da observação, da investigação contínua e paciente de si, dos outros e do mundo que acontece à sua volta.

Se ele não tem essa sabedoria silenciosa e profunda, adquirida na experiência da dor de seu viver, na alegria de agradecer à existência por sua potencialidade, na comunhão com o outro e na certeza de que crescer é uma característica do ser humano com quem convive (e não se vive de graça), de quase nada lhe adiantarão os livros.

Nesse sentido, a intuição do psicoterapeuta – que não é apenas um resultado/processo acadêmico de coisas lidas, mas uma intuição existencial do seu viver – não pode ser posta à parte. Ela é fruto da própria vida, e quanto mais madura e livre, melhor.

Estruturação do ponto de vista teórico

Até este momento, falei do psicodiagnóstico como um processo, um método que tem na *entrevista* seu principal instrumento de ação. O psicoterapeuta é um entrevistador por natureza. Ele funciona entrevistando. Uma sessão de psicoterapia é sempre um modo de entrevistar. Entrevistar, fazer um psicodiagnóstico e fazer psicoterapia de algum modo se confundem.

Espero ter deixado claro que o psicodiagnóstico segue por caminhos diferentes e diversos, pois depende do tipo de orientação, de formação, da escola que o psicoterapeuta segue, do tipo de pessoa que ele é em si mesmo, do tipo de cliente e de seu sintoma, dos instrumentos que ele usa, do tempo e do espaço onde fazemos as coisas acontecerem. Por isso, fugir da própria subjetividade é tudo que se espera do psicoterapeuta quando se trata de fazer um psicodiagnóstico.

Não só por uma questão didático-acadêmica, mas para acentuar a necessidade de sair do plano da subjetividade, alguns autores lembram e insistem em outro modo de fazer um psicodiagnóstico: medidas psicológicas que, do ponto de vista teórico, têm um enquadre, um formato, independentemente de quais sejam a postura, a formação, a orientação que levam o profissional a se tornar um instrumento válido de compreensão do outro.

Nesse sentido, apresentamos os passos seguintes.

Fundamentos da medida psicológica

Esse núcleo comporta o estudo dos parâmetros psicométricos da medida em psicologia de modo geral, bem como da própria fundamentação teórica da medida e da avaliação em psicologia. Quem faz o psicodiagnóstico deve aprender o porquê da mensuração, sua utilidade e o modo de usá-la.

Na realidade, o psicodiagnóstico é uma forma de "medir", de ver por dentro a personalidade. De maneira geral, sobretudo se se faz uso de algum tipo de medida para facilitar e complementar o conhecimento do cliente, procede-se um pouco por intuição e um pouco pela prática na escolha do instrumental, sem que haja um estudo cuidadoso de como finalmente aquelas medidas foram feitas e com base em quê.

Medidas psicométricas são instrumentos úteis, válidos, desde que bem escolhidos, bem aplicados e bem interpretados, embora sejam apenas instrumentos auxiliares e nunca substitutivos da percepção do profissional.

Nossa observação pessoal e crítica é mais importante que medidas, embora estas sejam convalidadas estatisticamente (testes, questionários, inventários). Se o relacionamento psicoterapêutico, o contato em forma de cuidado, de encontro, de inclusão, no qual o profissional se coloca inteiro na observação e investigação não o levaram a conclusões corretas, os instrumentos talvez não o levem muito além, porque estes, na sua procura de precisão, perdem aquilo que só a observação pessoal pode oferecer: as características pessoais e internas, o modo de ser e estar nas coisas do cliente.

Em geral, esses instrumentos medem traços, aptidões, sintomas, enfim – o que está acontecendo, quando na realidade é no como que encontramos respostas mais significativas, porque o como integra o cognitivo, o emocional e o motor. O como revela o processo que a pessoa está vivendo e que mantém o sintoma funcionando. Através do como vemos de que forma a pessoa sente, pensa, faz, fala e se expressa corporalmente, podendo ele ser mais significativo do que a descoberta de um sintoma, que costuma estar sob o controle da razão.

A escolha de instrumentos de avaliação dependerá do que o psicoterapeuta deseja medir ou observar.

Conhecemos e aplicamos testes como TAT, Rorschach, PMK; no entanto, poucos têm uma visão técnica de como foram feitos. Isso é mais sério ainda quando aplicamos inventários como MMPI e 16 PF só porque precisamos saber coisas a respeito de nossos clientes.

É, pois, importante que alguém que precise elaborar psicodiagnósticos com certa frequência entenda de: a) medidas em psicologia; b) parâmetros psicométricos: validade, precisão e utilidade; c) tipos de medida em psicologia: individual ou coletiva, técnicas projetivas, técnicas objetivas etc.

Elaboração de medidas em psicologia

O profissional deveria saber acompanhar a elaboração e a validação dos instrumentos que usa. Existe uma deficiência em nossos cursos de Psicologia, que preparam clínicos, ensinam-lhes a usar instrumentos, mas não como foram elaborados. Muitos desses instrumentos e técnicas foram apenas traduzidos para o português sem aquela validação séria que se faz necessária, pois que, tendo vindo de populações diferentes sob muitos aspectos, os resultados obtidos não oferecem segurança.

Os passos fundamentais utilizados na elaboração de um instrumento psicológico podem ser resumidos no seguinte: a) identificação e definição do construto que se quer medir; b) operacionalização do construto; c) análise dos itens (comportamentos): teórica, semântica, de conteúdo; d) análise do valor: validade, precisão, utilidade, limites.

Estou insistindo no preparo teórico do profissional que lida com psicodiagnóstico por meio de testes, questionários porque sei, da prática como professor e de minha relação com inúmeros profissionais, que o psicodiagnóstico, quase sempre depois transformado em laudo psicológico, é baseado quase exclusivamente em medidas disponíveis no mercado.

Estudo de técnicas psicológicas

Esse núcleo se refere ao estudo dos parâmetros psicológicos e da utilização de instrumentos disponíveis no mercado. Envolve: a) testes psicológicos; b) escalas e inventários; c) entrevista clínica; d) observação geral do comportamento.

Estratégias de avaliação

Esse terceiro momento representa, sobretudo, o estudo de como utilizar, técnica e eticamente, a avaliação psicológica.

Todo o material fruto da observação pessoal do cliente e de instrumentos utilizados pelo profissional deve levar a uma lógica interna de compreensão dos dados observados, pois tais dados não são elementos soltos, mas peças de um quebra-cabeça que deve ser montado coerente e sistematicamente para ser reconhecido.

Podemos apontar três momentos da avaliação:

- Planejamento do diagnóstico psicológico: entrevista, identificação do problema a ser diagnosticado, escolha ou construção do instrumental psicométrico adequado, logística a seguir na execução do psicodiagnóstico.

- Resultados do psicodiagnóstico: estudo e análise dos dados, integração dos dados colhidos de diferentes fontes de informação, interpretação dos dados, montagem do psicodiagnóstico.
- Comunicação dos resultados.

Esses resultados não necessariamente devem ser comunicados ao cliente *in toto*, até porque, às vezes, o cliente não tem condições de escutá-los nem de entendê-los. Em alguns casos, ao psicodiagnóstico se segue imediatamente o início de uma psicoterapia; assim, o psicodiagnóstico é apenas um mapa que o psicoterapeuta terá diante de sua compreensão, mapa este que ele abrirá na medida em que tiver necessidade.

Situação diferente é aquela em que o profissional deverá comunicar os resultados a pessoas outras que não o cliente, como a parentes ou à Justiça que pede um laudo. Estão envolvidos nessa comunicação um momento ético, técnico e de relação que somente o profissional saberá como encarar e solucionar. Mas em nenhum caso, em se tratando de adultos, se poderá negar ao cliente pelo menos um mínimo de informação.

Estruturação do ponto de vista prático

Essas considerações valem tanto quanto se pretende trabalhar com medidas psicológicas, dado que estas não são um instrumento mágico de produção de achados ou resultados, quanto quando se pretende trabalhar com o psicodiagnóstico utilizando apenas da entrevista psicológica.

Do ponto de vista prático, o psicodiagnóstico deve envolver uma visão o mais possível compreensível e global da situação do cliente. Deve conter uma informação que chamo de *entrevista horizontal globalizante e globalizadora*, que abrange todos os elementos disponíveis na atualidade do cliente, e uma *entrevista vertical globalizante e globalizadora*, que envolve a história passada do cliente e pode caminhar do hoje para o ontem ou do ontem para o hoje, abrangendo todos os elementos disponíveis na consciência do indivíduo e aqueles inconscientes e mais primitivos que não estão à disposição do cliente, mas que o psicoterapeuta colherá conforme o caso caminha.

Para que se obtenha este tipo completo de informações, alguns passos são necessários:

Identificação do sujeito

Devo observar, de antemão, que os dados não precisam ser colhidos no primeiro encontro. Eles vão surgindo espontaneamente da colocação do cliente.

Aliás, um psicodiagnóstico bem-feito jamais poderia ser feito em uma ou duas sessões.

Alguns dados são fundamentais, como nome, idade, religião, estado civil, profissão, onde mora, informações sobre a família, às vezes sobre a infância, porque essas informações funcionam como um subsistema, sendo necessárias para termos uma ideia completa de onde o cliente se encontra existencialmente, aqui-agora, no contexto de sua vida.

Esses dados, dentro da teoria do campo, revelam o que eu chamo de *campo geobiológico*, ou seja, revelam a geografia humana da pessoa e, quase sempre, vêm acompanhados de medo, de ansiedade, de dúvidas com relação a revelar dados tão íntimos a uma pessoa que se está vendo pela primeira vez e sobre a qual não se sabe nada. Muitos desses dados podem parecer irrelevantes, mas precisam ser guardados cuidadosamente, porque tudo é significativo no contexto geral da pessoa.

De repente, começa-se a perceber que estado civil e religião estão em íntima relação e que os dois juntos têm a ver com a escolha da profissão da pessoa – e que os três juntos começam a apresentar a chave para se compreender a angústia de alguém.

Motivo da consulta

De modo geral, o motivo da consulta ou da vinda de alguém para falar conosco surge nos primeiros momentos do encontro e, às vezes, na primeira frase.

A primeira frase do cliente é aquela que talvez foi a mais pensada e, por isso, pode encerrar um programa de vida, um modo de estar no mundo do qual o cliente não tem consciência. Se o psicoterapeuta não está atento ao que ouve, "sem malícia" pode perder uma primeira e importante informação, como: "O senhor me desculpe por estar usando óculos escuros, mas quando eu precisar eu tiro. Eu vim aqui porque minha vida está muito pesada, mas ainda estou dando conta"...

A cliente pensava que, dizendo o que disse, estava sendo delicada comigo, queria me dar uma informação sobre ela, mas na realidade havia me passado um tipo de postura que estava presente na sua queixa, mas da qual ela não tinha consciência: sua dificuldade de lidar com pessoas de autoridade.

Outra cliente chegou dizendo: "Eu sei que sou uma pessoa difícil, estou sempre trocando de terapeuta".

A queixa formal da cliente era dificuldade de se relacionar com o marido. Ela havia, entretanto, no meu parecer, acabado de me passar algumas informações: que era impaciente, desconfiada, que não sabia esperar e talvez me estivesse fazendo uma ameaça inconsciente: "Se o senhor não for bom, eu saio". Ali mesmo comecei a fazer minha leitura, que só foi terminar meses depois, *pois o psicodiagnóstico termina, de fato, quando termina a psicoterapia.*

De outro lado, também posso dizer, de maneira mais simples, que nem sempre aquilo que o cliente traz como sendo sua queixa é, de fato, o seu problema básico.

História do problema

Após um primeiro momento de dúvidas, angústia, medo, olhares recíprocos e interrogadores começa a real caminhada do cliente para o psicoterapeuta, deste para o cliente e de ambos para a vida que acontece ali, no aqui-agora de ambos.

É vital para o psicodiagnóstico e para a psicoterapia o fato de o cliente poder falar livremente, sem censura e com suporte para se ver, interpretar sua queixa e evoluir sem medo, sem fantasias catastróficas. Para isso, ele deve ter o tempo de que necessita para falar, se explicar, se contradizer, e o psicoterapeuta deve apenas escutá-lo, pois os melhores psicoterapeutas são aqueles que sabem escutar com o coração, com a alma, e não aqueles que falam, que não deixam passar nada.

Como o cliente em geral não sabe o que é psicoterapia e muito menos psicodiagnóstico, o profissional precisa pesquisar algumas áreas para poder formar uma ideia mais precisa do quadro sobre o qual ele quer fazer sua leitura, como:

- Conteúdos relativos à relação ambiente-organismo em que o cliente vive: apartamento, casa, periferia ou centro da cidade, vive só, família, gostos, manias etc.
- Conteúdos ligados às satisfações imediatas: como e onde ele se nutre física e psicologicamente, como passa seu tempo, hobbies, tipos de grupos que frequentou ou frequenta etc.
- Conteúdos ligados ao modo como o cliente lida com seu corpo. Por vezes, o corpo é um grande desconhecido do próprio dono, e através dele o cliente pode encontrar dicas e caminhos para um retorno real ao próprio corpo.
- Conteúdos ligados à história genética e evolutiva do cliente. Informações ligadas ao nascimento, à infância e à evolução posterior podem ser de grande utilidade na compreensão dos problemas que o cliente está vivendo naquele momento.
- Conteúdos ligados à vida afetiva e emocional: relações com a escola, tipo de leitura preferida, como se relaciona (quantidade e qualidade) com pessoas do mesmo sexo e do sexo oposto, como se relaciona com crianças, adolescentes, adultos, pessoas idosas e, especialmente, com sua família.

- Conteúdos biopsicossociais. Uma visão o mais próxima possível dos sistemas de valores que a pessoa vive, inclusive religiosos, de como a pessoa se encontra no mundo e o sistema de relação que mantém consigo, com o outro e com o mundo.
- Conteúdos ligados à relação cliente-psicoterapeuta. Creio que esta variável é a menos observada. O profissional tende a pensar que "se tudo vai bem", "se a psicoterapia caminha" é porque tudo vai bem mesmo. Psicoterapia de sucesso é fruto de um psicodiagnóstico bem-feito, porque de certo modo ambos se equivalem, mas perceber a qualidade desse encontro é um meio seguro de saber por onde caminha o trabalho que se está fazendo.

Esses dados, coletados pacientemente, de nada valerão se forem informações colhidas apenas pela necessidade de um psicodiagnóstico e não de um amadurecimento cada vez maior da relação psicoterapeuta-cliente.

Como o leitor poderá observar, juntei, em um único tópico, história da queixa (aquilo que, no entender do cliente, produz o seu sintoma) e anamnese (um aprofundamento maior da história e evolução do caso).

Esse é o momento de explorar tudo aquilo que pode estar conectado ao seu mal-estar. Utilizando a analogia do mapa da cidade, é um percorrer ruas e ruelas, é um visitar recantos desconhecidos à procura de compreender que cidade é essa. Nessa procura calma e profunda, vamos encontrar belezas, coisas feias, fontes de força, de energia e lugares conhecidos e desconhecidos.

Se a pessoa é um sistema organizado de forças e se tudo, em algum lugar, se encontra e faz sentido, é necessário ter uma visão de conjunto, de totalidade, uma ideia o mais possível abrangente da situação.

Uma observação final nesse tópico é a necessidade de, além da anamnese individual, fazer também aquela da família do cliente, pois não resta dúvida de que o conhecimento de sua história familiar ajuda a compreender melhor sua postura no mundo, seus programas, seus mandatos internos. Somos fruto de uma relação familiar, só que agora essa relação ou esse efeito de relação é responsabilidade nossa – mais do que das introjeções do passado.

Algumas palavras finais

Diante de todos os elementos disponíveis, colhidos através de instrumentos vários – testes, inventários, entrevistas –, da observação acurada do comportamento, da experiência direta do psicoterapeuta, caminhamos para a conclusão final.

É o momento da integração de todo o material recolhido, abrangendo a dinâmica de cada setor: familiar, sociocultural, intrapsíquico, corporal, sistemas vários de comunicação usados na coleta dos dados colhidos nas entrevistas (dezenas, centenas) e através de medidas humanas, representadas pelos testes.

É também um momento de fechamento no qual tudo que é significativo deve estar presente. Têm destaque, nesse fechamento, a percepção e o estímulo, elogios do lado preservado do cliente, das coisas boas que ele tem e devem estar presentes como forças de mudança, fontes de energia reconhecidas, mas talvez por ele ignoradas e mal administradas.

A vida é insondável, a existência não é um produto acabado, somos artífices daquilo em que nos tornamos, não somos uma substância estável, somos processo em movimento. Nossa caminhada é um pessoal encontro subjetivo com nosso mistério, feito de angústia, conflitos, impotência e de coisas muito maravilhosas.

O psicodiagnóstico deve dar especial atenção a essa leitura, porque nada pior para o caminhante que atravessou ou vai atravessar uma região perigosa do que não saber – ou não ter sido avisado por quem poderia tê-lo feito – que poderá sentir fome, cansaço, medo, frio, mas que também haverá lugar para o sucesso.

O psicodiagnóstico exige do profissional uma boa formação humanística, fenomenológica e existencial; exige ainda que ele seja pessoalmente um observador crítico de si mesmo e tenha se habituado a viver com o mundo e no mundo de maneira harmoniosa e nutritiva.

Dado que não se pode estar diante de um cliente como um mero escutador, como uma fita que grava sem se envolver, fazer um psicodiagnóstico significa estar em psicoterapia o tempo todo, pois é quase impossível trilhar os caminhos da alma de alguém sem percorrer os próprios.

Fazer psicoterapia significa estar permanentemente disponível para a relação, para um encontro cada vez mais profundo, para um mergulho recíproco, um no outro. Quando eu mergulho bem e o cliente percebe o meu mergulhar ele cria coragem, aprendendo também a mergulhar em si mesmo, na relação, na vida.

Sem mergulhar não se faz psicodiagnóstico, bem como sem mergulhar em profundidade não se conhecem a beleza e o perigo que a vida nos apresenta.

O mergulhador procede com extrema cautela no manejo das águas. Qualquer deslize e ele passa a correr riscos pessoais. Ele desce e sobe, não permanece no fundo do mar mais do que pode ou precisa, ele se respeita e respeita o mar. Fazer um psicodiagnóstico é também mergulhar no oceano profundo do mistério do outro. Todo cuidado é pouco.

8 O PSICOTERAPEUTA

A terapia consiste, assim, em analisar a estrutura interna, a experiência concreta, qualquer que seja o grau de contato desta; não tanto o que está sendo experienciado, relembrado, feito, dito etc., mas a maneira como o que está sendo relembrado é relembrado ou como o que é dito é dito, com que expressão facial, tom de voz, sintaxe, postura, afeto, omissão, consideração ou falta de consideração para com a outra pessoa etc. Trabalhando a unidade e a desunidade dessa estrutura da experiência aqui e agora, é possível refazer as relações dinâmicas da figura e fundo até que o contato se intensifique, a *awareness* se ilumine e o comportamento se energize. (Perls, Hefferline e Goodman, 1997, p. 46)

Deus não escolhe os capacitados, capacita os escolhidos. (Dito popular)

Depois de uma longa caminhada tendo a psicoterapia como foco de minha atenção, volto-me agora para a figura do psicoterapeuta como gestor desse processo tão humano e tão sagrado que é estar com alguém que, momentaneamente, se encontra com dificuldade de gerenciar a si mesmo e pede ajuda, na esperança de que com ele poderá se reencontrar, voltar para casa e descansar da longa caminhada da procura de si mesmo.

A psicoterapia se realiza enraizada num quadripé: 1) O cliente; 2) Seu sintoma/problema; 3) O psicoterapeuta; 4) No mundo.

Faz-se necessário, entretanto, um quinto elemento que junte os quatro anteriores e faça sentido, pois não estamos no mundo da abstração. Talvez eu possa chamar esse quinto elemento de *intencionalidade*, ou seja, o significado de tudo isso e como expressá-lo na realidade da relação cliente-psicoterapeuta-mundo como uma unidade que faça sentido.

Esses pontos estão inter e intrarrelacionados um no outro, se intercruzam dinamicamente, funcionam não só em termos da natureza da psicoterapia, mas também do aqui-agora de cada sessão, como um "pro-jeto" (*do grego: lançar antecipadamente*), "um pro-grama" (*do grego: sinal antecipado*) cuja execução demanda competência, seriedade e perspectiva de sucesso.

A situação apresentada pelo cliente é vivida e "testada" diferentemente de técnica para técnica, de psicoterapeuta para psicoterapeuta, ainda que estes tenham uma mesma linha de ação. A personalidade do psicoterapeuta influencia os rumos que o processo tomará, ou seja, a relação psicoterapêutica varia de caso para caso.

Tais considerações nos levam a refletir sobre a própria natureza da psicoterapia, do sentido de uma cultura em psicoterapia dependente da posição de determinados grupos, o que poderá influenciar diretamente a condução do processo.

A psicoterapia é, pois, por natureza, um trabalho baseado no relacionamento humano, que por sua vez é baseado no conceito de mundo e de pessoa do psicoterapeuta e do cliente e se expressa através da comunicação, na forma de contato, que inclui presença, cuidado, encontro e confirmação entre ambos.

A psicoterapia está centrada numa postura técnico-científica e na experiência vivenciada de duas pessoas.

Técnico porque o psicoterapeuta deve fundamentar sua ação em sólidos princípios científicos. Não deve improvisar, ser alguém que se deixe levar apenas pelas suas percepções interiores – que muitas vezes são apenas apelos-respostas de suas próprias necessidades ou aspirações. Seu trabalho deve ser ditado e programado com base nos desejos daquilo que o cliente pede e diz estar necessitando, ao menos como ponto de partida. Após uma verificação dessas necessidades, poder-se-á concluir que as necessidades vistas ou sentidas não correspondem às reais carências do cliente. Tratava-se de aparente realidade que encobre uma problemática mais complexa para a qual deve orientar-se a tarefa do psicoterapeuta. Na verdade, nem sempre o motivo da queixa corresponde à necessidade real que motiva a procura do profissional. Frequentemente, o próprio cliente se confunde e se perde em meio às suas necessidades psicológicas.

A psicoterapia é, ao mesmo tempo, um relacionamento vivencial. Psicoterapeuta e cliente, no mesmo campo mas de maneiras diferentes, revivem coisas suas íntimas, trabalhadas ou não. Esse *estar com* de maneira total, embora diferenciada, parece constituir uma das propriedades da natureza da psicoterapia.

O cliente, dada sua condição, e sobretudo o aspecto misterioso presente na doença mental, se entrega totalmente nas mãos do psicoterapeuta. Ele espera ser curado e deposita nele suas ansiedades, suas aspirações, seus medos, seus segredos, sua intimidade, sua vida. Quanto mais carente e sofredor, tanto mais se refugiará na ação protetora e afetiva do psicoterapeuta. Por outro lado, se quero realmente estabelecer uma autêntica relação vivencial devo estar preparado para exercer minha profissão com zelo, competência e entrega.

Sem essas qualidades, nenhuma psicoterapia será de fato eficaz, porque a percepção humana, cega a esses sentimentos de profunda entrega, não pode caminhar com segurança, mas se cega mais ainda ante a complexidade da própria limitação.

Em qualquer método adotado, seja na psicoterapia individual ou na de grupo, a figura do psicoterapeuta é sempre de grande relevância, não só pelo papel que ele realmente desempenha como pelo simbolismo de que sua função se reveste.

Como condição preliminar para um bom desempenho psicoterapêutico, devo dizer que o psicoterapeuta deve ter resolvido, de modo satisfatório, seus próprios problemas, tendo em primeiro lugar uma real e fluida consciência deles.

O "médico, cura-te a ti mesmo" é válido para o psicoterapeuta, se não no nível da realidade imediata, ao menos no nível de uma consciência moral e ética. Está-se lidando com pessoas e com problemas humanos. Ninguém conscientemente desequilibrado poderá colocar-se na condição de ajudar psicologicamente a outrem, pois sua percepção equivocada a respeito do outro poderá lançá-lo em uma confusão mental ainda maior.

Não é demais lembrar a conveniência de que o psicoterapeuta tenha passado por psicoterapia antes de começar seu trabalho, pois assim ele, consciente de seus problemas, poderá evitar que tal situação venha a prejudicar o seu cliente.

Essa consciência o ajuda na sua relação com o cliente, pois é mais fácil perceber situações de conflito nos outros quando se viveu situações parecidas, desde que o perigo de identificação com o cliente não seja acentuado e fique sob controle.

Outra condição básica inicial é que ele seja capaz de afrontar as fantasias do próprio poder.

Muitas vezes, deparamos com clientes que nos põem realmente à prova, seja por um desafio verbal, seja pela entrega total à nossa ação psicoterapêutica, seja pela complexidade do problema que temos de tratar. É então que se é invadido pelo desejo desesperado de curar, de desafiar a enfermidade do outro, de provar a si mesmo a própria capacidade. Tal atitude, baseada na vaidade pessoal e profissional, prejudica e às vezes paralisa o normal andamento da dinâmica do tratamento, além de ser uma contratransferência que, se não analisada, perde seu poder de esclarecer processos inconscientes do psicoterapeuta, levando a uma predeterminação de metas, a uma diretividade que impede a normal e natural eclosão da psicodinâmica das vivências neuróticas do cliente.

O psicoterapeuta precisa estar preparado para reagir de modo positivo às próprias frustrações, seja quando percebe a dificuldade em que se encontra ante um cliente difícil, seja quando este lhe revela aspectos negativos da própria personalidade, seja quando se percebe espelhado na vida do cliente.

O cliente olha para você e diz: "O senhor parece que está cansado", "Parece que o senhor não me entende bem", "O senhor está diferente hoje...", "Acho que o senhor não vai resolver meu problema", " Se eu não perceber logo que estou melhorando, vou mudar de 'analista'"; "Acho que o senhor não vai muito com minha cara". Prepare-se para ouvir muito mais que isso e não se esqueça de que a consciência nunca opera no vazio, ela é sempre consciência de alguma coisa, isto é, nunca erra por completo.

Por isso o psicoterapeuta precisa ser uma pessoa emocionalmente segura, pois nada atrapalha tanto o processo psicoterapêutico quanto a percepção de sua instabilidade. A confiança do indivíduo no tratamento repousa na esperança ou na certeza de que ele é pessoa equilibrada e, portanto, tem condições de ver claro, de senti-lo sem interferências pessoais, de ajudá-lo.

De outro lado, é necessário que o cliente saiba que ninguém tem condições de ser absolutamente seguro emocionalmente. Ele deve saber que até o psicoterapeuta, pessoa como ele, está sujeito a momentos emocionais de desequilíbrio. Essa percepção das limitações do psicoterapeuta é benéfica, pois ajuda a construir uma imagem mais real das próprias exigências e a ter uma visão do mundo não tão perfeccionista e acabada.

Essa situação está ligada ao problema da ansiedade e das preocupações do psicoterapeuta. É necessário que ele esteja atento a esses movimentos internos, porque analisando a sua fonte talvez encontre o caminho mais rápido para chegar aos focos mais neuróticos do cliente.

Além de suas ilações e intuições intelectuais, o psicoterapeuta pode, com base nas informações que seu próprio corpo lhe dá, entender e perceber processos seus próprios e aqueles de seus clientes, pois o corpo, como a mente, é fonte leal de informação para o cliente e para o psicoterapeuta.

As comunicações do cliente são em geral filtradas, selecionadas, cheias de símbolos, não expressando a realidade psicopatológica que vive. O psicoterapeuta sabe que deve agir, mas às vezes não sabe onde nem como. A análise de sua ansiedade talvez lhe revele aquilo que sua percepção colheu, mas não identificou ou traduziu.

Os sintomas são a linguagem do cliente. São não apenas a expressão de uma doença mental mas, muitas vezes, uma luta não consciente, uma tentativa desesperada de combater sua doença. São exteriorizações de problemas internos, fruto de uma tentativa feita pelo cliente de confrontar sua realidade interna com aquela externa. Por meio dessa confrontação sintomática, o neurótico, sobretudo na sua fina sensibilidade, consegue perceber a distância psicológica existente entre o seu mundo e a realidade externa.

Do ponto de vista fenomenológico-existencial, o processo psicoterapêutico se baseia na procura última do sentido de existir, de viver, de ser um ser aí, aqui-agora e, por consequência, na concepção positiva das potencialidades humanas e na tendência natural da pessoa à autoecorregulação organísmica, cuja télos é a busca do equilíbrio existencial.

"A vida humana é radicalmente singular, toda vez e para cada um, e essa singularidade é por si mesma uma vocação, um chamado, uma tarefa: cada homem deve conhecer-se a si mesmo no seu valor eterno e tornar-se si mesmo na existência temporal" (Farago, 2006, p. 103).

A pessoa humana é um ser fascinado pelo possível, pela indeterminação que a provocação da liberdade produz nela no confronto com suas escolhas. O cliente necessita desocultar suas escolhas para se tornar, de fato, artífice daquilo em que se tornou. Ele sempre espera curar-se. Dificilmente imagina ser seu caso algo irrecuperável. As dúvidas constantes que vive não significam necessariamente descrédito na própria capacidade de autorrecuperação, mas antes uma dificuldade real de lidar com uma parte desconhecida de si mesmo, unida à necessidade de encontrar alguém que construa com ele uma saída viável.

Psicoterapia e valores

O comportamento humano e as atitudes dele decorrentes nascem e funcionam dentro de uma relação efetiva e afetiva organismo-ambiente. As pessoas não adoecem sem motivo. Existem movimentos que elas percebem nitidamente no seu confronto com a realidade. Esta, porém, é mais complexa que sua simples percepção casual e escapa ao controle da nossa mente. É comum as pessoas dizerem: "Estou mal, mas não sei por quê". A realidade externa as atinge, modifica, tensiona, mas elas não identificam facilmente as causas do mal-estar.

O ser humano cresce criando, recebendo, controlando e rejeitando valores. Valor, aqui, além de englobar o que em geral se chama valor envolve aquilo que alguém procura e sente corresponder às suas exigências internas, às suas aspirações de felicidade.

Valores são normas comumente aceitas que fazem parte de um depósito tradicional da sociedade. Essas aspirações não podem ser realizadas porque eu as quero, mas não posso realizá-las, ou porque poderia realizá-las, mas não quero. Atrás desse impasse, existe uma específica visão do mundo e de pessoa e de como se almeja estar dentro desse campo mundo-pessoa.

No nosso contexto fenomenológico-existencial, a ideia de valor está intimamente ligada aos conceitos de contato, de cuidado, de limite, de fronteira, da relação inter e transpessoal.

Uma das funções da psicoterapia é descobrir a linha original e a atual de valores vividos pelo cliente, ou seja, descobrir quais são os temas de seus valores, as necessidades e motivações que eles conectam e até que ponto a vivência deles revela um jeito coerente ou não de estar no mundo.

O descompasso entre o poder e o fazer, entre o pensar e o agir, entre uma crença e o viver desconectado dela desenvolve uma relação positiva ou negativa dos valores vividos pela pessoa, que são algo eminentemente relativo na experiência de cada um. Enquanto para alguém a honra é algo que se deve defender sempre e até com a morte, para outros ela deve ser sempre conferida com uma realidade externa mais ampla. Essa relação fundamenta as atitudes íntimas de cada um, e é essa relatividade que produz o sentido de impotência no ser humano e, por conseguinte, o sentido de inadequação existencial.

O relacionamento humano se baseia em diversos elementos, entre eles uma determinada escala de valores, uma específica visão de mundo e de pessoa. Baseia-se nas aspirações de cada ser humano, no seu modo de perceber as pessoas, resultante de esquemas que a pessoa vive em seu interior, extraído de um determinado conceito de normalidade. Todos esses elementos estão também presentes em qualquer relacionamento psicoterapêutico e o influenciam do começo ao fim.

A psicoterapia convive com um tríplice modelo de valores: os do cliente, os do psicoterapeuta e os da sociedade em que ele vive. Por mais isento que o psicoterapeuta seja, por mais que ele se coloque entre parênteses, assumindo uma postura de total neutralidade diante da problemática do cliente, ele sofre a angústia da neutralidade e da observação de uma ética sem a qual nenhuma forma de psicoterapia seria viável.

A psicoterapia não visa atualizar as potencialidades do cliente de modo distanciado da realidade circunstante, tampouco visa propor ao cliente valores do psicoterapeuta ou da sociedade. Por outro lado, também não visa à liberação desordenada dos instintos humanos, mas à conscientização destes movimentos dentro do contexto do indivíduo e do meio que ele habita.

Estamos falando de uma psicopatologia da cultura contemporânea, na qual os anseios pessoais e uma determinada visão particular do mundo devem ser conferidos com a realidade moral, social e cultural, sob pena de uma separação ou de um distanciamento do meio onde se vive. Essa busca da própria realidade misturada ao meio ambiente e imersa nele e a busca de um sentido da própria orientação existencial, porém, frequentemente se chocam com modelos culturais já consolidados.

Parece que o neurótico e talvez mais ainda o psicótico são pessoas cuja sensibilidade e percepção se colocam além delas mesmas, alguém que enxerga além do próprio olhar. Sua sensibilidade aguça a necessidade de controle da situação, de abrangê-la por um ato de onipotente vontade de modificá-la, para que a situação se assemelhe à própria realidade como é percebida.

Diante da impossibilidade de controlar ou modificar uma situação de angústia, de medo, de perda de si mesmo, o cliente se desorienta, às vezes se desespera, se torna ansioso, deflete, tenta fugir para longe de si mesmo, mas não consegue, porque tudo acontece nele, embora ele viva essa situação como se outro o habitasse. Esse processo não para; antes, continua e se aprofunda, criando, cada dia mais, uma dissonância mental perturbadora e intolerável. Nessa altura, surgem os mecanismos de defesa, autocontroladores, que terminam por fazer parte da personalidade, e instalam bases de futuros conflitos, mas que, sob certo aspecto, já estão atuando nele.

Embora o psicoterapeuta não deva, como se disse antes, propor, sugerir valores, há hoje um grande número de profissionais que reconhecem e aceitam existir alguns valores inerentes ao fato psicoterapêutico em si mesmo.

> Essas finalidades são o desenvolvimento e a maturação do paciente; uma razoável segurança e a liberdade da ansiedade; a realização de si mesmo; a capacidade de dar e receber amor, de condividir os valores e de estabelecer relações interpessoais íntimas, inclusive sexuais, com suficiente segurança, capaz de eliminar a inveja, o ciúme e a cobiça. (Fromm-Reichman, 1965, p. 109)

A relação cliente-psicoterapeuta e o tratamento, enquanto tal, visam o desenvolvimento, o crescimento e a vivência amorosa do cliente com ele mesmo. Por isso Freud dizia que a pessoa madura é aquela que se sente real e intimamente realizada no trabalho e no amor.

A função do psicoterapeuta é estar com o cliente na incansável tarefa de procurar novos caminhos, novos rumos, de ajudá-lo a descobri-los, sobretudo aqueles que conduzem a uma forma madura de desenvolvimento e autorrealização.

A psicoterapia, como a alma humana, é um mar aberto de possibilidades, mas não predetermina, não impõe caminhos, procura sentir, em conjunto, a melhor rota a ser navegada. Não se trata de adequar o cliente às convenções sociais, mas de ajudá-lo a funcionar sem prejuízo seu ou dos outros, de ajudá-lo a fazer suas opções, embora não pareçam usuais, ajudá-lo a ser livre no seu sentir, no seu pensar, no seu fazer, no seu falar, embora muitas vezes ele não consiga experienciar sua liberdade dentro das configurações a que se propôs.

Existe, nesse tema, o outro lado da medalha, os valores do psicoterapeuta.

O comportamento humano produz, ainda que em escala diferente, um conferir de valores. As pessoas se orientam na direção em que também caminham seus interesses ou valores. A neutralidade, também aqui, é um mito. Não se pode estar em lugares diferentes, com pessoas diferentes, fazendo coisas diferentes e afirmar que é absolutamente igual estar aqui ou lá. Se tal afirmação é feita com sinceridade e seriedade, o mínimo que podemos pensar é que tal pessoa tem dificuldade de diferenciar o que é e o que não é seu.

Quando estou me relacionando com uma mulher ou com um homem, com um pobre ou com um rico, com um ateu ou com um crente, com um preto ou com um branco, experiencio, em princípio, sentimentos diversos e diferentes, não importa se no processo terapêutico ou não. Negar esse dado é lidar com o mito da isenção, da neutralidade em psicoterapia, para não dizer uma fuga ou, no mínimo, uma dificuldade de lidar com a realidade.

Quando o outro me faz face e se torna um dado para minha consciência, ele chega por inteiro até mim, e me percebo com sentimentos de simpatia, de empatia, de inclusão e, vezes outras, de desconfirmação. Estou no campo do possível humano. Não posso não vivenciar o outro pelo modo como ele chega até mim ou do modo como chego até ele. Meus sentimentos não pedem licença para ocorrer, são reações naturais ao modo como o mundo entra na minha consciência.

Não consigo, às vezes não posso, outras não quero colocar minha subjetividade entre parênteses para ter do outro uma consciência real e lidar com ele objetivamente a fim de não interferir no processo que se estabelece entre mim e o outro. A postura psicoterapêutica, porém, quando vista de dentro, revela sentimentos, desejos velados, valores, e vai exigir que o mundo interior do psicoterapeuta não influencie e/ou oriente o mundo do cliente.

Pode acontecer – e de fato acontece – que o psicoterapeuta se encontre diante de um cliente com uma escala de valores tão clara e tão diferente de seus valores pessoais que ele não consegue lidar com ele de modo tranquilo.

Pessoas muito religiosas, envolvidas com crimes, com problemas raciais ou sexuais graves podem provocar no psicoterapeuta inexperiente, rígido ou não, situações contratransferenciais com as quais ele não sabe lidar, colocando o processo psicoterapêutico em situação de crise, sobretudo quando ele não consegue "disfarçar" que se encontra lidando com situações completamente complexas para ele.

Uma saída para esse tipo de conflito é pedir a ajuda de um colega, através de supervisão, para compreender o que se passa consigo. Caso isso não seja possível, o melhor é encaminhar o cliente a um colega que lide melhor com essas diferenças de valores e que não perturbam seu emocional. *Não podemos fazer de conta que nada está acontecendo, pois se estamos fisgados em algum ponto de nós mesmos que não conseguimos ultrapassar estamos impedindo que o processo possa evoluir.*

Em casos excepcionais, quando não existem condições técnicas e éticas de encaminhar o cliente a um colega, o mais adequado será dizer ao cliente o que se passa, tomando os cuidados necessários. Tal postura clara, franca, humilde pode ajudar a ambos a encontrar com mais facilidade uma saída que signifique cuidado e não abandono. Essa franqueza é mais psicoterapêutica do que um silêncio camuflado e perigoso.

O psicoterapeuta na perspectiva analítica

A atitude do psicoterapeuta, como se disse antes, depende de seu estilo pessoal, do seu enfoque teórico, de seu conceito de mundo e de pessoa, de seu modo de lidar com uma realidade complexa, Assim, variará de pessoa para pessoa, de técnica para técnica. A atitude de um psicoterapeuta comportamental, psicanalista, rogeriano, gestáltico, analista transacional variará necessariamente de um para outro.

Porém, a necessidade de clareza e a impossibilidade de tratar da atitude do psicoterapeuta a partir de abordagens diferentes me obrigam a restringir este tópico mais ao comportamento do psicoterapeuta de base analítica. Acredito, no entanto, que de modo diferente mas não no sentido oposto, as orientações que se seguem ajudam e enriquecem as atitudes e tarefas de psicoterapeutas de outras orientações.

Freud coloca como regra fundamental para o paciente o princípio de *tornar consciente o inconsciente*, ou seja, dar consciência ao inconsciente, na convicção de que o distúrbio é provocado por forças desconhecidas. Se estas aflorarem, poderão ser revisitadas e revividas menos traumaticamente e mais bem controladas pelo eu.

Freud propõe ao analista uma regra análoga, isto é, aquela da "atenção uniformemente suspensa". Nessa atitude, o analista procura deixar sua mente livre para receber toda estimulação possível por parte do paciente. É um abrir-se total à comunicação, sem predeterminar nada, dando livre curso às associações livres de ideias, porque quando o analista entra em contato com seu mundo interior, com suas fantasias, sem complexos e resistências, ele poderá entender a real vivência e a profundidade dos conflitos que o paciente vive.

Aqui nos encontramos, a cada passo, no campo das contratransferências. Estas são produzidas pelas percepções que o analista experiencia na sua relação com o cliente. É por meio delas que ele se identifica com o cliente, aceitando-o ou rejeitando-o, através da percepção profunda de uma área comum de convergência neurótica ainda não intuída pela sua consciência, a qual pode produzir nele, em nível inconsciente, um alto nível de ansiedade por identificação com o mesmo problema, ou ainda pelo simples modo de ser ou expressar-se corporalmente do cliente.

Também, em outras formas de psicoterapia existe a comunicação não verbal, que se faz pelas reações corporais do psicoterapeuta, às vezes até percebidas pelo cliente. Estas reações podem ser percebidas no seu rosto, na mudança da voz, na sua ansiedade – o que poderíamos chamar de *contratransferência psicossomática* – e podem ser definidas como respostas às mensagens enviadas pelo cliente que tocam, de algum modo, em algum objeto interno do psicoterapeuta.

Freud dizia que o analista devia perceber e superar a contratransferência. Hoje se diz que ele deve utilizá-la para compreender a psicodinâmica da patologia do cliente e a sua própria. A não percepção da psicodinâmica do processo gera nele a contratransferência, que é produzida por mensagens, por sinais recebidos pelo inconsciente do analista, os quais são introjetados e posteriormente projetados através de algum mecanismo específico, passando o analista, movido por esses mesmos mecanismos, sobretudo o de identificação, a se comportar como o seu paciente sem se dar conta.

Outra atitude que tem consequências práticas é o seu desejo de "curar" o paciente. A cura de alguém é algo desejável, mas muito difícil, sobretudo porque curar significa restituir à pessoa algo que ela perdeu, significa um retorno real a uma totalidade existencial e operacional que não existe mais, significa recolocar um equilíbrio perturbado por um desgaste fisiológico e, em termos psicodinâmicos, restituir ao paciente sua originalidade, sua singularidade, sua normalidade perdidas.

A função do analista é apenas aquela de "tentar conduzi-lo serenamente a uma experiência e a um conhecimento de si mesmo, que ele havia precedentemente rejeitado" (Racker, 1970, p. 46).

Observe-se, no entanto, que o desejo do analista de "curar", de "educar" o paciente em geral coincide com igual desejo e com igual expectativa do paciente, embora este não tenha consciência disso. Ele conhece o caminho para a sua recuperação, mas não consegue trilhá-lo, está sem coragem para se assumir a partir de um referencial diferente, porque o novo lhe traz uma ansiedade intransponível. Ele tenta então delegar ao analista o poder de sugerir ou decidir por ele, pois tal atitude o alivia do peso da responsabilidade de uma opção nova e lhe parece garantir o êxito de uma vitória. Se essa atitude falhar, ele estará também livre do peso do fracasso, pois a decisão partiu de alguém cuja autoridade ele reconhece.

Racker diz que o paciente deseja e conhece inconscientemente aquilo que inconscientemente o faz desejar e conhecer ao analista, cujo objeto pode ser de ordem moral, emocional ou prática.

Freud fala de três atitudes fundamentais que o analista deve assumir no processo de análise, devendo tais atitudes ser vistas dentro de uma dimensão mais psicodinâmica e mais antropológica de relacionamento: 1) O cliente não deve ser visto isoladamente, isto é, ele e o seu problema. 2) Não se pode ignorar sua estrutura de base, seja ela econômica, moral ou sexual. 3. É preciso articular os diversos elementos de sua totalidade se se quer ter uma visão mais real de sua psicopatologia.

Esses princípios ajudam a caminhar mais seguramente, desde que não se transformem em regras rígidas. Assim, devem ser estudados dentro daquela relatividade que se exige quando se trata de problemas humanos, no sentido de uma análise mais responsável.

Podemos relê-los assim:

1. *Atenção uniformemente suspensa*: como vimos, essa atitude visa facilitar a compreensão do inconsciente do paciente pelo do analista. Tal atitude, no entanto, não deve significar uma passividade total, porque

    > [...] ser analista significa não reagir com represália, não entrar no círculo vicioso da neurose, não submeter-se às defesas do paciente e tudo isto requer uma contínua atividade na procura da compreensão. Creio que todos estamos de acordo que o ideal é entender cada fase, cada detalhe, cada consequência, ligando esta relação "microscópica" àquela "macroscópica", isto é, aproximar-se da essência de cada entrevista como expressão da personalidade total. (Racker, 1970, p, 49)

Nós dizemos que flutuar é deixar-se acontecer na ação, é não ter expectativas, não antecipar, mas a ansiedade do analista costuma transformá-lo num perseguidor obsessivo das ideias e suposições de seu paciente. Muitas vezes, o analista age "como se" flutuasse, mas na realidade persegue passo a passo o que acontece, não confiando na espontaneidade e na criatividade do seu paciente e, paradoxalmente, se impacienta. Quando ele, no entanto, se convence que tudo, até mesmo coisas aparentemente sem importância, podem ser fecundas para a compreensão do processo em ação, dá grande suporte para a soltura e, portanto, para o aprendizado do paciente.

2. *Comportamento de cirurgião*: parece que o próprio Freud, nesse aspecto, não foi um analista ortodoxo. Ao verificar certas entrevistas, nota-se que, às vezes, ele assumia uma atitude de quase diálogo – não um diálogo frio, mas ativo e quente.

Sabemos que essa atitude de cirurgião fria e impessoal, dedicada apenas à realização do "ato cirúrgico", embora possa proteger o analista de se empenhar emocionalmente, evitando que caia em fantasias de salvador, de educador, também não cria um ambiente bom para o aparecimento de transferência positiva, sobre a qual ele deve normalmente trabalhar.

Um cirurgião faz cirurgia. Ele age obedecendo dados de realidade antes detectados ou a sinais posteriores que surgem no e do ato de cirurgiar; não age por simples intuição, pois precisa proceder com certeza e, mesmo assim, com máxima cautela, pois pode causar danos irreparáveis ao organismo.

Nada impede que o cirurgião, mesmo cortando e reparando, o faça com ternura, com amor. Ele não pode, no entanto, fazer de conta, "ter dó" do seu paciente e ser omisso no ato de correção ou abstração que ele realiza em função do bem-estar de cliente.

O analista, por mais "treinado" que tenha sido, assim como o cirurgião, não está isento de sentimentos, afetos pelo paciente, inclusive durante uma sessão de análise. Ele deve estar atento a esses sentimentos para não se impedir de fazer o que deve, de dizer o que deve. Como o cirurgião, ele deve ser preciso, exato, pronto, e não fazer nada além daquilo que sente dever fazer.

3. *Comportamento de espelho*: o analista permanece diante do paciente como uma figura nebulosa e ambivalente. Quanto mais ele mantém essa atitude, mais

aguça a fantasia do paciente no seu desejo constante de penetrar no mundo e nas intenções do analista. Ele se sente incapaz de controlá-lo. Tal atitude pode gerar comportamentos persecutórios no paciente e impedir a descoberta de bons sentimentos que o analista mantém com relação a ele. Isso significa que o analista não deve colocar-se na situação, não deve manifestar seus sentimentos, afetos para com o paciente e, sobretudo, não deve manifestar aspectos de sua vida íntima.

Se, de um lado, é verdade que manifestar aspectos de sua vida íntima pode diminuir a "veneração" por ele, de outro o analista não poderá, com sua atitude, deixar que o paciente pense ou sinta que ele não tem sentimentos, afetos e que se apresenta como um simples receptor, como um espelho que recebe a imagem sem nada lhe acrescentar. O analista recebe, traduz com sentimentos.

> A relação do analista com o paciente é uma relação libídica e uma constante experiência emocional; desejos, frustrações e ansiedades do analista, ainda que leves, são reais; a contratransferência apresenta constantes oscilações, ao menos em parte correspondentes àquelas da transferência e o êxito psicoterapêutico depende, em grande parte, da capacidade do analista de manter uma contratransferência positiva, acima e fora da "neurose de contratransferência... porque somente Eros pode dar origem a Eros. Aqui significa saber entender tudo aquilo que o homem repele, teme, odeia dentro de si, significa ser agressivo contra tudo aquilo que esconde a verdade, isto é, ser contra o medo e o ódio que o homem tem de si mesmo. (Racker, 1970, p. 53)

Embora tenhamos abordado este tópico com uma linguagem basicamente analítica, sabemos que a figura do analista vai se tornando cada vez menos nebulosa, mais técnica, mais pessoal em ação, nas diversas formas das novas psicoterapias nas quais ele se coloca como pessoa viva, com sentimentos de amor, de raiva, interesse, com cansaço, e aceita discutir com o cliente estas atitudes.

Sabemos que nem todas as técnicas são adequadas para resolver determinadas situações psicopatológicas, e essa diversidade de técnicas serve à diversidade de problemas, bem como ao estilo pessoal de cada psicoterapeuta e de cada cliente.

O psicoterapeuta, como um espelho, não interfere na imagem, no conteúdo que ouve e trabalha, para que sua receptividade provoque no cliente uma sensação de suporte que desperte nele a convicção que pode continuar a falar e não será julgado, nem condenado.

O psicoterapeuta, querendo ou não, é sempre um modelo, um espelho. O cliente, no entanto, só cresce quando, olhando para esse espelho, sente que tem permissão para ser diferente da imagem que percebe – e é diferenciando-se que se cresce.

Formação do psicoterapeuta

O mundo atual se apresenta profundamente inquietante para todos aqueles que, na procura de um diagnóstico sério da realidade mundana, tentam compreender os próximos passos desta caminhada sofrida que a humanidade empreende sem saber aonde poderá chegar.

A confusão se instalou no universo, e o homem, como um viandante perdido no deserto, procura na esfinge a solução do caos. Está difícil seguir, acompanhar os rumos do mundo de hoje.

As pessoas se sentem inseguras, vazias, com medo, sozinhas. É como um vendaval que a quilômetros por hora açoita o mundo e impede os indivíduos de se equilibrar, de se firmar.

Nesta hora turbulenta, como num palco, a humanidade se divide entre os ansiosos, os tímidos, os espertos, os preocupados, os aproveitadores, os "falcões" do mal cuja missão é perturbar, é desequilibrar, ainda que talvez o façam sem consciência clara da dimensão do que provocam. Eles perderam a sensibilidade, a naturalidade de ser pessoa, de ser gente.

Penso, entretanto, que no mal que fazem prenunciam um novo mundo que se aproxima. Essa onda de confusão provoca, de outro lado, uma reação saudável em inúmeras pessoas que estão em busca de um verdadeiro conhecimento de si e dos outros, de uma vivência expressiva da própria liberdade e de uma convivência comunitária com a fé que anima a esperança de muitos.

Ao mesmo tempo que milhões de pessoas cumprem tarefas, perseguem obsessivamente objetivos políticos e financeiros, vivem simplesmente existindo, há também outra pequena multidão, verdadeiro fermento na massa, que se preocupa com o bem-estar próprio e do outro. Estes estão lutando para que um número cada vez maior de pessoas entre na era de um mundo vivenciado com amorosa cumplicidade, sensíveis aos ideais de uma ecologia profunda, em busca da própria sustentabilidade, única chave que poderá salvar o planeta. Anseiam também por um mundo de felicidade e prazer, como uma era do corpo pensado, vivido, presente em tudo como instrumento humano de esperança de um mundo melhor.

A opressão física, mental, psíquica tem deixado milhões de pessoas à beira de um suicídio não sabido, não percebido, inconsciente até, e lento. As chamadas doenças psicossomáticas são a resposta mais clara ao medo e à angústia generalizados. Síndromes virtuais começam a pipocar aqui e ali, deixando cientistas da saúde, médicos, psicólogos e psicoterapeutas de boca aberta diante do impacto com que, de maneira silenciosa, vêm agredindo a humanidade.

Entretanto, sopra hoje no mundo um vento de compreensão, solidariedade, amor, liberdade. Teatro, dança, expressão corporal, leituras especializadas, libertadoras, espiritualizadas têm despertado o homem para si mesmo, para uma maior compreensão, harmonia e cumplicidade com o universo como instrumento único e insubstituível do próprio prazer, do próprio gozo, da própria felicidade.

É nesse contexto que a psicoterapia se insere como mais um instrumento eficaz de transformação individual, social e política. O número de pessoas que recorrem à psicoterapia é cada vez maior e tende a aumentar na razão em que psicoterapia deixa de ser solução para loucura e passa a ser um instrumento de crescimento pessoal.

Torna-se, portanto, necessária uma reflexão ampla e engajada não só sobre a natureza das psicoterapias individuais e de grupo, mas também sobre a formação do psicoterapeuta que lida com a psicoterapia individual grupal como facilitadoras de mudança.

Qualidades do psicoterapeuta no modelo de psicoterapia individual

Até o momento, falei do psicoterapeuta de modo geral e, sobretudo, de sua atitude e de suas tarefas dentro de uma situação de fato.

Apresento agora uma visão das qualidades que entendo desejáveis em qualquer tipo de psicoterapia, embora aqui eu esteja pensando mais na psicoterapia individual, pois do ponto de vista da técnica ou do modelo, individual ou grupo, as qualidades do psicoterapeuta dependerão das diversas orientações que se queiram seguir.

Essas atitudes, bem como as qualidades do psicoterapeuta, dependem também da situação de relação que se estabelece entre cliente e profissional, isto é, se a ação é mais centrada no cliente, no psicoterapeuta, na relação cliente-psicoterapeuta, na relação cliente-mundo-psicoterapeuta.

A prática psicoclínica exige competência, uma formação especial e certos atributos pessoais.

Qualquer abordagem psicoterapêutica exige conhecimentos básicos das ciências humanas, das ciências naturais, das ciências sociopolíticas. Tal formação se consegue, em cursos de graduação, no especial interesse pela leitura especializada, em cursos de aperfeiçoamento e especializações.

Quanto à prática clínica, seja individual ou grupal, existe uma grande variedade de exigências – de cursos de extensão ou treinamento até aquelas cuja prática se pode conseguir em cursos de especialização.

Cresce a suposição de que o agente de mudança por excelência é o psicoterapeuta, mais do que a teoria em que embasa seu procedimento ou das técnicas que ele aplique. Se essa observação faz sentido, temos de esperar, no futuro, uma radical transformação nos cursos de formação de Psicologia, Psiquiatria ou daquelas áreas que formam os agentes que lidam com comportamento humano disfuncional.

Isso não significa a exigência de personalidades superiores, mestres ou gurus, pois falo de uma questão de valor ou de certos critérios de valor, que são qualidades ou dotes do psicoterapeuta. Entendo que, paradoxalmente, a simples exigência de psicoterapeutas de "qualidade superior" poderia exercer um efeito neutralizador sobre o cliente, já obcecado por sentimentos de inferioridade reais ou aparentes.

Falo, na realidade, de pessoas comuns, bem preparadas, cúmplices de si mesmas e da sociedade em que habitam, com um afinado senso de responsabilidade social, conscientes de suas limitações e imbuídos de um real valor da pessoa humana.

Temos, entretanto, de impedir que pessoas com qualquer formação acadêmica desligada das áreas da psicologia clínica se coloquem nas vestes de psicoterapeutas, pois isso traz graves prejuízos para si e para os outros, pela ausência de um curso específico, de sério tirocínio, estágio ou residência. Temos de evitar, lutar mesmo, para que profissionais de áreas afins não se metam a exercer uma profissão que não é a deles e para cujo exercício não estão preparados.

A complexidade da mente humana exige máxima competência e honestidade do psicoterapeuta, pois a entrada neste misterioso lugar alma-corpo-espírito, santuário inviolável do outro, não se faz gratuitamente ou por mera intuição, dado que aí não existe entrada franca, pois o script humano é uma peça que só se lê com competência. Quando, de modo incauto, se tenta devassá-la apenas com o intelecto os danos podem ser irreparáveis.

Falo de qualidades e de dotes específicos de personalidade, de grande vantagem para o estabelecimento de um bom relacionamento, tais como competência teórica, perspicácia, originalidade, capacidade de percepção interior, flexibilidade, visão ampla e aberta do mundo, humildade, fluidez, responsabilidade e cumplicidade com o outro.

Existem qualidades específicas reconhecidas como ideais de um psicoterapeuta, das quais quero enumerar algumas:

Empatia

Empatia é a capacidade de pensar o pensamento do outro, de sentir o sentimento dele, de mergulhar dentro dele, ver e sentir as coisas como ele vê e sente. É a capacidade de perceber as coisas do ângulo visual com que o cliente vê e se vê.

Essa qualidade é fundamental para alicerçar, criar raízes entre cliente e psicoterapeuta, não só porque aponta, a priori, um caminho a seguir pelo psicoterapeuta, como também abre as portas para uma comunicação mais profunda da parte do cliente.

> Para ser bem-sucedido nesta tarefa, é preciso que o profissional saiba mais fazer abstração de seus próprios valores, sentimentos e necessidades e que se abstenha de aplicar os critérios realistas, objetivos e racionais que o guiam quando está fora de sua interação com os clientes. (Rogers, 1975, p. 105)

Não se trata de uma confluência com o cliente, mas de uma diferenciação criativa. O cliente não cresce imitando, mas diferenciando-se, e para isso ele precisa sentir no psicoterapeuta liberdade para crescer, para buscar nele mesmo seu potencial de vida. Empatia é uma forma profunda de estar junto sem se misturar, é uma forma de encontro em que o cliente sente que pode nutrir-se da relação sem ficar dependente.

Comunicação autêntica e calorosa

O ser humano é capaz de percepções profundas e imediatas.

A linguagem corporal do psicoterapeuta, seus rituais em gestos revelam ao cliente, atento em se perceber na sua relação com o psicoterapeuta, o seu estado interior. Sabemos que a pessoa que está em sofrimento psíquico tem a percepção aguçada e, embora não saiba traduzi-la, sabe senti-la, sabe retirar-se ante o mínimo sinal que lhe pareça ameaçador.

A comunicação, a expressão de sentimentos e emoções por parte do psicoterapeuta deve ser autêntica; ele não pode agir "como se" estivesse sentindo amor, compreensão. Essa autenticidade exige que o psicoterapeuta fale e aja como de fato sente dentro de si. O cliente, às vezes, é o primeiro a dizer: "Parece que o senhor está cansado, parece que o senhor está com sono, parece que o senhor não está acreditando que possa me ajudar, acho que não está se interessando pelo meu caso, o senhor está chateado?"

A comunicação do psicoterapeuta deve ser límpida e sincera, embora na economia da comunicação nem todo o comunicável deva ser comunicado. Exige-se, entretanto, que o que se comunica seja comunicado com autenticidade, embora, muitas vezes o próprio cliente não se encontre em condição de receber uma comunicação inteira e real (Rogers, 1975).

De outro lado, o psicoterapeuta deve apresentar-se como uma pessoa inteira, com carinho, afeto, compreensão e interesse, sempre de modo discreto, para despertar no cliente a certeza de que está sendo aceito, para que ele possa assim abrir-se sem ansiedades. A comunicação exige canais limpos de transmissão de mensagens. Se o psicoterapeuta não sente um movimento positivo com relação ao cliente, dificilmente poderá estar desimpedido para se expressar inteiro na comunicação.

Ninguém é obrigado a estar bem com todo mundo. O psicoterapeuta não tem de se sentir confortável com todos os seus clientes e, nesse caso, o mínimo que pode fazer é ter consciência desse movimento, lançar um olhar crítico sobre eles, procurar ajuda quando não consegue sair sozinho do impasse, para que sua postura interna não prejudique a relação.

Concepção positiva da pessoa humana

O homem é um ser feito para a normalidade, para o equilíbrio. Temos um instinto de autorregulação organísmica que nos impele a procurar o melhor, o perfeito, a totalidade emocional que as coisas detêm. As múltiplas influências, entretanto, que o cliente recebe no decorrer da vida introduzem nele componentes existenciais que não lhe pertenciam originalmente. A necessidade de sobrevivência, a busca de uma normalidade cultural o impedem de procurar eficazmente seu próprio caminho. A busca, porém, de sua normalidade, de sua identidade pessoal o persegue por toda a vida, e é preciso acreditar – e transmitir isso a ele – que ele é capaz de se reencontrar na harmonia, no amor, no trabalho.

O homem é um ser sempre em busca de si mesmo, de sua totalidade existencial, de sua perfeição final. Não se trata apenas de ter uma concepção filosófica liberal acerca da liberdade, mas de abrir-se a uma realidade maior, que é uma visão positiva, antropológica do ser humano, no sentido de que existe uma finalização no ser e para o ser que o orienta e o dirige para o equilíbrio de si mesmo.

Essa finalização para a harmonia e para sentir-se em unidade com o universo pode estar momentaneamente perturbada, mas nunca destruída, porque ela é própria da natureza humana. É nesse contexto que se coloca a figura do psicoterapeuta como agente auxiliar da redescoberta do equilíbrio, da volta à normalidade e da tomada de posse de seu próprio poder.

Com base nesses princípios, é necessário que o psicoterapeuta se apresente como uma pessoa real, como gente, capaz de sentir, de amar, não colocando-se apenas como um foco nebuloso de convergência ambivalente: "O papel do terapeuta não se exerce apenas através do que permite ao paciente ver de seu mundo, mas também através do papel que desempenha" (Freud, 1976, p. 113).

O cliente procura, a todo instante, verificar, "sacar" o psicoterapeuta, o qual se torna um foco para suas comparações pessoais de modelos. Ele espera que o psicoterapeuta seja um sinal, uma norma de equilíbrio a ser imitada.

Nesse sentido, ele procura, ao menos em um primeiro momento, transportar para a sua vida o modo de ser, de pensar e de agir do psicoterapeuta, para, em um segundo momento, após haver superado a fase introjetiva, descobrir sua própria orientação e decidir-se pessoalmente.

Na verdade, como diz Tarachow,

a realidade do psicoterapeuta é um fator que mantém em marcha o tratamento. A relação real conduz a uma identificação que fornece também a motivação para o trabalho... Ver o psicoterapeuta, como ele realmente é ajuda o paciente a corrigir suas distorções transferenciais.

O homem vive e funciona como se fosse senhor de si próprio, embora as vicissitudes da vida possam fazer dele um grande desconhecido de si; por isso o psicoterapeuta estará atento à capacidade de criar, de transformar, de mudar que seu cliente demonstra, facilitando, trabalhando com ele no sentido de que forças nele adormecidas surjam e redimensionem sua vida como um todo.

Maturidade emocional

É comum nos encontramos diante de clientes com nível de ansiedade tão alto que a percepção desse fato altera o comportamento do psicoterapeuta. Temos a impressão, às vezes, de que o cliente se debate em uma hercúlea teia de aranha que o retém, que o agarra, dando-lhe a impressão de estar sendo engolido por forças misteriosas e intocáveis.

Tal percepção, fruto de uma profunda sensibilidade, de uma autêntica empatia por parte do psicoterapeuta, pode ter um duplo efeito. Pode provocar nele um medo inconsciente de tocar o "mistério", de ser ele mesmo envolvido pela rede em que se debate o cliente, bem como despertar nele seu complexo de onipotência, movendo-o a lançar-se na arena, a lutar com esse monstro invisível, arrancando o cliente das malhas em que se enredou.

Nessas situações, o espírito salvador do psicoterapeuta pode fazê-lo desejar moldar o cliente, transformá-lo, tomá-lo nos braços e comunicar-lhe o sopro de uma nova vida, não percebendo que tal atitude não concorre em nada para que o cliente aprenda ou reaprenda a solucionar sua vida com recursos próprios.

Estas fantasias denotam baixo controle emocional e geram situações não "assépticas", como diz Rogers, isto é, criam situações afetivo-emocionais que ultrapassam a finalidade dos laços afetivos. Quando se está sob tensão emocional, em geral não conseguimos localizar exatamente onde estamos com relação ao nosso cliente – ou se dá de mais ou de menos. Em ambos os casos, corre-se o risco de criar ciladas em que tanto psicoterapeuta como cliente podem inconscientemente cair.

A maturidade emocional supõe consciência da própria capacidade emocional e afetiva, capacidade de perceber as próprias limitações e de trabalhar conscientemente com os próprios afetos, emoções e limites.

Quem quer que entre na arena sem saber que perigo corre corre o risco de se machucar, e nada pior que um psicoterapeuta machucado para ajudar a alguém a curar suas próprias feridas.

Espontânea flexibilidade

No elenco das disposições internas que devem ornar o ser do psicoterapeuta, ocupa lugar privilegiado uma flexibilidade espontânea, uma capacidade instintiva de se dobrar sem se quebrar. Estou me lembrando de um dos provérbios que minha mãe sempre usava: "Saco vazio não para em pé e saco cheio demais não dobra". Esse é o campo da criatividade.

Na medida em que o psicoterapeuta conhece a si mesmo, evitará projetar no cliente seu mundo interior, suas concepções e seus ideais de vida.

Se ele não tem uma clara consciência de sua realidade, não pode ter uma comunicação autêntica que corresponda às necessidades do cliente, pois ninguém pode se tornar um guia confiável se ele mesmo não percorreu o caminho antes. Seu mundo de fantasias interferirá na sua ação, impedindo a espontaneidade e a flexibilidade em cujos modelos o cliente procurará pautar sua nova aprendizagem.

A espontaneidade é, sobretudo, um comportamento vivido e vivenciado através do seu funcionamento na psicoterapia que ele conduz como ser humano de carne e osso, capaz de sorrir, de sentir, de manifestar entusiasmo ou cansaço. Não é rígido, como uma estátua, no pedestal da observação clínica. Ainda que assuma uma postura convencional no seu doar-se físico-corporal, na expressão de suas percepções ou desejos, ele se deixa sentir pelo outro como um alguém real, um ser aí presente no seu aqui-agora, na tentativa silenciosa de resgatar o sentido e o significado da vida de alguém que se entregou em suas mãos para ser cuidado.

A flexibilidade é, sobretudo, uma predisposição para escutar, perceber, sentir e transformar tudo isso num gesto de cuidado, de contato, no qual a atitude do psicoterapeuta se centraliza no cliente e não na rigidez da própria técnica.

Todo psicoterapeuta é normalmente ligado, por formação, a determinado tipo de técnica. É natural que ele, sentindo-se mais seguro dentro daquele quadro, queira aplicar, em um processo psicoterapêutico individual, o sistema por ele incorporado, até como fonte de uma maior segurança.

Uma técnica, porém, não é um instrumento mágico composto de normas que, bem aplicadas, produzem um efeito seguro. O ser humano é variável, flexível, instável, dinâmico e livre, por isso não temos nenhuma garantia de que alcançaremos o horizonte apenas por estarmos caminhando na direção dele.

Tenho dúvidas em afirmar que o ecletismo inteligente possa ser uma boa medida epistemologicamente correta, porque a questão não está em pensar de modo correto, mas em agir assim. Continuo, no entanto, a pensar achando pertinente que o psicoterapeuta tenha familiaridade com mais de uma técnica ou teoria. O processo psicoterapêutico não é a verificação de uma técnica ou teoria em ação, porque nenhuma teoria é capaz de apreender o ser humano como um todo, de olhá-lo de maneira terminativa.

O psicoterapeuta não é alguém que aplica técnicas; deve antes superá-las e, com o tempo, formar seu quadro de referência operacional – que pode, inclusive e inteligentemente, englobar elementos de técnicas diferentes –, desde que o faça de maneira coerente, pois nenhuma teoria ou técnica tem o monopólio interpretativo das atitudes humanas, as quais supõem uma especial visão de mundo, de pessoa, da psicopatologia, dos fins e das metas a que um processo se destina.

O cliente deseja crescer, viver construtivamente sua realidade. O psicoterapeuta é o facilitador desse crescimento. Sua fluidez, sua permissão para criar, sua percepção clara do lugar onde está, são a experiência de uma vivência que lhe permite agir prontamente quando o cliente necessita de algo mais claro, mais diretivo.

Sabemos de casos de clientes que romperam com o casamento e se separaram, que fracassaram em projetos, que se suicidaram porque também o psicoterapeuta não foi suficientemente claro, diretivo na condução de um momento de crise. Lembremo-nos de que nos tornamos, às vezes, responsáveis também por aquilo que não fazemos.

Certa vez, escutei um comentário muito pertinente de uma mulher, pedagoga e bióloga, que participava de uma roda de conversa, a respeito de alguém que se havia suicidado depois de ter, por diversas vezes, no espaço de duas horas, telefonado para seu ex-psiquiatra pedindo ajuda, mas este dizia que não era mais seu médico e que não poderia atendê-lo, porque o colega poderia se melindrar: "Vocês psicoterapeutas, disse ela, de tanto respeitarem suas normas, seus valores, terminam por desrespeitar seus clientes; eles não querem respeito, querem ajuda. Ajuda concreta, direta, é, em muitos casos, sobretudo naqueles em que o cliente se veja em grande confusão e conflito, a melhor e talvez a única maneira de respeitar alguém".

Essa mulher, de maneira simples, lembrou um dos mais importantes princípios da prática fenomenológico-existencial, isto é, o verdadeiro sentido do que chamamos "resgate da experiência imediata". Aquele psiquiatra não estava centrado nele, em seu cliente nem tampouco no seu colega, estava simplesmente observando um norma que até podia ser formalmente ética, mas que de maneira alguma visava o ser humano. *Nenhuma teoria pode se sobrepor à condição humana, porque nenhuma teoria contempla a totalidade do ser-pessoa.*

Combinar fluidez, espontaneidade com diretividade, clareza de posição e assertividade, quando isso exige de nós caminhos novos e diferentes, pode até envolver riscos, mas pode ser também um momento poderoso de criação.

O psicoterapeuta de grupo

De modo geral, pode-se dizer que o que se disse com relação às qualidades do psicoterapeuta individual se poderá aplicar ao psicoterapeuta de grupo.

Nos últimos anos, apareceram diversas formas de psicoterapia de grupo: grupos de base analítica, transacionais, rogerianos, gestálticos – os chamados novos grupos –, sobretudo nos Estados Unidos, com predominância do uso, da observação e da análise da linguagem corporal.

Esses enfoques exigem treinamento especializado, pois não basta que alguém seja um excelente psicoterapeuta individual para se transformar em psicoterapeuta de grupo, dado que o manejo do processo grupal supõe técnica, posturas, intervenções, percepções que o treinamento individual não tem e não pode dar.

Como duração, como aproveitamento teórico e prático, esse treinamento variará de grupo a grupo, sendo necessário um treinamento específico em cada abordagem diferente quando se quer trabalhar com competência na condução de um grupo.

Considero o psicoterapeuta de grupo sob diversos aspectos, mas aqui, para não sair muito do meu foco, apresento entre tantos:

O psicoterapeuta de grupo em ação

A tarefa primeira do psicoterapeuta é fazer o grupo funcionar, tornando-se presente e atento a todos os movimentos do grupo, inclusive os que pareçam insignificantes. O psicoterapeuta se converte no foco principal das atenções do grupo e a ele referem, consciente e inconscientemente, todos os seus participantes. Cada um tem uma série de fantasias sobre quem ele é, e mantêm expectativas com relação à sua ligação com o psicoterapeuta.

O psicoterapeuta é experienciado e vivenciado de muitos modos, às vezes amado, às vezes odiado, sobretudo quando frustra as esperanças do grupo de ser por ele guiado e protegido.

De sua parte, o psicoterapeuta deve captar o sentimento que o grupo e cada cliente está vivendo. Ajuda muitíssimo que ele tenha uma excelente memória para que possa fazer pontes, ilações talvez esquecidas pelo grupo, o que facilita intervir no momento exato.

O psicoterapeuta deve estar atento à oportunidade de submeter ao grupo toda e qualquer comunicação que lhe pareça conter conteúdos significativos, ainda que possa parecer desligada do "aqui e agora" da situação, pois comunicar, dividir impressões, salientar pontos obscuros, é sempre um feedback, uma retroalimentação e, diante de associações de ideias grupais livremente flutuantes, como as chamava Foulkes, a comunicação pode significar a emergência de problemas mais profundos percebidos por quem fez a comunicação.

O psicoterapeuta deve ter profunda consciência de seu engajamento emotivo como membro do grupo e das reações que derivam deste engajamento. Sua participação deve ser marcada de sinceridade, de realismo, e, quanto possível, examinada à luz de princípios científicos. Não se trata de pura e simplesmente comunicar ao grupo suas sensações sem antes se perguntar de onde vieram e o que elas significam para ele e para o grupo.

Deve estar atento a possíveis processos no nível inconsciente que vive como psicoterapeuta em ação. Mesmo assumindo uma atitude aparentemente passiva, o psicoterapeuta sensível vive os problemas de cada um, está atento às emoções de cada um, se identifica introjetando e projetando situações de difícil manejo. A consciência emocionada dessa situação facilita a localização e a tradução de problemas que os membros do grupo vivem em nível inconsciente. Essa é uma razão pela qual o treinamento para psicoterapeuta de grupo se faz de fato necessário. Ele age dentro de uma perspectiva e dimensão diferentes, para as quais o treinamento individual não o prepara.

O psicoterapeuta de grupo como pessoa

O psicoterapeuta, qualquer que seja a sua técnica, exerce um domínio, uma fascinação no grupo, dado que ele é vivido como o mestre, "o mago" poderoso, o condutor, aquele que conhece e oferece soluções.

Sua atitude no grupo deve ser genuína, autêntica, humilde, interessada e não apenas uma atitude paternal de quem quer ajudar e solucionar problemas.

O psicoterapeuta deverá ter uma percepção aguçada, uma intuição sensível, uma inteligência maleável, bons conhecimentos da literatura atual, ser aberto às posições modernas nos diversos campos do comportamento humano. O grupo é – e se manifesta como – uma miniatura do mundo. Ter tido uma vivência como cliente em um grupo e ser um estudioso teórico de situações grupais facilitam sobremaneira uma boa condução do grupo.

A atmosfera criada por ele deve ser cheia de ajuda, de esperança, de segurança afetiva e emocional. Deve fugir da tentação do poder, da onipotência, da ambição, ser aberto a respeito de convicções políticas, religiosas, morais, sobretudo na área da sexualidade, embora ele mesmo tenha as suas posições bem definidas.

O psicoterapeuta como administrador do grupo

Administrar significa dar ao grupo boas condições de funcionamento e levá-lo, através de certas medidas, a funcionar como se espera de um profissional.

Eis algumas dessas normas práticas e necessárias para o bom funcionamento de um grupo:

1. Pontualidade: um dos grandes problemas na rotina do grupo é a questão da pontualidade e da frequência, tanto da parte do cliente quanto do psicoterapeuta. Sem pontualidade e frequência o grupo perde muito do seu caráter de seriedade e cumplicidade.

2. Informações claras: deverá informar o grupo a respeito de programas, cancelamentos, ausência, férias etc., para que cada um possa, com antecedência, dispor de seu tempo de modo racional.

3. Medicação: caso algum cliente do grupo necessite ser medicado, o psicoterapeuta deverá encaminhá-lo a um profissional que possa atendê-lo, pois certas patologias devem ser tratadas medicamentosamente, uma vez que a psicoterapia sozinha pouco poderá fazer. Quando o psicoterapeuta é psiquiatra, o cliente precisará ser encaminhado a um colega. Tal atitude visa impedir que se estabeleça entre cliente e psicoterapeuta qualquer tipo de dependência medicamentosa, o que colocaria o psicoterapeuta numa posição de mais poder, bem como sinaliza para o grupo que se está trabalhando em áreas diversas e com métodos diversos.

4. Ficha/histórico. O psicoterapeuta deverá ter um mapa das reuniões, que incluirá o nome dos participantes, idade, ano, mês, dia do início de sua terapia, frequência, data em que deixou a psicoterapia. Esse controle permite apreender a participação do cliente e ajuda sobremaneira quando se está trabalhando com pesquisa.

5. Meios de registro: gravador, câmera etc. poderão ser usados, sempre com o conhecimento do cliente. O uso desses meios pode provocar reações persecutórias, causando sérias inibições e retardamento nas comunicações. A explicação sobre a finalidade de tais instrumentos ajuda a diminuir essa ansiedade inibitória.

6. Observador: merece especial atenção o problema do(s) observador(es). A presença do observador, como os meios de registro, costuma provocar complexas situações no grupo. Sua presença passiva faz, muitas vezes, o cliente sentir-se como uma cobaia em observação. O ideal seria que os observadores pudessem estar numa sala à parte, observando a situação através de um espelho apropriado ou por circuito fechado de televisão. Também aqui o cliente deve ter conhecimento e dar a sua permissão para a observação.

7. Anotações: em princípio, as anotações clínicas não deveriam ser feitas diante do cliente, mas imediatamente após a sessão. Caso o grupo tenha um observador, este poderá fazer as anotações. Em casos especiais (sessões muito densas, temas muito complexos, dificuldade do grupo de construir pontes temáticas, entre outras situações), após o conhecimento e discussão com o grupo, as anotações poderiam ser feitas de modo discreto durante a sessão.

Quis neste item apenas trazer à lembrança tópicos ligados a essa grande área do trabalho psicoterapêutico que são os grupos, hoje cada vez mais numerosos. Sobre o assunto existem excelentes trabalhos que os interessados deverão procurar para complementar suas necessidades de informação.

Neste final, retorno rapidamente ao que entendo por formação, abordando esse tema de uma perspectiva geral, como reflexão filosófica, sem especificar um dado tipo de formação.

Evito traçar linhas mais concretas ou específicas, considerando que minha reflexão caminha numa linha fenomenológico-existencial da realidade, na qual a pessoa se sinta inteira no exercício da psicoterapia como um todo.

A formação do psicólogo e, consequentemente, do psicoterapeuta visa, a priori, à formação do homem, da pessoa, que deve ser instruída, educada para ser um verdadeiro agente da saúde e não para exercer uma técnica. Ser técnico é uma consequência, uma decorrência natural de todo um processo que objetiva, antes de tudo, fazê-lo um ser humano, que tenha a posse de si mesmo e de sua potencialidade.

O psicoterapeuta deve ser humilde, espontâneo, criativo, amante de si mesmo, das pessoas e do mundo, aberto, sensível aos problemas humanos, amigo do estudo e da interdisciplinaridade – sem a qual o conhecimento do homem padecerá de vazios e lacunas.

Não existem fórmulas preestabelecidas, mas uma preocupação crítica com toda e qualquer forma de conhecimento que facilite, cada vez mais, um encontro fecundo e criativo de pessoas.

Ser psicoterapeuta tem algo de profundo, de misterioso, de sagrado. Ajudar alguém a se ver, a se conhecer, a tomar posse de si mesmo é algo que exige humildade, sem a qual ele não conseguirá nem mesmo olhar para si e se reconhecer como pessoa.

Não são as técnicas nem a genialidade que transformam, que permitem mudanças difíceis acontecerem, mas o encontro sincero, quente, amoroso e humano.

Toda e qualquer formação deve preocupar-se não em transmitir técnicas, métodos sofisticados, mas em agir no interior daqueles que se propõem ser sinais de normalidade e equilíbrio na "com-unidade" das pessoas.

Se o formando, ao final de seu processo de formação, está bem consigo, se sente inteiro, harmonioso na sua relação consigo, com o outro e com o mundo, seu contato com o cliente, quando vier a acontecer, será produtivo, transformador, será mais um contato-encontro do que um apenas um estar com o outro.

Psicoterapia é, sempre, uma relação a dois ou grupal, é um ato criativo, um modo de celebrar a existência. São duas pessoas se encontrando, sendo cada um, ao mesmo tempo, cliente e psicoterapeuta um do outro. Ela envolve uma visão paritária da relação, uma permanente mudança da posição eu-isso para eu-tu.

A psicoterapia, se não quiser ser alienada e alienante, servir ao sistema perverso que nos cerca de todos os lados, deve também alicerçar-se em uma profunda preocupação pelo social, deverá ser um ato político, pois ela acontece na cidade (*polis*). A reflexão e a experiência psicoterapêutica acontecem no mundo e não apenas na intimidade do consultório, como se o mundo não existisse lá fora. Esse mesmo mundo, entretanto, é, ao mesmo tempo, a fonte primeira de todos os nossos conflitos e a fonte primeira de todas as nossas soluções.

A psicoterapia supõe e exige uma abertura com o mundo e para o mundo, e isso só se consegue quando cliente e psicoterapeuta não se enclausuram na intimidade do consultório e se lembram sempre de que viver é estar em relação cada vez mais ampla, mais criativa e nutritiva com o universo à nossa volta, no qual estamos incluídos e do qual somos os mais legítimos guardiões.

POSFÁCIO

A gênese da relação psicólogo e psicoterapeuta: estrutura e forma como determinantes da realidade

Abordo este tema como uma reflexão necessária para compreender a natureza da inter e da intrarrelação da psicologia com a psicoterapia.

Faço uma reflexão teórico-prática de cunho epistemológico, na qual considero a relação psicologia/psicoterapia como um fato ontológico em que dois dados são colocados um ao lado do outro tendo, em princípio, uma mesma natureza, não podendo, portanto, ser considerados separadamente.

Reflexões teóricas

A realidade é estrutural, embora não a atinjamos por intermédio de sua estrutura, mas de sua forma.

Pensar, portanto, a estrutura de um objeto é pensar a possibilidade de sua existência.

A estrutura é um todo conceptual cujas partes se harmonizam de tal maneira que sua possibilidade de existir se torna concreta. *A forma é então a estrutura pensada como possível.*

A estrutura de uma coisa está para sua essência assim como sua existência está para sua forma. Pensar, portanto, uma estrutura sem forma ou uma forma sem estrutura *ou* pensar essência sem existência ou existência sem essência é mera abstração.

Se a existência informa a essência e a forma informa a estrutura, segue-se que a estrutura precede, ontologicamente, à forma, assim como a essência precede à existência, o que *significa* que essência e existência, estrutura e forma devam ser pensadas, *necessariamente*, como tendo a mesma natureza.

Formar significa, então, dar forma a uma estrutura *preexistente e disponível para receber qualquer forma*, mas que tenha a mesma natureza. Por exemplo: uma pedra bruta de mármore pode receber a forma de Vênus *ou* receber nova forma a partir de uma forma preexistente. Por exemplo: uma estátua de Vênus, se bem trabalhada, pode receber a forma de Minerva, o que não seria possível se a estrutura de Vênus não pudesse receber a forma de Minerva, ou seja, se o material de ambas não fosse da mesma natureza.

A forma existe, sendo modificável a todo movimento com o qual encontra ou se confronta, sem contudo modificar a natureza da estrutura.

Todo o existente é identificável através de sua estrutura e de sua forma, sendo que pensar um sem o outro é pensar abstratamente. *A forma informa o objeto, tornando-o visível, identificável, singular, único.*

Todo ser tem uma estrutura que poderia se chamar de forma primeira e a esta forma se acrescenta ou se acrescentam novas formas que, completando o ser, o tornam visível, fazendo-o diferente do que era antes.

Uma forma não pode informar uma estrutura que nada tem a ver com ela. A forma que informa a estrutura de uma casa não poderia informar a estrutura de um carro, e a estrutura que estrutura a forma de um carro não poderia estruturar a forma que informa uma casa.

A estrutura preexiste, ontologicamente, à forma e, na medida em que uma estrutura é possível, torna possíveis seres que tenham sua mesma natureza.

É como se estrutura fosse mera potencialidade e, enquanto tal, pudesse receber diferentes formas, desde que estas *não destoassem da estrutura que lhe dá origem*.

A forma, por mais diferente que seja, não pode destoar da estrutura da qual ela procede. Ambas devem ter a mesma natureza.

Todo ser se expressa como uma estrutura processual, pois o ser, uma vez que adquire forma – que é o que o torna uma estrutura processual – permanece ele para sempre.

Ele não pode mais não ser ele: um sapo não pode ser sapo agora e, logo em seguida, ser peixe. A forma foi precedida por uma estrutura, o que faz que o ser, uma vez definido por uma forma, esteja definido no tempo e no espaço e, como tal, individualizado, singularizado e, consequentemente, identificável como tal.

Isso não significa estaticidade absoluta, pois a forma possui algo interno e intrínseco a ela própria que garante a continuidade de sua singularidade, ou seja, um sapo será sempre um sapo e, sendo sapo, ele cresce, emagrece, engorda, adoece.

Algo na forma é permanente e algo é modificável de tal modo que a forma contamina o ser, ou melhor, o ser está essencialmente contaminado pela sua forma.

Partindo dessa lógica, penso a relação psicólogo/psicoterapeuta.

Estou tentando fazer a seguinte afirmação e verificar sua consistência: todo psicólogo é potencialmente psicoterapeuta, e nenhuma potência poderá atualizar-se se não estiver contida, necessariamente, no ato do qual ela emana.

Ser psicólogo e ser psicoterapeuta *emanam de um único e mesmo ato, de uma única e mesma estrutura de origem*: a estrutura acadêmica do curso de Psicologia, que tem, entre suas habilitações, a Psicologia Clínica, continente necessária da Psicoterapia.

No nosso contexto de reflexão, *ninguém que não seja psicólogo clínico poderá se intitular psicoterapeuta*, o que na prática equivaleria a uma dada coisa proceder de uma outra que não tem a sua mesma natureza, como se de um caroço de manga pudessem nascer maçãs.

Nesse contexto, o estar psicoterapeuta foi antecedido por formas diversas, como ser pessoa, ser homem ou mulher, *ser psicólogo(a)*, isto é, procede de alguém com um curso específico, identificado quanto à estrutura e quanto à forma como psicólogo.

Esse raciocínio nos conduz a uma nova reflexão: a do ser psicoterapeuta ou de estar psicoterapeuta como uma estrutura processual, o que nos permite uma maneira específica de lidar com a realidade de outro a partir de uma convocação legal, instituída por lei.

Isto tem consequência imediata na formação do psicólogo, a qual lhe confere ser psicoterapeuta dentro de uma linha de trabalho que ele escolherá posteriormente, como alguém inundado, totalmente contaminado pela teoria, pela técnica, pela arte de ser psicoterapeuta e por tudo que esse engajamento teórico possa significar em termos prático-éticos.

Como a forma acompanha a estrutura do ser e só o abandona com uma transformação, ou seja, uma nova ação através de uma forma nova, assim também ser psicólogo é ter recebido uma nova estrutura que infunde nele a possibilidade de novas formas, entre elas ser psicoterapeuta, o que gera um novo caráter naquele que a recebe, ficando todo o seu ser e seu estar no mundo contaminado por esse novo caráter.

De maneira ingênua, eu diria que não seria possível alguém assumir a forma de psicoterapeuta dentro do consultório e abandoná-la à porta de saída, pois ser psicoterapeuta tem relação com uma estrutura processual que necessariamente gera uma forma processual, criando assim um empenho, um jeito de estar no mundo que gera compromissos com a realidade, com a totalidade do profissional.

Se ser psicólogo é uma estrutura e ser psicoterapeuta é uma forma que emana desta estrutura, *ninguém que não tenha a estrutura de psicólogo poderia assumir a forma de psicoterapeuta,* o que seria equivalente a um animal com determinada estrutura assumir a forma de outro animal que nada tenha que ver com ele.

Ser psicanalista, gestaltista, psicodramatista, rogeriano, cognitivo-comportamental obedece a razões estruturais, não é fruto de intuição, nem apenas de um desejo, mas obedece a razões de estrutura e forma anteriormente aceitas.

Não se trata, portanto, de uma formação por falta de opção, pois se assim fosse teríamos um desequilíbrio profissional, *no sentido de que uma estrutura recebeu uma forma que não lhe pertence,* dado que a formação é quase sempre a complementação de um movimento interior, de uma direção já existente na personalidade do indivíduo.

Essa formação consagra um estilo interno preexistente, mas que necessita de uma complementação que informa uma estrutura psicoemocional-cognitiva prévia, dando-lhe uma amplitude, uma competência específica através de um curso formal em Psicologia.

Não é sem razão que pessoas que se formam em algo por falta de opção, quando encontram o que desejam, mudam de forma, se "trans-formam", nelas se operando uma verdadeira mudança.

Acredito que o psicoterapeuta desajustado, o mau profissional é, em parte, aquele que vive configurações díspares, formações que se desencontram de sua estrutura interior e vocacional. *Ele sente e se sente de um modo, mas trabalha com uma visão de mundo e de pessoa em total desacordo com aquilo que ele é.* Essa disfunção é extremamente prejudicial ao seu trabalho – que, mais do que qualquer outra coisa, exige coerência interna.

Reflexões práticas

Examino, em seguida, alguns questionamentos práticos da formação do psicólogo e do psicoterapeuta. *Quando digo formação refiro-me à ação de formar,* de dar forma a algo ainda em processo de individuação, de singularização, isto é, em processo de se identificar.

1. O que gera uma forma?

Uso propositalmente o verbo gerar porque, para que a formação ou o treinamento satisfatório de alguém ocorra, existem três elementos encontrando-se:

a) as qualidades internas do formando;

b) os elementos externos a ser transferidos e, posteriormente, incorporados;

c) uma dupla vontade – a *ab intrínseca,* que *vem de dentro,* que é a vontade do formando de receber uma nova forma, e a *ab extrínseca,* que vem de fora, que é a vontade do formador de gerar uma nova forma.

A pergunta seguinte é: como acontece o processo de formar ou como ele se finaliza?

Penso em fontes de legitimação do ser psicólogo e psicoterapeuta, como:

- algo inato, *estrutural*, ou seja, uma dimensão existencial preexistente, uma vocação, um jeito de ser e estar neste planeta atento às necessidades humanas ao qual se acrescenta uma arte, uma técnica, recursos científicos,
- algo que confere uma *forma*, como o curso universitário que confere um diploma ou ainda um treinamento específico após a graduação,

O diploma nos credencia, *formalmente*, para o exercício da psicologia. Ser psicoterapeuta ou exercer a psicoterapia, entretanto, é algo que acontece a partir do diploma ou de uma metodologia, mas está *além* destes elementos.

Falo de uma filosofia de situação e não do fato em si, porque, na prática, o que torna legítima a ação do psicólogo é o diploma, o registro CFP e, posteriormente, um treinamento especializado.

O psicoterapeuta se *define e se constitui* na relação de encontro com a existência do outro, fazendo de um partilhar sentir, pensar, agir e falar comuns seu campo de trabalho, o que demanda um específico estado interior, um modo de ser e estar no mundo, um modo de se expressar diante da vida como um todo, como uma totalidade.

Penso que o que *essencialmente* legitima o psicoterapeuta é o próprio ser do psicoterapeuta, no sentido de que, mais do que tudo que ele aprendeu, ele é o seu próprio instrumento de trabalho.

Ele precisa olhar nas profundezas de seu ser e se perguntar se está preparado para entrar na alma do outro, no ser total do outro, e, diante da própria sacralidade e da do outro, se responder e, assim, se transformar na primeira e mais importante parte do processo do OUTRO.

É extremamente desejável que todo ser humano tenha essas dimensões, que são úteis a qualquer profissão, sobretudo para quem é da área da saúde, mas *ser psicoterapeuta exige uma séria e específica formação didático-científica, para não cairmos no engodo, na falácia de dizer que bastam boas qualidades humanas para o exercício de qualquer profissão.*

Áreas como a da medicina, do direito, da engenharia, da psicologia, são ciências que têm um campo epistemológico já estabelecido e *aos quais não se tem acesso apenas pela mera intuição.*

2. A quem ou para quem se destina a formação.

A questão pode ser posta da seguinte maneira: a formação do psicólogo deve visar a pessoa do formando, enquanto tal, *ou* visar o cliente, ou seja, qual é a *forma* e qual é a *estrutura* que o programa deve ter e conter?

Tenho em mente, todo o tempo, que a psicoterapia é filha da psicologia.

Estou tentando mostrar que dissociar a psicoterapia da psicologia é uma postura, para dizer o mínimo, de má-fé.

A psicologia, enquanto ciência, é uma estrutura acadêmica que assume diversas formas de funcionar, entre elas a de psicologia clínica da qual nasce a psicoterapia.

Se a psicoterapia pode ou pudesse *ser exercida por qualquer pessoa* e se ela é filha da psicologia, segue-*se que a psicologia* também poderia ser exercida por qualquer pessoa

Se a psicoterapia nasce da psicologia, que é uma estrutura acadêmica formal, e se a psicologia, conforme o raciocínio anterior, pode ser exercida por qualquer pessoa, segue-se, naturalmente, que qualquer pessoa poderia exercer a psicoterapia.

A psicoterapia restará como uma forma *sem* estrutura de sustentação, o que implica um absurdo lógico.

Vamos em frente:

Se a estrutura de sustentação acadêmica visa o formando, deve-se priorizar sua educação e instrução acadêmica, no sentido de maximizar todos os seus recursos internos para que ele possa agir, profissionalmente, com a máxima eficiência e harmonia consigo, com o cliente e com o mundo.

Se a estrutura de sustentação acadêmica visa o cliente, deve-se colocar acento no processo da relação cliente-psicoterapeuta que permita ao futuro psicoterapeuta instrumentalizar-se para operar em função do outro de maneira pronta e eficaz.

Digo colocar acento ou priorizar porque não se pode radicalizar a favor de uma ou de outra metodologia, pois, na prática, a formação do psicólogo visa os dois modelos, um encontro produtivo cliente e psicoterapeuta. A opção, no entanto, por uma ou outra postura tem implicações imediatas na programação da formação ou do treinamento.

Acredito que a formação deva visar, prioritariamente, o formando, considerando, como diz Fritz Perls, que o psicoterapeuta é o seu próprio e, muitas vezes, único instrumento de trabalho.

A psicoterapia é mais do que um processo de cura ou de mudança, é um *procedimento científico que tem um método e também uma arte*. É ampliação da percepção, é aprendizagem, é desenvolvimento de potencialidades, é aprender a conviver em grupo, é reeducação, é reestruturação de todo um campo perceptivo e existencial, é solução de problemas ligados tanto às neuroses quanto às psicoses.

E isso é resultado da lógica de um programa chamado currículo da *Psicologia*.

Dizer que qualquer pessoa pode ser psicoterapeuta é dizer que o curso de Psicologia deve visar, prioritariamente, o cliente e transformar a psicoterapia num amontoado de técnicas que qualquer um pode aprender.

A psicoterapia é uma ciência filha de uma ciência maior, a Psicologia, e enquanto tal deve se pautar por todos os princípios científicos que a credenciam, epistemologicamente, para ser aquilo que ela se propõe ser. É também uma arte, uma arte séria, que exige habilidades e competências especiais, para não se transformar em um instrumento que vise apenas mudanças de atitude ou de comportamento.

3. Inclinação/ indicação/vocação para ser psicoterapeuta

Diferentes abordagens implicam diferentes escolhas – como ser psicanalista, rogeriano, gestaltista, psicodramatista –, que por sua vez obedecem a razões internas de escolha.

Salvo escolhas ao acaso, cada uma dessas abordagens *retrata uma específica visão de pessoa e de mundo* por parte de quem as escolhe e as professa.

Ser psicanalista, gestaltista, psicodramatista, rogeriano, mais do que opções por técnicas, revela um credo, uma filosofia de vida, um modo de ser, de estar no mundo, de interpretar a realidade.

E como neutralidade em psicoterapia é um mito, além de conduzir ou induzir a um caos teórico com graves consequências na prática clínica, cada uma dessas abordagens tem implicações diretas e profundas no sistema de relação psicoterapeuta-cliente. Surge, assim, em toda a sua complexidade, a questão da indicação em psicoterapia.

Estas considerações me levam a afirmar que toda formação profissional – por exemplo, ser psicólogo – deve ser vista, em primeiro lugar, como resposta a uma procura interna existencial, a uma vocação que faça real sentido para a pessoa e na qual os elementos antes apontados estejam presentes como parte de uma realidade que, em qualquer programa de formação de psicologia, correspondam a determinado ideal presente na pessoa.

Por isso, alguém que decida ser psicólogo deve estar o mais possível consciente da caminhada que vai iniciar, pois, ao fazer uma caminhada que não é sua, corre-se o risco de dar grandes passos fora da estrada, com prejuízos pessoais para si e para futuros clientes.

Isso acontece, trazendo em causa toda a argumentação teórica antes aduzida, quando se faz um curso que nada tem que ver com a estrutura interna do indivíduo, e mais ainda quando alguém que não é psicólogo usurpa do psicólogo o sagrado exercício privativo de ser psicoterapeuta.

REFERÊNCIAS BIBLIOGRÁFICAS E SUGESTÕES DE LEITURA

ANGERAMI, V. A. *As relações de amor em psicoterapia*. São Paulo: Thomson, 2006.

ASSUMPÇÃO, T. M. L. *Estruturação da entrevista psicológica*. São Paulo: Atlas, 1977.

AUSTREGÉSILO, A. *Psicologia e psicoterapia*. Rio de Janeiro: Pongetti, 1951.

BOFF, L. *Saber cuidar. Ética do humano – Compaixão pela terra*. Petrópolis: Vozes, 1999.

CARDELLA, B. H. *O amor na relação terapêutica: uma visão gestáltica*. São Paulo: Summus, 1994.

_____. *A construção do psicoterapeuta: uma abordagem gestáltica*. São Paulo: Summus, 2002.

COLAGIOVANNI, E. "Un problema della ricerca psicosociale: la validità del colloquio". *Quaderni di Sociologia e Servizio Sociale*, v. 3, 1959, p. 11-42.

CORDIOLI, A. V. *et al. Psicoterapias: abordagens atuais*. Porto Alegre: Artmed, 2008.

D'ACRI, G.; LIMA, P. ; ORGLER, S. (orgs.) *Dicionário de Gestalt-terapia – Gestaltês*. 2. ed. revista. São Paulo: Summus, 2012.

DEL PINO, C. C. *La incomunicación*. Romanyá/Valls: Ed. de Bolsillo, 1971.

FARAGO, F. *Compreender Kierkegaard*. Petrópolis: Vozes, 2006.

FIORINI, J. Hector. *Teorias e técnicas de psicoterapia*. Rio de Janeiro: Francisco Alves, 1976.

FRANK, E. V. *Fundamentos antropológicos da psicoterapia*. Rio de Janeiro: Zahar, 1978.

FREUD, A. *L'io e i meccanismi di difesa*. Firenze: G. Martinelli, 1967.

FREUD, S. *La interpretación de los sueños*. Madri: Biblioteca Nueva, 1948.

_____. *Metapsicologia*. Rio de Janeiro, Imago, 1974.

FROMM-REICHMAN, Frieda. *Principio de Psicoterapia intensiva*. Buenos Aires: Hormé, 1965.

HALL, S. Calvin; LINDZEY, Gardner. *Teorie della personalità*. Turim: Boringhieri, 1966.

HEINE, W. R. *Psychotherapy*. Nova Jersey: Prentice-Hall/Englewood Cliffs, 1971.

HOFSTATTER, R. Peter. *Dinámica di grupo*. Milão: Franco Angeli, 1970.

HYCNER, R. *De pessoa a pessoa*. São Paulo: Summus, 1995.

KNOEPFEL, H. *Psicoterapia para el médico de cabecera*. Madri: Gredos, 1960.

KORT, F. *Técnicas terapéuticas aplicadas a la conduta*. Caracas: Monte Ávila, 1970.

LAPLANCHE, J.; PONTALIS, J. B. *Vocabulário da psicanálise*. Lisboa: Martins Fontes, 1975.

LAUGHLIN, H. P. *Le nevrosi nella prática clínica*. Florença: Giunti Barbera, 1967.

LIMA FILHO, Alberto Pereira. "Sonhos". In: D'ACRI, Gladys; LIMA, Patricia; ORGLER, Sheila. *Dicionário de Gestalt-terapia – Gestaltês*. 2. ed. revista. São Paulo: Summus, 2012, p. 220-2.

LODI, João Bosco. *A entrevista – Teoria e prática*. São Paulo: Pioneira, 1974.

MAILHIOT, Gérald B. *Dinâmica e gênese dos grupos*. São Paulo: Duas Cidades, 1973.

MATURANA, H.; VARELA, F. G. *A árvore do conhecimento: as bases biológicas do entendimento humano*. Campinas: Psy, 1995.

MEER, M. T. de *Corso sulle tecniche proiettive*. Roma: PAS, 1970.

MELLO FILHO, J. de *Grupo e corpo. Psicoterapia de grupo com pacientes somáticos*. São Paulo: Casa do Psicólogo, 2011.

MERLEAU-PONTY, M. *Fenomenologia da percepção*. São Paulo: – Martins Fontes, 1975.

_____. *A estrutura do comportamento*. São Paulo: Martins Fontes, 2006

MIRA Y LOPES, E. *Manual de psicoterapia*. Rio de Janeiro: Científica, 1949.

MORRISON, J. *Entrevista inicial em saúde mental*. Porto Alegre: Artmed, 2010.

NAFFAH Neto, A. *et al. As psicoterapias hoje: algumas abordagens*. São Paulo, Summus, 1982.

NEMIAH, C. John. *Fundamentos da psicopatologia*. Rio de Janeiro: Zahar, 1976.

PALMADE, G. *La psychotherapie*. Paris: PUF, 1969.

PAYÁ, R. *Intercâmbio das psicoterapias*. São Paulo: Roca, 2011.

PERLS, F. S. *Gestalt-terapia explicada*. São Paulo: Summus, 1977.

_____. *Ego, fome e agressão*. São Paulo: Summus, 2002.

PERLS, F.; HEFFERLINE, R.; GOODMAN, P. *Gestalt-terapia*. São Paulo: Summus, 1997.

RACKER, H. *Studi sulla tècnica psicoanalítica*. Roma: Armando, 1970.

RAHE, B. *Psychotherapy from the center*. Scranton: ITC, 1969.

RIBEIRO, J. P. *Introdução ao pensamento psicoterapêutico de S. H. Foulkes*. Roma: Quo Vadis, 1970.

_____. *Psicoterapia grupo-analítica na abordagem foulkiana: teoria e técnica*. Petrópolis: Vozes, 1981.

_____. *Teorias e técnicas psicoterápicas*. Petrópolis: Vozes, 1986.

_____. *O ciclo do contato*. 5. ed. São Paulo: Summus, 2005.

ROGERS, C. *Tornar-se pessoa*. Lisboa: Moraes, 1970.

_____. *Psicoterapia e consulta psicológica*. Lisboa: Moraes, 1974.

ROGERS, C.; KINGET, M. G. *Psicoterapia e relações humanas*. Belo Horizonte. Interlivros, 1975.

SCHNEIDER, P. B. *Pratique de la psychotherapie de goupe*. Florença: C. E. Giunti, 1965.

SEMINÉRIO, F. L. P. *Diagnóstico psicológico. Técnica do exame psicológico, fundamentos episte-molológicos*. São Paulo: Atlas, 1977.

SHARPE, E. F. *El análisis de los sueños*. Buenos Aires: Hormé, s/d.

STEIN, M. I. *Contemporary psychotherapies*. Nova York: The Free Press of Glencoe, 1963.

SULLIVAN, S. H. *II Collòquio psichiàtrico*. Milão: Feltrinelli, 1971.

TRINCA, W. *O pensamento clínico em diagnóstico da personalidade*. Petrópolis: Vozes, 1983.

WOLBERG, L. R. *The techniques of psychotherapy*. Nova York/Londres: Grune and Stratton, 1972.

VON ZUBEN, N. A. *Martin Buber – Cumplicidade e diálogo*. Bauru: Edusc, 2003.